# HISTOIRE

### DES

# INSURRECTIONS DE LYON.

LYON.

IMPRIMERIE TYPOGRAPHIQUE ET LITHOGRAPHIQUE

DE LOUIS PERRIN.

# HISTOIRE
## DES
# INSURRECTIONS
## DE LYON,

EN 1831 ET EN 1834,

d'après des documents authentiques;

PRÉCÉDÉE D'UN ESSAI SUR LES OUVRIERS EN SOIE ET SUR L'ORGANISATION
DE LA FABRIQUE.

PAR J. B. MONFALCON.

ARBEITE UND HOFFE.

Travaille et espère.

LYON.

LOUIS PERRIN, RUE D'AMBOISE, 6,
ET LES PRINCIPAUX LIBRAIRES.

PARIS.

DELAUNAY, PALAIS-ROYAL, DIDIER, QUAI DES AUGUSTINS.

Juin 1834.

# TABLE DES SOMMAIRES.

## CHAPITRE PREMIER.

§ 1 — Histoire de la fabrique des étoffes de soie, et introduction des premiers métiers en France et à Lyon. — Des fabriques à l'étranger, et de leur concurrence avec celle de Lyon. — Parallèle de la fabrique de la France et de celle de l'Angleterre. — Effets et dangers de la concurrence étrangère. — Valeur de nos importations et exportations.

§ 2. — *Des ouvriers en soie.* — Des opérations que subit la soie avant d'être tissue. — Définition du mot *ouvriers en soie.* — Leurs habitudes physiques. — Habitudes morales de l'ancien ouvrier en soie, ses singularités et son originalité. — Des ateliers. — Influence du tissage des étoffes sur la constitution physique. — Classification des ouvriers; les compagnons, les maîtres ou chefs d'atelier. — Des apprentis, des lanceurs, des ouvriers. — A l'ouvrier en soie est attachée la fortune de Lyon.

§ 3. — Des Salaires. — Rapport obligé du prix de la main-d'œuvre avec les dépenses de l'ouvrier. — De la détresse des ouvriers en soie; de ses causes, et de son degré. — Du tarif et des mercuriales.

§ 4. — Des fabricants; qui d'eux ou des ouvriers, sont les industriels. — Organisation des maisons de fabrique. — Des accusations portées contre les fabricants au sujet de leurs bénéfices, de leur luxe, de leur rapacité, de leur immoralité. — Caractère, habitudes, nombre de ces industriels.

## CHAPITRE II.

§ I$^{er}$ — Préludes de l'insurrection de Novembre. — Influence de la révolution de 1830 sur le moral des ouvriers de Lyon. — M. Paulze d'Ivoy, préfet. — M. Dumolart, préfet. — Un tarif est sollicité par les ouvriers. — Erreur et fautes de M. Dumolart. — Convocation des délégués des ouvriers et des fabricants. — Premières coalitions et premiers troubles. — Le tarif est illégalement consenti.

## JOURNÉES DE NOVEMBRE.

§ 2. — Situation des partis. — Esquisse topographique de la position de Lyon et des faubourgs. — Forces de la garnison et des ouvriers.

§ 3. — PREMIÈRE JOURNÉE, *lundi* 21 *novembre*. — SECONDE JOURNÉE, *mardi* 22. — Nuit du Mardi au Mercredi. — TROISIÈME JOURNÉE, *mercredi* 23.

§ 4. — Causes, caractère et résultats des Journées de Novembre. — Appréciation de la gloire des vainqueurs. — Les insurgés embusqués qui tiraient à couvert sur les soldats et les gardes nationaux, sont-ils des héros? — De Romans, et du nègre Stanislas.

§ 5. — Les ouvriers vainqueurs ne savent que faire de leur victoire. — Apparence d'une sorte d'ordre dans le désordre. — Désappointement des pillards. — Tentative républicaine; proclamation Rosset et Granier. — Bonnes mesures prises par les ouvriers. — Des morts et des blessés. — Soulèvement dans les prisons. — Occupation de la ville par les ouvriers.

§ 6. — Le général Roguet à Montessuy et à Reillieux. — Mesures prises par le Gouvernement. — Départ de Paris du prince royal et du ministre de la guerre; leur entrée à Lyon à la tête de l'armée; fin de l'occupation de Lyon par les ouvriers.

§ 7. — Conséquences des Journées de Novembre; leur influence désastreuse sur le moral des ouvriers. — Terreurs permanentes parmi la population.

§ 8. — Réorganisation de l'institution des Prud'hommes. — Éléments et caractère de ce tribunal. — Les fabricants y ont rarement recours. — Les ouvriers gâtent cette institution et la privent de tous les avantages qu'elle promettait.

§ 9. — Indemnité demandée à la Ville par les incendiés. — Application de la loi de vendémiaire an IV; plaidoyer de M. Sauzet. — La Ville perd son procès, et transige.

§ 10. — Système de défense adopté pour la ville de Lyon; on construit des forts détachés. — Ces forts ont-ils été élevés pour repousser l'étranger ou pour contenir les ouvriers?

§ 11. — Jugement à Riom des Lyonnais prévenus d'avoir pris part à l'insurrection de Novembre. — Brillant accueil fait aux accusés. — Débats du procès; acquittement des prévenus, le nègre Stanislas compris. — Conséquences de l'opinion du juri. — Des jugements par jurés en matière politique.

## CHAPITRE III. — DES PARTIS POLITIQUES A LYON.

§ I$^{er}$. — De l'opinion légitimiste. — Son influence, ses moyens, ses nuances diverses. — Du parti royaliste religieux. — De la noblesse à Lyon. — Fonctionnaires destitués par la révolution de Juillet. — Des girouettes rouillées. — Les bourgeoises de qualité. — L'or des légitimistes est-il au fond de toutes les insurrections? — Tort moral de ce parti. — De ses journaux, *la Gazette du Lyonnais* et *le Réparateur*; jugement sur ces journaux; tactique du parti légitimiste à Lyon.

§ 2. — Du parti républicain à Lyon. — De ses progrès. — Ses nuances diverses. — Républicains de conviction; idéologues; jeunes gens. — Ambitieux désappointés. — Vanités brouillones et incapables. — Anarchistes recrutés comme auxiliaires parmi les forçats libérés et dans la lie de la populace. — Journaux républicains : *le Précurseur*, *la Glaneuse* ; jugement sur ces journaux. — Tactique et torts du parti républicain.

§ 3. — Des ouvriers en soie, comme parti. — Leur organisation. — Constitution de la Société des Mutuellistes. — Des Ferrandiniers. — Journaux des ouvriers, *l'Écho de la Fabrique* et *l'Écho des Travailleurs* ; jugement sur l'*Écho de la Fabrique*.

§ 4. — De l'opinion juste-milieu ou dynastique à Lyon. — Ses nuances : constitutionnels qui veulent la dynastie de Louis-Philippe, le mouvement progressif en avant, et toutes les libertés demandées à la révolution de Juillet. — Ministériels rétrogrades vers la Restauration, et réactionnaires. — Des journaux dynastiques à Lyon. — *Le Courrier de Lyon* et *le Journal du Commerce* ; jugement sur le *Courrier de Lyon*.

§ 5. — Des fonctionnaires publics à Lyon. — La Mairie et M. Prunelle. — La Préfecture et M. de Gasparin. — Le général commandant la division; M. le lieutenant-général baron Delort, et M. le général Aymard. — Du parquet et de M. Chégaray. — De la police.

## CHAPITRE IV.

État de l'opinion depuis les journées de Novembre. — Attroupements dans le clos Casati. — Réorganisation de la garde nationale. — Chanteurs des cafés de la place des

Célestins; désordres à leur sujet. — Banquet des six mille offert à M. Garnier-Pagès. — Associations et coalitions d'ouvriers; fabriques mises en interdit; conduite des fabricants. — Affaire des crieurs publics. — Affaire de Savoie. — Coalition générale des ouvriers au mois de février 1834, semaine des dupes. — Convoi d'un mutuelliste. — Loi sur les associations; protestation des mutuellistes. — Affaire du jugement des mutuellistes prévenus de coalition illégale. — M. Pic. — M. Chégaray. — Scandale inouï. — Tout se prépare pour une collision définitive.

## CHAPITRE V. — JOURNÉES D'AVRIL.

§ 1er. — Situation des partis et état de la question du commerce. — Délibération des anarchistes sur le jour où il convient d'agir. — Préparatif des insurgés et de l'autorité; dispositions stratégiques.

§ 2. — Relation complète et faite d'après des documents authentiques des six journées de l'insurrection d'avril. — Délibération sur la question de l'évacuation de la ville (Jeudi 10). — Proposition de l'évacuation du quartier Saint-Jean. — Opérations militaires sur La Guillotière, Vaise, Fourvières, Saint-Just et La Croix-Rousse. — Anecdotes.

§ 3. — Part des républicains et des ouvriers en soie à l'insurrection d'avril. — Motifs ou prétexte. — Absence de chefs d'un certain ordre. — Le général Aymard et la garnison ont-ils fait leur devoir ? — Parallèle des insurrections de novembre et d'avril. — Des morts et des blessés.

§ 4. — Proposition faite aux insurgés d'un cinquième ou d'un quart de république attribuée à M. Terme. — Opinion des ouvriers et des républicains sur la garnison. — Des prisons; M. Granier et le bon gendarme. — Arrestations. — Rôle des journaux. — Récompenses décernées à l'occasion des journées d'avril, profusion déplorable de croix d'honneur. — Souscription des citoyens au profit des blessés; la société de médecine. — De l'indemnité, doit-elle être à la charge de la ville ou de l'État ? Histoire de la mission à Paris des conseillers municipaux.

§ 5. — Des moyens de rétablir l'ordre. — Réorganisation de la police, création d'un corps de sergents de ville. — La cause politique a été complètement gagnée aux journées d'avril, celle de la fabrique est toujours compromise, — pourquoi ? — Avenir de Lyon.

§ 6. — Résumé.

# AVERTISSEMENT.

※

Les troubles de Lyon, et les nombreuses questions industrielles et politiques qui s'y rattachent, n'ont été encore le sujet d'aucune histoire impartiale et complète. On remarque dans les relations diverses des événements dont notre cité a été le théâtre, non seulement les plus grandes inexactitudes, et l'expression d'une opinion politique ou celle d'un intérêt de parti, mais encore l'omission importante de la recherche des causes qui ont amené, par degré, le bouleversement complet de la première des villes commerçantes du pays. A Paris même, l'opinion publique connaît peu l'organisation de la fabrique des soieries; elle est peu au courant de ce qu'il faut entendre par les mots *fabricant* et *ouvriers*, et s'est laissée égarer par d'inconcevables préjugés.

Depuis l'origine de nos fatales discordes, j'ai pris note, jour par jour, des événements, sans oublier jamais de les rattacher au point de départ et d'examiner leurs effets et leurs conséquences. Je voulais dire la vérité au pays, toute la vérité; ce dessein m'imposait l'obligation de consulter les pièces officielles, de vérifier chaque anecdote, et d'entourer chaque fait de toutes les preuves qui pouvaient en démontrer l'authenticité. Que mes concitoyens lisent et jugent ; cet essai est écrit à Lyon, en présence de tous les témoins des événements, en face des partis, intéressés peut-être à relever ses erreurs ; il me serait donc bien difficile d'être inexact, si j'avais cru devoir faire à l'intérêt de mon opinion, le sacrifice de ma conscience.

Cet écrit n'est, au reste, ni l'apologie des ouvriers, ni celle des fabricants; neutre entre deux intérêts opposés et trop souvent ennemis, j'étais libre, en racontant les faits, de toute prévention pour l'un où pour l'autre. Il y a eu de l'irritation, des torts, des fautes des deux parts ; je n'ai rien dissimulé : mon impartialité ne pouvait certainement consister à n'avoir aucune opinion sur la cause la meilleure et sur le véritable caractère de nos troubles ; je ne pouvais hésiter à qualifier l'insurrection de son nom, et à flétrir le mépris de la loi et la violation de nos institutions, lorsque je les rencontrais sur mon chemin. Mais dans l'accomplissement de ce devoir sacré de l'historien, j'ai eu égard aux principes, et non aux hommes ; c'est l'intérêt de Lyon qui m'a guidé toujours, et non l'intérêt de l'ouvrier en soie ou celui du fabricant. Les deux partis, en venant aux mains, ont oublié toujours que la patrie commune devenait la victime de leurs querelles : la question soulevée par ces funestes collisions, c'était celle de l'existence de la fabrique ; j'ai cherché dans cet essai à la ramener à ses véritables termes.

Obligé par mon sujet de citer beaucoup de noms propres, d'aborder des questions irritantes et de dire la vérité à des opinions exaspérées, j'ai usé du droit commun à tous les citoyens de parler librement d'hommes et de faits publics. Mais le désir d'écrire une page piquante et de flatter la malignité de mes lecteurs, ne m'a jamais fait oublier le silence dû à la vie privée, et je n'ai dit, des actions et du caractère moral, des personnages qui ont joué un rôle dans les événements de Lyon, que ce qui était authentique et du domaine de l'histoire.

Les circonstances particulières dans lesquelles je me suis trouvé depuis la révolution de Juillet, m'ont permis de suivre de très près le mouvement des hommes et des choses. Admis dans la coulisse et observateur attentif, j'ai vu quels fils fesaient mouvoir les hommes de notre temps, et quels ressorts exécutaient les changements à vue de notre scène politique. Si cette position m'a désenchanté du spectacle et m'a fait perdre plus d'une illusion, elle m'a valu du moins la connaissance de renseignements curieux que j'ai déposés dans cet essai.

Lyon, 25 avril 1834.

*J. B. Monfalcon.*

# HISTOIRE

DE

# L'INSURRECTION DE LYON

AU MOIS DE NOVEMBRE 1831

ET AU MOIS D'AVRIL 1834.

※

L'insurrection de Lyon au mois de novembre 1831, et celle qui vient d'avoir lieu, ne sont pas des événements isolés ; il y a entre elles un rapport intime, et la seconde ne pourrait être comprise, si l'on ne connaissait la première. Ce sont deux parties d'un même fait : l'action, et la réaction.

Mais pendant les trente mois d'intervalle entre l'une et l'autre, la question ne s'est pas présentée sous une face toujours la même. D'abord purement industrielle, elle est devenue peu à peu industrielle et politique, et le malheur des temps a voulu qu'elle prît enfin à peu près exclusivement le caractère d'une affaire de parti. Les ouvriers se sont insurgés, en novembre 1831, au sujet d'une question de salaire mal posée et mal comprise ; leur intérêt lutta directement alors avec celui du fabricant, et ne se mêla point à celui d'une opinion en matière gouvernementale. Il n'a été question au mois d'avril 1834, ni de tarif, ni d'augmentation du prix de la main-d'œuvre, et les mains des travailleurs, guidées par des partis politiques, en révolte ouverte contre le pouvoir, ont élevé des barricades au nom de l'opinion républicaine ; les fabricants se sont trouvés complètement en dehors du débat.

Comment cette transformation s'est-elle opérée ? quelles influences ont fait un instrument politique des ouvriers en soie ? de quelle manière et dans quel but s'était opérée cette grande et puissante association des tisseurs qui s'était posée comme un pouvoir en face du pouvoir légal, fesait de l'intérêt de quatre-vingt mille individus un seul intérêt, de leurs volontés une seule volonté, et donnait à leur classe immense l'unité de pensée et d'action d'un seul homme ?

Les faits isolés de leurs causes apprennent peu de chose. Qu'est-ce que la fabrique des étoffes de soie ? quelle est son organisation ? quels sont ses rapports avec la prospérité de la France, et celle de Lyon en particulier ? Lorsque ces données seront connues, la solution du problème présentera moins de difficultés.

# CHAPITRE PREMIER.

§ I. —Histoire de la fabrique des étoffes de soie (1), et introduction des premiers métiers en France et à Lyon.— Des fabriques à l'étranger, et de leur concurrence avec celle de Lyon. — Parallèle de la fabrique de la France et de l'Angleterre. — Effets et dangers de la concurrence étrangère. — Valeur de nos importations et exportations.

Vers le milieu du sixième siècle, deux missionnaires chrétiens ayant pénétré dans l'empire chinois, racontèrent à leur retour, entre autres merveilles, qu'ils avaient vu une étoffe dont le tissu était fourni par une espèce de ver ; que cette étoffe était plus riche que toutes celles d'Europe, plus brillante que la pourpre des rois, et que cependant en Chine elle servait à l'habillement même des gens du peuple. Ils se laissèrent persuader, à force de

---

(1) On appelle à Lyon du nom générique FABRIQUE l'ensemble des industries dont le résultat est la confection des étoffes de soie. Ce mot s'entend, non de l'ouvrier ou du fabricant en particulier, mais de l'un et de l'autre, et de quelques arts accessoires. Nous l'emploierons fréquemment dans ce sens.

promesses et de récompenses, de tenter un second voyage pour apporter cet insecte précieux. Mais ce ne fut qu'avec de grandes difficultés qu'ils parvinrent enfin à dérober une certaine quantité de vers à soie qu'ils enfermèrent dans une canne de bambou. Ce fut ainsi que la soie fut apportée en Europe. Elle passa bientôt dans l'Asie mineure et dans la Grèce; mais elle resta long-temps d'un prix si élevé, que les plus riches personnages en fesaient seuls leur parure. On raconte que la femme d'un empereur ayant demandé à son époux une robe de soie, il la lui refusa, en lui disant qu'il ne convenait pas de donner l'exemple d'un tel luxe.

Les premiers essais de fabrication des étoffes de soie à Lyon remontent au règne de Louis XI : des documents authentiques l'ont démontré. Tours avait reçu déja cet art de l'Italie. Cette nouvelle industrie resta pendant quelques années stationnaire ; mais nos foires amenaient dans les murs de Lyon un grand nombre d'Italiens qui perfectionnèrent les procédés de tissage. Une impulsion plus vive fut donnée à la fabrique sous François I$^{er}$; il y avait déja sous Henri II douze mille maîtres ouvriers de la manufacture d'or, d'argent et de soie, auxquels le gouvernement avait concédé de grands priviléges. Déja au seizième siècle, les industriels réclamaient la prohibition des étoffes de soie fabriquées à l'étranger ; mais le commerce français consistait surtout en échanges, et le trésor royal, qu'alimentaient ses douanes, avait intérêt à appeler aux foires de Lyon les marchands de la Savoie, de la Flandre et de l'Italie. Cette question si grave de la liberté du commerce n'était point comprise alors, et le gouvernement, invité souvent à la résoudre, ne suivait pas de règles fixes. Tantôt il frappait d'un subside à l'entrée du royaume, les draps de soie étrangers, et accordait un privilége aux manufacturiers lyonnais; tantôt il autorisait la concurrence et permettait l'entrée libre de la soie et des étoffes de la Savoie et de l'Italie. Nos ateliers étaient peuplés, presque exclusivement, d'ouvriers étrangers; nos foires recevaient le mouvement et la vie des marchands venus de Gênes, de Milan, de Turin, de Reggio, et il fallait ménager les uns et les autres dans l'intérêt de l'industrie et du trésor. La concurrence excita l'émulation des tisseurs de Lyon, plus encore qu'elle ne leur fut nuisible; bientôt ils surent fabriquer de meilleurs draps de soie que ceux dont Gênes fournissait les marchés de l'Europe. Ils apprirent à faire du velours; ils rivalisèrent avec les ouvriers de Tours, et portèrent leur art à un degré de perfection qui les laissa bientôt sans rivaux.

Colbert, au dix-septième siècle, protégea beaucoup la fabrication des soieries. Devenue dès lors une des sources principales de la richesse du pays; elle est aujourd'hui la plus importante industrie qui existe en France. Son exportation est plus grande de moitié que l'exportation des produits manufacturés dans toute la France; plus de vingt départements sont intéressés à la production de la soie, et le mouvement industriel de Lyon n'est pas moindre de deux cents millions par année. Les produits de notre fabrique vont porter dans toutes les contrées du globe le glorieux témoignage de la supériorité de nos arts; la fabrique est la fortune de la France.

Depuis l'empire, une grande concurrence à l'étranger est devenue de plus en plus menaçante pour la fabrique de Lyon; de nombreux ateliers se sont élevés en Suisse, à Zurich, à Crevelt, à Eberfeld en Prusse, à Faverge en Savoie. Leurs étoffes ne rivalisent point avec celles de Lyon pour les tissus dits *façonnés*; mais les *unis* qu'ils fabriquent, peuvent rivaliser avec les nôtres. Les ouvriers qui travaillent dans ces établissements, ont moins de dépenses à supporter que ceux de Lyon : ils sont logés, nourris, vêtus à moindres frais ; aussi peuvent-ils se contenter d'un salaire très inférieur. Pour que les étoffes de Lyon trouvent des acheteurs, il faut qu'elles ne soient pas d'un prix supérieur à celui des tissus d'Eberfeld ou de Zurich.

L'établissement des fabriques de soieries en Angleterre mérite surtout une attention sérieuse : nos rivaux les plus redoutables sont les industriels de la Grande-Bretagne.

Ce fut vers le quinzième siècle que, le commerce de l'Angleterre commençant à s'étendre, la fabrication des étoffes de soie pénétra dans ce pays. Elle y demeura stationnaire pendant long-temps ; mais enfin les richesses de la nation s'étant accrues, elle fit des progrès, et le préambule d'un édit passé sous Charles II montre qu'en 1666 elle donnait du travail à plus de quarante mille personnes. Après la révocation de l'édit de Nantes, en 1685, plus de cinquante-cinq mille réfugiés vinrent du midi de la France doter l'Angleterre de leur expérience dans cette intéressante industrie, et s'établirent dans le voisinage de Londres, au lieu nommé Spitalfields. Ils tentèrent aussi d'y introduire la culture du mûrier, et l'on voit encore dans tous les jardins de ce quartier les plantations qu'ils ont faites. Les arbres y sont d'une beauté remarquable, et presque tous du genre *morus rubra*; mais la feuille, même dans les premiers jours de son développement, en est dure et peu propre à la nourriture du jeune insecte.

Le gouvernement entoura la nouvelle colonie de priviléges et de secours, et le quartier où elle s'établit est encore celui qui s'occupe exclusivement de la fabrication de la soie. Une chose bien digne de remarque, c'est que sa population a conservé dans son langage devenu anglais, un grand nombre d'expressions méridionales, et, dans ses manières, ses habitudes et son aspect, une grande ressemblance avec les ouvriers de Nîmes et de La Croix-Rousse. Dans ce temps le commerce d'introduction des étoffes de soie était libre, et la valeur des importations annuelles s'élevait de 6 à 700,000 liv. st.; ce qui n'empêchait pas la nouvelle colonie de prospérer.

Ce ne fut qu'en 1662 que les réfugiés obtinrent un privilége pour la fabrication et la vente exclusive de certains articles, jusqu'à ce qu'enfin ils obtinrent du parlement, en 1697, après de longues sollicitations, la prohibition complète des étoffes fabriquées en France et dans les autres états européens. En 1701, la prohibition s'étendit aux fabriques de l'Inde et de la Chine.

Les dates ci-dessus servent assez à prouver que ce n'est pas au système prohibitif que la fabrication de la soie doit son établissement en Angleterre, mais au contraire qu'elle y avait pris ses premiers développements sous le régime de la liberté illimitée.

Depuis le commencement du dix-huitième siècle jusqu'en 1824, l'histoire de la fabrication de la soie n'offre qu'une série de plaintes de la part des fabricants relativement à l'importation des soieries françaises, d'efforts inutiles de la part du parlement pour les exclure du marché, et de révoltes des ouvriers. En 1773, ces ouvriers obtinrent le bill appelé acte de Spitalfields, qui donne aux ouvriers de Middlessex le droit d'exiger un salaire déterminé et fixé par les magistrats, précédent digne de la répétition qu'en fit, il y a quelques années, le préfet de Lyon. L'effet nécessaire d'un tel acte fut de diminuer tous les ans la fabrication de Spitalfields, jusqu'à ce qu'enfin un grand nombre de fabricants quittèrent le commerce ou abandonnèrent au moins les articles qui sous ce régime donnaient les moindres profits. L'acte de Spitalfields fut rappelé en 1824.

Les manufacturiers, cependant, s'éclairaient en même temps que le reste de la nation. Tandis que le monopole arrêtait toutes les améliorations en Angleterre, la fabrication fesait de grands progrès sur le continent. L'exemple de l'extension immense que les perfectionnements dans les machines avaient donné au commerce des étoffes de coton, ne fut pas perdu, et après cent trente années d'existence, l'acte de Spitalfields fut rappelé à la requête même des fabricants les plus éclairés de Londres. En 1826, M. Huskisson fit admettre par le parlement des modifications importantes, et les soieries étrangères furent admises à l'importation moyennant un droit de trente pour cent. Les droits sur les soies crues et les matières tinctoriales furent de nouveau diminués, et les fabricants de l'Angleterre purent obtenir les soies dévidées en payant une entrée de 5 schel. par livre, au lieu de 14 schel. 7 d. 1/2, et les soies crues moyennant 3 pences, au lieu de 5 schel. 7 d. 1/2. Quoique certains intérêts aient souffert de ces changements dans les réglements du commerce des soiries, on ne peut nier que cette industrie n'ait en définitive beaucoup gagné depuis cette époque. En 1824, l'année du rappel du bill de Spitalfields, on avait importé 3,382,357 livres de soie destinée à être filée et fabriquée en Angleterre. De cette quantité, l'Italie en avait fourni 1,716,734 liv.; la Chine et les Indes, 1,307,300 l.; le reste venait du midi de la France. Cette importation diminua d'abord pendant les trois ou quatre premières années qui suivirent le rappel des lois de prohibition complète des soieries fabriquées à l'étranger; car la consommation, qui dut nécessairement s'accroître, porta en partie sur les soiries de France, de Suisse et d'Italie, mieux fabriquées alors que celles de Spitalfields; mais les perfectionnements ne tardèrent plus long-temps à s'introduire: des ouvriers étrangers furent employés, et aujourd'hui les fabricants sont capables de donner des produits aussi beaux, aussi durables que ceux de Lyon, et à meilleur marché, à cause des droits de trente pour cent qui les arrêtent à l'entrée. L'importation des soies brutes a donc bientôt repris son niveau, et l'année dernière elle s'était élevée à 4,693,517 liv.

Les exportations de soieries fabriquées, qui, en 1823, ne s'élevaient qu'à la valeur de 140,320 liv. sterl., se sont montées en 1830 à 437,880 livres sterl.; et les Anglais se flattent d'être bientôt en état de supplanter les Français sur tous les marchés. On ne saurait nier que leurs *unis* ne puissent rivaliser avec les nôtres, et l'introduction de dessinateurs dans leurs fabriques et de chimistes dans leurs ateliers de teinture les mettra bientôt peut-être à même de rivaliser aussi avec nous pour les rubans et les étoffes à dessins.

D'après le rapport de M. Wilson, l'un des plus riches manufacturiers de la Grande-Bretagne, les fabriques y emploient quarante mille fileurs. Le prix de leur travail s'élève à 350,000 liv. sterl. Le savon et la teinture coûtent 300,000 liv. sterl. par an; le salaire des dévideuses s'élève à 265,000 liv. sterl. On estime à quarante mille le nombre des métiers. Quatre-vingt mille personnes les mettent en mouvement, et reçoivent 3,000,000 de liv. sterl. Les fabriques de soieries enfin donnent la subsistance à quatre cent mille individus, en comprenant dans ce nombre les familles des ouvriers.

Il a été reconnu qu'il faut trente-six mille vers pour produire une livre de soie ; ainsi, en prenant deux millions de livres pour terme moyen de l'importation annuelle de la soie de la Grande-Bretagne, on verra qu'il faut chaque année onze milliards deux cent cinquante millions d'insectes pour suffire à cette quantité.

Il est constaté que depuis l'introduction en Angleterre des étoffes de soie françaises, la consommation de soie brute par les mannfactures de la Grande-Bretagne s'est accrue de plus d'un million de livres. C'est une augmentation de plus d'un million. Pendant que cette impulsion avantageuse était donnée à l'industrie anglaise par la concurrence étrangère, la valeur de ses exportations en soieries s'élevait, dans la même période, de 160 à 500 mille liv. sterl.

On estime la valeur annuelle des étoffes de soie fabriquées en Angleterre, de 5 à 8 millions sterling. Les documents présentés à la commission de Londres établissent que la différence des frais de production de l'étoffe entre la France et l'Angleterre est au moins de quarante pour cent ; beaucoup la portent à soixante ou quatre-vingts pour cent. On a proposé d'établir sur le public, dans l'intérêt privé du commerce de soieries, une taxe indirecte, égale environ au vingtième de la totalité de l'impôt public. Si l'on admet comme calcul exact, que les fabricants français peuvent, sur un chiffre de six millions et demi sterling, donner aux consommateurs anglais de soiries un bénéfice de soixante pour cent, il en résulte que les fabricants anglais demandent à être autorisés à prendre, pour leurs bénéfices exclusifs, quatre millions et demi dans la poche des consommateurs. Ils jouissent dans ce moment du droit de trente pour cent imposé sur les soieries étrangères, c'est-à-dire qu'un million et demi de la fortune publique leur est départi chaque année. Et cependant, bien loin d'être satisfaits, ils demandent deux fois davantage !

Mais s'il faut en croire quelques-uns des avocats anglais du système de prohibition des soieries françaises, un tort bien plus grand est fait au pays ; car, disent-ils, les Français qui nous envoient leurs étoffes de soie ne prennent rien en échange, ainsi donc tout est bénéfice pour eux. « Regardez vos
« exportations et comparez-les à vos importations,
« s'écrie M. Robinson, d'un ton de triomphe, les
« intelligents prohibitifs négociants français de qui
« vous recevez quatre fois plus qu'ils ne vous de-
« mandent, voilà les hommes habiles en économie
« politique, et les industriels éclairés qui savent
« conduire convenablement leurs affaires. » Il est humiliant de penser que de pareilles puérilités sont admises en principe, et trouvent des échos au delà des murs du parlement. Chassés de leur première position, les partisans de la prohibition en prennent aussitôt une autre, et s'écrient : « Nous payons en argent. » Mais comment un pays dont le sol ne possède pas de mines d'argent ou d'or, peut-il se procurer de l'argent autrement que par la vente de quelques-uns de ses produits? voilà une question dont ne s'embarrasse nullement la sagacité des

économistes antipolitiques. A la vérité leur tactique ne permet pas cette recherche ; car autrement ils découvriraient que les paiements faits en argent par un pays qui a reçu ce même argent d'un autre pays, représentent deux bénéfices, celui de l'importation et celui de l'exportation du numéraire. En fait, les échanges commerciaux entre deux pays ont naturellement pour éléments leurs productions spéciales, celes dans lesquelles l'un et l'autre se distinguent d'une manière particulière, les articles manufacturés que chacun d'eux confectionne avec une aptitude ou une supériorité qui lui est propre, ou enfin la matière première que l'un ou l'autre fournit meilleure et plus abondante. Les productions minérales, et parmi elles le fer surtout, le charbon, les tissus de coton et de laine, voilà les grands objets de l'exportation de l'Angleterre ; les vins, les eaux-vie, les huiles, les étoffes de soie et tous les articles de goût sont les principaux produits qui sont importés de France en Angleterre.

Ainsi donc, jusqu'à ce qu'on trouve un industriel français qui donne ses marchandises pour rien, ou un négociant anglais qui trouve moyen de les importer sans qu'il lui en coûte un schelling, on peut établir en fait (malgré toute la déférence possible pour nos contradicteurs) qu'un échange a eu lieu. Chaque Français qui exporte ses produits en Angleterre, est payé par quelqu'un et avec quelque chose. La demande faite par les fabricants anglais d'une prohibition absolue des étoffes de soie françaises aurait dû être accompagnée en toute justice de la déclaration des genres d'industrie, et de la classe de personnes dont ils désiraient la ruine.

Aujourd'hui les fabriques de soie de France et d'Angleterre consomment par année une somme à peu près égale de soie crue, c'est-à-dire environ quatre millions de livres; et la valeur de leurs produits ouvrés peut être estimée, dans leurs marchés respectifs, au même taux, c'est-à-dire à six millions de livres sterl.; car, bien que la soie employée en France soit plus belle et plus chère, et que les fabriques françaises se recommandent par plus de perfection, de goût et de fini, cependant la différence dans les frais de main-d'œuvre, etc., égalise à peu de chose près la valeur des produits. On peut facilement apprécier la supériorité des manufactures françaises de soieries sur celles de l'Angleterre : les fabricants français ont plus d'imagination, d'invention, d'esprit de création; ils s'occupent sans cesse à perfectionner leur art. En Angleterre, on est moins ingénieux, moins inventif, moins varié; mais on opère avec des capitaux plus grands et des machines plus parfaites, sous un plus libre système de commerce; et l'industriel dirige spécialemeut son attention sur ces articles d'une large consommation qui demandent moins de variété dans les couleurs et dans les modèles. Les quatre cinquièmes des étoffes françaises sont demandées par les étrangers; la France impose la mode au monde, et telle est la variété et la beauté de ses produits, que son droit n'est pas contesté (1). Un douzième seulement des

(1) *Westminster review.*

étoffes de soie anglaises est exporté; le reste est absorbé par la consommation intérieure. Si les manufactures de la Grande-Bretagne se sont accrues avec plus de rapidité que celles de la France, c'est à la nature des demandes et à l'espèce des acheteurs, moins sujettes à fluctuations, qu'il faut l'attribuer. Sous le système qui précéda l'introduction en Angleterre des étoffes de France dans les îles Britanniques, la consommation de ces tissus s'éleva pendant trois années à 2,399,000 livres par an ; elle est aujourd'hui, dans le même espace de temps, de 3,999,000 également par année. C'est une augmentation de soixante pour cent inexpliquée et inexplicable dans l'hypothèse du déclin des manufactures anglaises.

Le compte réel des exportations en Angleterre d'étoffes de soie françaises a été établi ainsi :

| | |
|---|---|
| 1818, | 1,744,105 francs. |
| 1819, | 2,713,583 |
| 1820, | 2,727,748 |
| 1821, | 2,815,178 |
| 1822, | 3,516,328 |
| 1823, | 2,901,570 |
| 1824, | 3,856,465 |
| 1825, | 6,104,104 |
| 1826, | 7,596,421 |
| 1827, | 11,460,119 |
| 1828, | 17,311,810 |
| 1829, | 10,483,777 |
| 1830, | 15,204,388 |

L'intérêt spécial de ce tableau, c'est qu'il montre

le progrès graduel des demandes de l'Angleterre, et l'impuissance absolue des mesures législatives de prohibition contre une supériorité incontestable. Depuis 1818, où la contrebande ne s'élevait pas à plus de 70,000 liv. par année, l'introduction illicite des soieries françaises s'est accrue d'année en année, et, en 1825, elle avait atteint le chiffre de 250,000 livres. Cependant, après un tel essai de l'impossibilité d'empêcher la contrebande avec un système de prohibition, la prohibition est demandée de nouveau comme la seule protection efficace de l'industrie anglaise!

La France doit à sa position géographique d'être nécessairement le marché central de la soie non-ouvrée; rien ne serait pour elle d'un plus grand intérêt que l'éloignement de tout obstacle de nature à gêner l'entière liberté de ce commerce important. Si elle ouvre les yeux sur les sources de sa prospérité réelle, elle délivrera de tout embarras l'achat et la vente des soies, en laissant parfaitement libres l'importation, l'exportation et le transit de cette riche matière. Son système frappait d'un impôt pesant l'introduction des soies étrangères, et prohibait entièrement la sortie de la soie indigène; mais c'était diminuer les motifs de la production, et par conséquent porter un préjudice considérable aux mouliniers et aux marchands de soie: en rétrécissant ainsi ses marchés pour la matière brute, elle nuisait à ses propres manufacturiers en soieries.

La commission d'enquêtes désignée par la chambre des communes à Londres pour examiner l'état des fabriques des soieries anglaises, demandait à un chef d'atelier quelles étaient, dans son opinion, les causes réelles de la supériorité des étoffes de Lyon. Voici la réponse que fit le chef d'atelier (1) :

« Votre question est une de celles sur lesquelles je puis jeter le plus de lumières ; je souhaite que ce que j'ai à dire obtienne autant d'attention qu'il en mérite. C'est à la négligence de ce qui peut être considéré à bon droit comme le principe de la prééminence de l'industrie française, qu'on doit principalement attribuer notre infériorité. Jusqu'au moment où l'échantillon de l'étoffe est exécuté, les Français, à mon avis, ont un très grand avantage sur nous ; quand le modèle est produit, leur supériorité n'est pas grande : c'est dans le dessin bien plus que dans le tissage qu'elle consiste. Ce qui m'a le plus frappé, c'est la manière dont le goût se forme en France ; ma surprise a été extrême en trouvant chez de simples ouvriers, chez leurs enfants, parmi tous les individus qui ont quelque rapport avec la confection des échantillons et des dessins, une attention constamment tendue sur tout ce qui peut améliorer leur industrie sous le rapport de la disposition et de la couleur. J'ai vu souvent un tisseur, dans ses promenades, cueillir des fleurs et donner à leur arrangement les formes les plus attrayantes. J'ai vu les ouvriers suggérant constamment à leurs marchands des idées sur l'amélioration

---

(1) *Westminster review.*

des dessins. On m'a assuré que lorsqu'un article fabriqué obtenait un grand succès, un tisseur était souvent le créateur des beautés qui fesaient sa vogue. Il n'est pas dans ce moment, à Lyon, une maison de fabrique un peu considérable qui n'ait un associé dont la position ne soit l'ouvrage de succès obtenus dans l'étude des arts. Cette étude est d'une si grande importance, que la Ville dote de vingt mille francs par année une école des beaux-arts, dans laquelle sont instruits gratuitement les enfants qui montrent quelque aptitude pour la peinture ou tout autre sujet d'études profitable à la fabrique. Peintres, sculpteurs, botanistes, à Lyon, peuvent devenir manufacturiers, et l'on peut dire qu'il y a à peine dans cette grande ville quelque chose qui soit en dehors de son cercle industriel. J'allai à l'école de Saint-Pierre, une des écoles d'art les plus remarquables, et j'y trouvai cent quatre-vingts étudiants dont l'éducation se fait pendant cinq ans aux frais de la ville. Un grand nombre apprenaient l'anatomie; un professeur leur enseignait, non seulement l'harmonie des formes humaines, mais encore l'organisation merveilleuse de notre machine dans ses rapports avec la peinture. Je vis un peintre de fleurs qui exerçait trente à quarante élèves à l'art de le faire revivre sur le papier ou sur la toile; je trouvai d'autres jeunes gens livrés à l'étude de l'architecture. Un professeur démontrait comment la mécanique pouvait exécuter ces productions du goût, c'est-à-dire l'art de traduire en étoffes de soie un dessin tracé sur le papier. Ces écoles ne sont pas exclusivement l'objet d'une attention locale, le gouvernement les a prises sous sa protection immédiate; c'est le goût, si souvent traité de préjugé, c'est l'admiration, c'est la production de belles choses, qui conduit à la création de tissus qui obligent le consommateur à les préférer. Les fabricants français considèrent que le dessin des étoffes est la cause principale de leur succès, l'exécution ou le tissage n'est qu'à un rang secondaire, et peut être aisément effectué. »

Malgré les représentations des fabricants anglais mécontents, il est facile de trouver dans les faits la preuve irrécusable de l'amélioration progressive du tissage de la soie dans la Grande-Bretagne. Parmi les points que ces industriels ont à cœur d'établir, il en est un digne de remarque : c'est que cette fabrication n'a fait aucun progrès depuis 1826; en d'autres termes, que la concurrence n'a conduit les fabriques anglaises à aucune amélioration; que, malgré l'augmentation de motifs pour des perfectionnements, ces perfectionnements n'ont pas été introduits; en un mot, que cette industrie est demeurée stationnaire, si elle n'a pas rétrogradé, ainsi que le prétendent quelques fabricants. Mais les commissionnaires, sans intérêt inique dans la question, avouent au contraire qu'un perfectionnement frappant et rapide a eu lieu. M. Buggally dit : « Les rubans anglais sont tellement améliorés, que dans ce moment je n'en demande plus en Suisse : nous pouvons les faire aussi bien chez nous. » Suivant M. Dillon, dont les achats d'étoffes de soie se comptent par millions, « les demandes d'étoffes de soie françaises vont continuellement en décroissant; elles ont diminué d'une manière considérable, ce qui dépend surtout de la très grande amélioration de la fabrication anglaise »; et M. Dillon corrobore ces faits par un grand nombre de détails sur les demandes de différentes étoffes de soie qui ont été introduites en Angleterre depuis 1826. M. Bottrell affirme qu'un perfectionnement dans la fabrication anglaise, sous le rapport de la couleur et du style, a été le résultat de l'éloignement du système de prohibition, et il en appelle à la conscience de ceux des témoins qui sont sans préventions et à celle des manufacturiers eux-mêmes.

Le fait de la concurrence des fabriques de soieries étrangères avec les nôtres n'est donc pas douteux : il a eu des conséquences très graves sur les salaires, qui ont dû nécessairement être abaissés; il est surtout très menaçant pour l'avenir de notre fabrique. Zurich a dix mille métiers d'unis qui rivalisent avec les nôtres pour la qualité des produits. Les quatre-vingt mille métiers de l'Angleterre fabriquent des crêpes, des tulles, des châles, des tissus mélangés; et s'ils ne produisent pas des étoffes façonnées égales à celles de Lyon, elles peuvent pour d'autres genres soutenir une concurrence avantageuse. On connaît la bonne qualité des velours qui sont confectionnés à Crevelt et dans les ateliers des bords du Rhin. N'est-il pas à craindre que l'étranger cesse de nous demander annuellement, comme il le fait, pour cent quarante millions de soieries, si ses fabriques font aussi bien que les nôtres, et peuvent donner leurs tissus à meilleur marché?

Jusqu'ici ces craintes ne se sont pas réalisées; mais il faut en tenir compte, il faut faire connaître ces faits dans les ateliers pour mettre l'ouvrier en garde contre les conséquences de ses exigences. La concurrence étrangère sera funeste un jour à notre fabrique, mais en fait, et pour le présent, elle n'a pas nui encore à nos exportations, et les calculs suivants, que j'emprunte à M. Charles Dupin, en sont la preuve. Ils sont tirés des comptes officiels des douanes de France.

### Valeurs des Soieries de France.

| Années. | Soieries exportées. | Total des export. | Rapports. |
|---|---|---|---|
| 1821 | 109,669,192 | 404,764,582 | 0.2709 |
| 1822 | 99,280,211 | 385,168,711 | 0.2578 |
| 1823 | 84,491,280 | 390,754,431 | 0.2162 |
| 1824 | 99,536,332 | 440,541,901 | 0.2259 |
| 1825 | 122,334,742 | 667,294,114 | 0.1834 |
| 1826 | 90,999,299 | 560,508,769 | 0.1624 |
| 1827 | 116,168,440 | 602,401,276 | 0.1928 |
| 1828 | 116,513,334 | 609,922,632 | 0.1910 |
| 1829 | 179,980,917 | 607,818,646 | 0.2961 |
| 1830 | 168,799,942 | 572,664,064 | 0.2948 |
| 1831 | 179,549,213 | 618,169,911 | 0.2901 |

Pour obtenir une valeur approximative dégagée des inégalités annuelles du progrès des exportations des soieries françaises, prenons la valeur moyenne, 1° des années 1821, 1822, 1823; 2° des années 1829, 1830, 1831, nous aurons :

## Exportations.

| Années. | Soieries. | Export. de toute espèce. |
|---|---|---|
| 1821 à 1823 | 97,846,894 | 393,562,575 |
| 1829 à 1831 | 176,043,257 | 599,550,873 |

Accroissement de la première époque à la seconde :

$$\frac{799}{1000} \; : \; \frac{523}{1000} \; :: \; 1528 \; : \; 1000$$

Ainsi, pour un intervalle de dix années, lorsque l'accroissement général de nos exportations est représenté par 1000, l'accroissement particulier de nos soieries exportées est représenté par 1528.

Il n'est donc pas vrai de dire que la France soit encore déchue de sa prépondérance dans le commerce de soieries qu'elle fait avec l'étranger.

Les résultats que nous venons de calculer deviennent encore plus remarquables, lorsqu'on les oppose à ceux que présente l'importation des matières premières.

*Importation des matières premières.* — *Soies.*

| Années. | Kilogrammes. | Francs. |
|---|---|---|
| 1821 | 364,355 | 22,227,859 |
| 1822 | 601,984 | 29,663,510 |
| 1823 | 525,731 | 26,250,526 |
| 1824 | 740,035 | 37,149,852 |
| 1825 | 688,486 | 33,384,799 |
| 1826 | 799,784 | 39,742,490 |
| 1827 | 670,591 | 32,507,686 |
| 1828 | 589,542 | 25,760,177 |
| 1829 | 1,017,847 | 45,835,257 |
| 1830 | 717,466 | 33,947,435 |
| 1831 | 524,780 | 26,981,583 |

1825 à 1827. Soiries exportées, 329,502,481. Rapport 2985.
Soies importées, 105,434,975.

1828 à 1830. Soiries exportées, 465,293,895. Rapport, 4409.
Soies importées, 105,542,869.

1831 Soiries exportées, 179,349,213. Rapport, 6647.
Soies importées, 26,981,383.

Ces résultats nous démontrent que, depuis 1825 jusqu'à 1831, la disproportion est devenue de plus en plus considérable à l'avantage de nos soieries exportées, comparativement à la matière première tirée de l'étranger. Ainsi, l'on ne peut pas admettre que, de 1828 à 1830, la surabondance d'importations de soies brutes étrangères préparait un approvisionnement excessif pour 1831.

Par conséquent, lorsqu'on voit l'approvisionnement de 1831 diminuer d'un tiers sur la proportion des trois années précédentes, et quand ce fait concourt avec un accroissement considérable d'exportations de soieries en 1831, il ne reste plus qu'un moyen d'expliquer ces contradictions apparentes : c'est d'admettre qu'en 1831 la consommation intérieure des soieries a plus particulièrement diminué et produit cette détresse dont la France a déploré les effets si funestes.

L'importation, en franchise des matières qu'emploie la fabrique des étoffes de soie, proposée depuis le 21 mai 1829, a été agréée par trois commissions successives de la chambre des députés, et accordée, enfin, par le gouvernement en 1833. Les conséquences de cette mesure, si conforme aux vues qui auraient dû prévaloir toujours dans les tarifs, ont été pour les producteurs de mûriers, les fileurs et les mouliniers, la faculté d'exporter, à certaines conditions, les matières primitives, qui, dans l'intérieur, devenaient surabondantes par suite de l'entrée plus facile des produits étrangers. Tout ce que le gouvernement avait pris soin d'exposer en proposant la loi, a été vérifié dans la commission, et a reçu l'assentiment des grands centres de fabrique. Lyon en appelait la réalisation de tous ses vœux. Ce nouveau régime aurait fait, de notre place, le marché central des soies de l'Europe, et eût exercé une grande influence sur la prospérité de notre fabrique, si un parti politique, par malveillance, et les ouvriers, par ignorance, n'avaient fait perdre à notre ville tous les avantages d'une position aussi heureuse.

§ 2. — *Des ouvriers en soie.* — Des opérations que subit la soie avant d'être tissue. — Définition du mot *ouvriers en soie.* — Leurs habitudes physiques. — Habitudes morales de l'ancien ouvrier en soie, ses singularités et son originalité. — Des ateliers. — Influence du tissage des étoffes sur la constitution physique. — Classification des ouvriers ; les compagnons, les maîtres ou chefs d'atelier. — Des apprentis, des lanceurs, des ouvriers. — A l'ouvrier en soie est attachée la fortune de Lyon.

On ne doit pas comprendre sous la dénomination générique d'*ouvriers en soie* ou *canuts* beaucoup d'individus qui exercent des professions très différentes : ceux-là filent la coque du précieux bombyx; ceux-ci (les mouliniers) mettent sur le moulin la soie des bobines. Elle est tordue et livrée au commerce, soit à l'état de trame, soit à celui d'organsin. Lorsqu'elle a été séchée au degré convenable dans des étuves disposées pour lui faire éprouver cette préparation, le teinturier s'en empare, la revêt de couleurs et la remet à la *dévideuse*. Celle-ci étend les longs et épais écheveaux de tissu animal autour des cylindres fabriqués avec des tiges de jonc; et, au moyen d'une mécanique ingénieuse qui fait tourner rapidement à la fois un nombre plus ou moins grand de ces cylindres, elle dévide la soie, c'est-à-dire, elle couvre de ces fils une grande quantité de bobines de bois. De très jeunes enfants, ou des individus des deux sexes qui n'ont pas la force ou le talent d'occuper un métier, filent encore les bobines, et au moyen de rouets font passer le tissu qui les enveloppe sur de très petits cylindres de jonc (cannettes) que l'ouvrier introduit chargés de soie dans la navette. Ici commence la fabrication des étoffes de soie. Ceux qui s'en occupent spécialement sont les ouvriers proprement dits. Les procédés par lesquels on fabrique des velours, des satins ne sont pas les mêmes que ceux qui servent à confectionner les étoffes dites *façonnées*, c'est-à-dire celles dans lesquelles l'or est allié à la soie, ou dont le tissu présente aux yeux des fleurs, de riches compartiments, des dessins divers.

Le nom de *satinaires* n'a jamais eu cours que parmi les ouvriers en soie ; on les désignait autrefois sous le nom de *taffetatiers*; mais cette expression est tout-à-fait inusitée aujourd'hui, et ils la prennent en mauvaise part. On la trouve cependant encore dans Rousseau. L'autorité locale les appelle, dans les ordonnances, *ouvriers de la fabrique de Lyon*, ou seulement *ouvriers de la fabrique*: cette dénomination est celle qui leur plaît le plus, peut-être parce qu'elle les présente comme formant une corporation distincte, la première de la cité par son genre d'industrie.

Un teint pâle, des membres grêles ou bouffis par des sucs lymphatiques, des chairs molles et frappées d'atonie, une stature en général au dessous de la moyenne: telle est la constitution physique ordinaire aux ouvriers en soie lyonnais. Il y avait dans la physionomie de l'ancien ouvrier je ne sais quel air de simplicité ; son accent dans la conversation était singulièrement monotone et traînant. Aujourd'hui encore la taille des tisseurs manque de proportion ; leurs membres inférieurs sont souvent déformés de bonne heure ; ils ont une allure qui les fait aisément reconnaître. Lorsque, les jours de fête, un habit semble les confondre avec les autres citoyens, on les reconnaît encore au développement irrégulier du corps, à leur démarche incertaine et entièrement dépourvue d'aisance. La juste proportion des parties semble mieux conservée dans les femmes. Cette différence tiendrait-elle à l'interruption plus fréquente des travaux qui a lieu souvent parmi ces dernières, plus essentiellement appliquées au soin et à l'entretien du ménage? ou faut-il l'attribuer à la manière de se vêtir, à une sorte de coquetterie qui leur inspire les moyens de déguiser cette altération des formes corporelles? Les jeunes gens des campagnes voisines de Lyon qui arrivent dans cette ville pour y embrasser la profession de tisseurs d'étoffes de soie ne tardent point à perdre leur fraîcheur et leur embonpoint.

Considéré au moral, l'ancien ouvrier en soie lyonnais était doux et très attaché à ses préjugés; son intelligence paraissait excessivement bornée (sauf les exceptions) : l'habitant des contrées sauvages possédait un plus grand nombre d'idées et savait les combiner plus habilement que lui. Il y avait une singularité remarquable dans la trivialité de son langage, qui consistait dans le sens qu'il donnait à certains mots détournés par lui de la manière la plus bizarre de leur acception ordinaire. De même que les femmes des halles de Paris ont une originalité tout-à-fait particulière, de même les ouvriers des fabriques de Lyon présentaient dans leurs manières, et surtout dans leur langage, un caractère entièrement étranger aux gens du peuple des autres parties de la France. Les habitudes physiques de ces artisans sont devenues de jour en jour moins saillantes, moins caractéristiques, et le temps n'est pas loin où elles ne seront plus connues que par la tradition. Depuis la Révolution, tout ce qui distinguait extérieurement et individualisait si bien les professions a disparu par degré, et il n'y a plus entre les classes de la société, sous le rapport des vêtements, que des différences marquées par des nuances peu sensibles. Un écrivain lyonnais, Charles Bordes, a bien peint l'ancien caractère des ouvriers en soie dans une comédie qui ne mérite d'être rappelée que sous ce rapport. Tandis que les ouvriers de Manchester se livrent avec une grande violence à des excès fort répréhensibles lorsque les manufactures sont oisives, les quatre-vingt mille ouvriers en soie lyonnais que l'inactivité des métiers réduisait à la misère, ne commettaient aucun désordre, et n'opposaient à l'indigence qu'une force d'inertie. Les plus paresseux d'entre eux parcouraient le soir les rues de la ville, demandant l'aumône en chantant, et il n'y a pas eu d'exemple sous l'Empire et la Restauration que, pendant ces moments critiques, heureusement fort rares, ils se soient réunis pour former une opposition quelconque à l'autorité. Cependant les archives de la cité conservent la mémoire de quelques émeutes populaires causées par eux; ils ne furent point étrangers aux désordres révolutionnaires qui affligèrent la ville en 1793 et 1794; mais il faut ajouter qu'alors ils se montrèrent bien moins féroces qu'avides de pillage.

Laborieux pendant la semaine, ils sont incapables de se mettre en mesure, lorsque le commerce fleurit, contre la misère qui les atteint quand il languit. Le dimanche et le lundi, seuls jours pendant lesquels ils font un peu d'exercice hors de leurs ateliers, ils consument en parties de plaisir de toute nature le salaire du travail de la semaine entière.

La liberté des mœurs est très grande parmi eux; elle s'y montre avec une naïveté qui passerait pour une extrême dépravation dans une classe plus éclairée. Rousseau en présente un exemple remarquable dans la première partie de ses *Confessions* (livre IV); mais il n'aurait pas dû, établissant un principe sur un fait, ajouter à son récit ces paroles calomnieuses : « Il « m'en est resté une impression peu avantageuse au « peuple de Lyon, et j'ai toujours regardé cette « ville comme celle de l'Europe où règne la plus « affreuse corruption. »

Mais suivons-les dans leur demeure. Beaucoup occupent les parties les plus malsaines d'une ville immense, dont les rues sont, en général, trop étroites relativement à l'extrême hauteur des maisons. Le quartier Saint-George, remarquable par l'entassement de maisons mal construites, mal aérées, dans un espace trop étroit, entre la Saône et la montagne de Saint-Just, contient un grand nombre de ces artisans. Plusieurs individus sont réunis dans un petit appartement; une soupente, qui a tout au plus dix pieds carrés, reçoit souvent toute la maison, c'est-à-dire, le père, la mère, deux ou trois enfants, une ouvrière et un ouvrier; ils n'ont au dessus de leur tête, pendant qu'ils dorment, qu'une colonne d'air de vingt à vingt-quatre pouces de hauteur. Très peu de propreté dans leurs habitations ajoute encore à tant d'inconvénients. L'air emprisonné dans des rues étroites, dans des cours obscures et profondes, où le soleil ne pénètre jamais, exhale habituellement une odeur acide, qui dépend et de ce qu'il n'est pas renouvelé, et des miasmes que dégagent soit les immondices contenues en grande quantité dans les maisons, soit la respiration d'un grand nombre d'individus des deux sexes et de tous les âges qui vivent rassemblés sous le même toit. Leurs aliments, dans la semaine, sont grossiers, souvent malsains.

A l'action puissante de ces influences hygiéniques, joignons celle qui résulte de l'attitude de plusieurs parties du corps des ouvriers en soie pendant qu'ils travaillent.

Des enfants très jeunes sont placés au rouet destiné à faire les cannettes ; là, constamment courbés, sans mouvements, sans pouvoir respirer un air pur et libre, ils contractent des irritations qui deviennent par la suite des maladies scrofuleuses ; leurs faibles membres se contournent, et leur épine dorsale se dévie ; ils s'étiolent, et, dès leurs premières années, sont ce qu'ils devront être souvent toujours, débiles et valétudinaires. D'autres enfants sont occupés à tourner des roues qui mettent en mouvement de longues mécaniques à dévider ; la nutrition des bras s'accroît aux dépens de celle des jambes, et ces petits malheureux ont souvent les membres inférieurs déformés.

Un ouvrier en soie commence sa journée de grand matin, et la prolonge fort avant dans la nuit ; quand la lumière du jour lui manque, il y supplée par celle de la lampe. Assis sur un banc élevé, ses deux pieds portent à faux sur le sol ; pendant que l'une de ses jambes est dans un parfait repos (c'est toujours la même), l'autre presse alternativement de longs morceaux de bois ou jalons qui correspondent à la trame du métier; le corps, un peu incliné en avant, donne aux deux mains, qui sont appuyées contre le tissu, chacune de son côté, la faculté de recevoir et de renvoyer alternativement la navette. Chaque fil, uni à la trame d'étoffe par cette opération, est assujetti contre celui qui le précède au moyen d'un balancier qui vient frapper le tissu; le choc est reçu par ce tissu, et immédiatement par un gros cylindre de bois autour duquel l'étoffe est roulée, et avec lequel le ventre et le bord inférieur de la poitrine de l'ouvrier sont en contact. Dans les changements importants que les métiers ont subis depuis quelques années, les inventeurs se sont plus appliqués à perfectionner le travail qu'à découvrir pour l'ouvrier une gymnastique plus commode.

Il y a deux classes d'ouvriers : ceux-là, qu'on nomme chefs d'ateliers ou *maîtres*, ont plusieurs métiers chez eux, trois, quatre, rarement plus de six ou huit, et seuls ont un domicile fixe; ceux-ci, qu'on nomme *compagnons* ou *compagnones*, suivant leur sexe, occupent une partie des métiers des maîtres, n'ont, ni loyer, ni métiers à payer, ni responsabilité à supporter, et ne reçoivent que la moitié du prix des façons. En général, les compagnons n'ont ni activité ni esprit d'ordre ; ils composent une population flottante, dont les proportions varient beaucoup. Lorsque le travail abonde, les campagnes voisines fournissent beaucoup d'ouvriers ; un grand nombre venaient autrefois du Piémont et de la Savoie. S'il y a disette de commandes et suspension des affaires, une partie des compagnons quitte la ville. Le compagnonage est la plaie de la fabrique ; ces ouvriers sont, en général, des hommes à qui leur incapacité ou leur défaut de conduite, n'a pas permis de réunir le très minime capital nécessaire pour devenir chefs d'atelier. Ils sont le fléau des maîtres, qui n'ont sur eux qu'un pouvoir discrétionnaire et toujours contesté.

On trouve dans les ateliers, indépendamment des maîtres et des compagnons, une classe turbulente d'enfants qui a pris beaucoup de part aux désordres de la cité : ce sont les apprentis et les lanceurs. Les *apprentis* sont de jeunes gens de quinze à vingt ans, à qui le chef d'atelier se charge d'apprendre son métier, moyennant une petite somme ou l'aliénation de leurs bras pendant un temps donné. Lorsqu'ils sont assez instruits pour occuper un métier, le maître leur fait une petite part sur le produit de leur tâche, et se réserve l'autre portion du salaire. C'est là son bénéfice principal sur l'apprenti ; et cet avantage est souvent compensé par les conséquences de la mauvaise confection de l'ouvrage, dont le maître est responsable. Les *lanceurs* sont des enfants dont l'emploi est de lancer la navette qui distribue le fil de la soie le long de la chaîne de certains tissus façonnés. Apprentis et lanceurs représentent parfaitement les gamins de Paris ; ils n'ont reçu d'ordinaire aucune éducation primaire, et font du tapage aux jours d'émeute par pur amour pour le bruit. On les a vus, pendant les journées de novembre 1831, se glissant parmi les chevaux, porter aux dragons des coups d'autant plus dangereux, qu'il était impossible de les prévoir. Beaucoup, pendant les six journées d'avril, parcouraient les rues armés de pistolets ou de mauvais fusils. Ces petits malheureux ont montré, pendant nos funestes collisions, la plus grande insouciance du danger, et quelquefois un mépris complet de la vie.

Des femmes et des hommes sont employés au tissage des étoffes. Tous les genres de fabrication qui n'exigent pas une grande force physique sont exécutés par les femmes ; ils sont moins payés que les autres. Presque toutes les étoffes unies sont confectionnées par des ouvrières dont le travail est un principe de conservation pour la fabrique ; en effet, si le prix de leur main-d'œuvre était plus élevé, il serait impossible de conserver à Lyon l'exploitation des tissus dits *unis*. Beaucoup d'hommes fabriquent aussi ce genre d'étoffes. Les ouvriers en *façonnés* gagnent davantage ; ce sont cependant ceux qui se plaignent le plus haut : c'est qu'il existe, sauf les exceptions, plus d'économie et de prévoyance chez les premiers que chez les seconds. Ceux qui gagnent le moins sont ceux dont les habitudes sont le plus tranquilles et les moyens d'existence le plus assurés : grand-nombre jouissent d'une sorte d'aisance, surtout les chefs d'atelier.

L'ouvrier en soie de Lyon n'est point soumis au fabricant, comme le serait un mercenaire à gages ou à journée. Propriétaire de ses métiers, locataire de son appartement, il est libre de sa personne et parfaitement maître chez lui. Quand il prend de la matière à tisser d'un fabricant, il l'emporte dans son domicile, et c'est là qu'il la convertit en étoffe, suivant les indications qu'il a reçues. Au bout d'un temps plus ou moins long, il rapporte au fabricant le travail de ses mains ou celui des ouvriers de sa maison, et en reçoit le prix, suivant le taux convenu d'avance ou réglé par l'usage.

Ainsi, l'ouvrier et le fabricant sont dans des rapports parfaits d'indépendance. Ils ne sont point attachés l'un à l'autre, si ce n'est par le lien de la convenance réciproque ; et quand ce lien cesse d'exister, les parties règlent leurs comptes et se séparent sans discussion et sans reproches.

L'ouvrier en soie est la fortune de Lyon ; c'est, en principe, un homme infiniment utile à l'état par son travail, un contribuable imposé par le budget et l'égal de tous devant la loi ; un citoyen qui travaille dans son domicile, sur des métiers sa propriété, et non un prolétaire, comme l'ont voulu des passions ou des intérêts politiques. Ses erreurs, dont il faut accuser le malheur des temps et ses détestables conseillers, et non sa disposition au désordre, ne doivent point faire méconnaître la justice qui lui est due.

§ 5. — Des Salaires. — Rapport obligé du prix de la main-d'œuvre avec les dépenses de l'ouvrier. — De la détresse des ouvriers en soie ; de ses causes, et de son degré. — Du tarif et des mercuriales.

Le prix de la main-d'œuvre de l'ouvrier ne saurait être absolu; il est subordonné aux dépenses, et se règle nécessairement sur elles. Si le loyer, le vin, la viande sont à bon marché, un salaire modique en lui-même pourvoira aux besoins de l'ouvrier et lui permettra de faire des économies; si les dépenses de première nécessité sont considérables, si l'ouvrier n'a ni ordre ni économie, s'il se plaît à être bien vêtu, à fréquenter les cafés et le théâtre, le prix de la façon, quelque élevé qu'il soit en lui-même, sera insuffisant. L'aisance pour l'ouvrier résulte, non du chiffre de son salaire, mais de la proportion qu'il sait ou qu'il peut établir entre sa recette et sa dépense. A Lyon, les loyers sont fort chers, les octrois élevés, et les objets de consommation, le pain excepté, presque toujours d'un haut prix.

La question si grave et si complexe de l'industrie lyonnaise (et par ce mot j'entends la fabrique des étoffes de soie) est un problème sans solution, en ce sens que le salaire de l'ouvrier est quelquefois insuffisant pour ses besoins et que l'état de la fabrique ne permet nullement d'augmenter le prix de la main-d'œuvre. D'une part, malaise réel et plaintes fondées; d'une autre part, impossibilité de satisfaire ces plaintes et de faire cesser ce malaise, du moins dans les conjonctures présentes.

Une concurrence étrangère de jour en jour plus formidable, le trop grand nombre des fabricants et surtout des fabriques à petits capitaux, et d'autres causes que ce n'est point ici le lieu de reproduire, ont progressivement, depuis dix années, fait baisser d'un tiers, et même de moitié le prix de certains salaires. Il est des articles (terme de fabrique) qui ne permettent pas à l'ouvrier compagnon de gagner vingt sous en travaillant seize heures par jour. Cependant si le salaire est augmenté, l'étoffe deviendra plus chère, et l'étranger la trouvera autre part à meilleur marché. Il est des tissus de soie sur lesquels le marchand lyonnais ne gagne que quelques centimes par aune; si le prix des façons est élevé, son bénéfice sera réduit à rien.

D'une autre part, le maître-ouvrier lyonnais ne vit pas comme fesaient ses pères : il a contracté des habitudes qu'ignoraient ceux-ci, le goût des théâtres et celui de plaisirs coûteux ; il fréquente les cafés, et est en général bien vêtu le dimanche. Son logement n'est plus un noir taudis, dans une rue étroite et infecte; des maisons vastes, bien éclairées et bien aérées, ont été construites pour lui dans de très beaux quartiers. Ainsi d'un côté, diminution forcée des salaires, et, de l'autre, augmentation croissante des dépenses.

On a ridiculement exagéré la détresse des ouvriers lyonnais. Avant les journées de Novembre le commerce et les ateliers avaient repris quelque vie, et de toutes les villes manufacturières c'était évidemment Lyon qui souffrait le moins. L'ouvrier, le compagnon surtout, ne gagnait point assez; ses labeurs suffisaient à peine pour lui donner les moyens de pourvoir aux besoins de première nécessité; mais enfin il pouvait vivre dans l'attente de temps meilleurs, et dix fois, sous l'Empire et pendant la Restauration, il s'était trouvé dans une position pire. Ainsi, tout ce qu'ont dit les journaux et les pamphlets radicaux de la profonde misère de ces artisans, de leur visage creusé par la faim, de leurs membres amaigris, de leurs haillons, et de ce désespoir qui en portait plusieurs à se précipiter dans les eaux du Rhône pour mettre fin à une vie si malheureuse, est un mensonge; l'esprit de parti est seul capable d'inventer des fables aussi absurdes. Beaucoup de chefs d'atelier ont acquis une petite fortune, et vivent dans une aisance positive, et les bénéfices de plusieurs dépassent le traitement d'un juge ou d'un sous-préfet. Ce qui était vrai, c'est que les femmes et les compagnons ne gagnaient point assez, et que l'élévation des dépenses indispensables pour le travailleur rendait à peu près impossible, dans Lyon, la conservation de la fabrication des étoffes unies, dont le salaire est très bas.

Les partis politiques qui exploitaient l'ignorance et les préjugés des ouvriers, n'ont point cherché à reconnaître les causes qui établissaient dans certaines circonstances une disproportion réelle entre la dépense et le salaire de l'ouvrier, ils s'en sont bien gardés : ce qu'ils voulaient, c'était la misère, et non l'aisance du travailleur ; le but constant de leurs efforts, c'était de partager la société en deux camps ennemis : les riches, et les pauvres.

Le dernier jour de la société sera celui où l'on parviendra à démontrer qu'elle se compose de deux classes nécessairement ennemies : ceux qui ont quelque chose, et ceux qui n'ont rien. En effet, le premier des droits est la propriété; elle est une légitimité qui sert de base à notre organisation sociale. Enlevez de l'édifice cette pierre angulaire, ses ruines écraseront et les imprudents qui auront donné le fatal conseil, et les prolétaires assez insensés pour l'avoir suivi. L'aristocratie de fortune, si elle est un mal, est un mal inévitable. Terres, argent, maisons, richesses de toute nature, donnez tout à la classe pauvre ; faites appliquer la loi agraire, nivelez toutes les conditions ; que nul aujourd'hui n'ait plus que l'autre, et demain, les vices inséparables de notre espèce, l'incurie, les profusions, l'incapacité, auront rétabli cette inégalité qui vous révolte. Faites que tous les hommes soient également honnêtes, sobres, économes et industrieux, qu'ils sachent tous au même degré gouverner leurs passions, et il vous sera permis alors de régler entre eux le partage des biens.

S'il y avait d'un côté richesse ; et de l'autre misère perpétuelle ; si l'homme qui a quelque chose vivait seul, et n'était point obligé par ses besoins de mettre en circulation continuelle une partie de ce qu'il a ; s'il n'alimentait pas de son luxe une multitude de professions ; si tous les jours l'industrie et le travail ne fesaient d'un indigent un riche, tandis que la prodigalité et l'incapacité transforment chaque jour un riche en indigent; si la société enfin avait dit au plus grand nombre : « Je vous condamne à jamais à une vie de douleur et de misère », et au petit nombre : « A vous seul appartiendront la fortune et le bonheur »; alors, on le conçoit, la classe lésée dans ce partage devrait se plaindre et réclamer contre une aussi criante injustice. Mais les classes pauvres sont émancipées depuis long-temps; il est écrit dans notre constitution sociale : « Tous les hommes sont appelés indistinctement à la richesse », comme il est écrit dans la Charte : « Les Français sont accessibles à tous les emplois. » Économie, travail, industrie, tels sont les moyens donnés à tout prolétaire pour passer dans la classe aisée. Cette transition peut être plus ou moins difficile, suivant les temps et les circonstances, mais enfin elle est possible; et si elle n'est pas la voie la plus prompte, elle est du moins la plus sûre.

Que dire de ces insensés déclamateurs dont les théories ameutent le peuple contre les propriétaires de terres, de maisons ou de fabriques? Que penser de ces mauvais citoyens qui, pour servir l'intérêt du moment d'une faction, irritent la jalousie naturelle de la classe pauvre contre la classe riche, et, désignant la propriété aux masses, leur répètent en termes plus ou moins formels : « Qu'importent à vos
« misères le droit et la loi! vous êtes les plus forts
« et les plus nombreux; faites vous-mêmes votre
« part, prenez. »? Quelles doctrines que celles qui,

exagérant sans cesse le malheur de ceux qui sont obligés de travailler pour vivre, tendent à mettre en question le droit de propriété et arment une partie de la population contre l'autre ! Où peuvent conduire ces coupables appels aux passions des masses, sinon à aigrir la haine de ceux qui ne possèdent pas contre ceux qui possèdent, à organiser le meurtre et le pillage, à provoquer une jacquerie cent fois plus sanglante que celle dont nos annales nous ont transmis la mémoire ?

Est-ce donc là servir les classes pauvres ? non, sans doute. Partout où la violence s'est chargée du partage des biens, cette manière d'établir l'équilibre des fortunes a perdu ceux qui y ont eu recours. Il n'est pour le pauvre qu'une voie certaine à une condition meilleure : c'est le travail qui acquiert, et l'économie qui conserve. Mais le bon sens public a fait justice de ces projets de ruine et de spoliation ; il y a dans les masses beaucoup plus d'instinct de ce qui est bien qu'on ne le suppose. Voyez leur conduite lorsqu'elles pouvaient tout à Lyon : n'ont-elles pas senti d'elles-mêmes que le pillage était une source de désordres immenses, et non un moyen de richesse? n'ont-elles pas reculé devant une victoire qui ne les menait à rien ?

Non, la société n'est point divisée en deux camps d'hommes prêts à s'entre-déchirer; non, la propriété n'a point encore à redouter le débordement universel des prolétaires ; mais il y aurait imprudence à se dissimuler le malaise profond des classes indigentes, et injustice à ne point se hâter d'améliorer leur condition. Tous nos efforts doivent tendre à cimenter l'union des deux classes, et à rendre leurs rapports profitables à chacune. Il faut apprendre aux riches comment ils peuvent devenir pauvres, et aux pauvres comment ils peuvent devenir riches; il faut briser les barrières qui les séparent, enseigner aux prolétaires le respect pour la loi, sans lequel il n'y a pas de société possible, et leur inspirer l'amour de l'ordre et du travail, sans lequel il n'est aucun moyen d'acquérir et de conserver la propriété. Des devoirs et des obligations réciproques lient ces deux classes, elles ont les mêmes droits politiques, le même intérêt; pauvres et riches sont les enfants du même sol; ils ont la même patrie, la même loi; tous sont frères, et comme frères doivent s'aimer et s'entr'aider.

Les ouvriers en soie, graces à leurs perfides amis, n'ont pas compris de cette manière la question sociale, et pour obtenir une hausse des salaires, ils ont eu recours à deux moyens aussi funestes l'un que l'autre à l'industrie et dont le but est le même : les tarifs, et les coalitions. Ces deux mots occupent une grande place dans l'histoire des troubles de Lyon.

Le tarif détermine le prix de la main-d'œuvre pour chaque espèce de tissu; il lie le fabricant, qui est obligé de s'y conformer, et il ne lie pas l'ouvrier, toujours libre d'accorder ou de refuser son travail. Mais beaucoup de causes font varier, dans un espace de temps fort court, le prix de l'étoffe, et par conséquent celui de la façon, qui lui est essentiellement subordonné : ce sont la concurrence, plus grande à telle époque qu'à telle autre ; les variations du prix de la soie, la qualité plus ou moins belle du tissu, etc., etc. Le tarif est absolu, et les bases sur lesquelles il repose sont essentiellement changeantes. Sous un autre rapport, il détruit la liberté du commerce, et tue par conséquent le commerce lui-même. C'est le positif jeté dans un état de choses essentiellement transitoire. Si le fabricant gagne, il paiera la façon au dessus du prix du tarif; s'il fait peu de bénéfice ou s'il n'en fait pas du tout, il paiera au dessous du tarif ou ne fera point fabriquer : car la loi et le sens commun ne sauraient le contraindre à se ruiner. Voulez-vous que l'ouvrier gagne, ne taxez pas le prix des façons, mais faites que le commerce ait beaucoup d'activité. Lorsque l'industrie de Lyon prospère, l'ouvrier fait la loi au fabricant ; il la reçoit de lui, si elle languit. Fabricants, ouvriers, administrateurs, hommes de toutes les classes de la société, savent, à Lyon, qu'un tarif est inexécutable, absurde, dangereux.

La mercuriale n'est pas une convention pour l'avenir, elle ne règle que le passé ; on appelle ainsi une cote officielle des prix, pendant un temps donné, renouvelée tous les quinze jours, et convenue de gré à gré entre l'ouvrier et le fabricant ; mais ses avantages n'existent qu'en théorie, et son application pratique est inexécutable. La révision réelle et complète du prix des façons de quinzaine en quinzaine est chose impossible. Elle avait, disait-on, pour but principal le réglement des salaires qui n'avaient pas été convenus d'avance entre les parties intéressées, et ne se trouvaient point inscrits sur le livre de l'ouvrier : mais qui ne sait combien ce cas est rare dans les maisons de fabrique ? Pourquoi donc faire une règle générale à l'occasion d'une exception ? pourquoi les chefs d'ateliers demandaient-ils la mercuriale avec tant d'instance ? c'est qu'ils y attachaient la même acception qu'au mot tarif, et qu'ils en attendaient les mêmes avantages.

Si la mercuriale est écrite et publiée, chaque ouvrier s'informera aussitôt du prix auquel est cotée la façon de l'ouvrage qu'il fait; et rien au monde ne l'empêchera de considérer désormais ce prix comme lui étant légitimement dû. Vous aurez beau lui faire les raisonnements les plus concluants pour qu'il ne regarde la mercuriale que comme suppléant au défaut de convention particulière, il prendra vos raisonnements pour des subtilités et ne fera attention qu'au chiffre fixé pour l'étoffe qu'il a tissée.

La force des choses et les intérêts communs des fabricants et des ouvriers les portent à se rapprocher et à s'entendre; mais la concurrence seule et le libre débat entre le manufacturier et l'ouvrier qu'il emploie, doivent amener entre eux cet accord sur le prix de la main-d'œuvre. L'administration n'a ni le droit, ni le moyen, d'intervenir dans ces fixations, et encore moins de les déterminer par des tarifs.

Comment se fait-il que des vérités si positives, si clairement exprimées, aient été si tôt méconnues? Je n'ignore pas que le préfet n'a pas entendu conseiller, et les prud'hommes n'avaient pas entendu faire un tarif; mais qu'importe, s'ils étaient arrivés, sans le vouloir ou sans le savoir, au même résultat?

Quelques hommes disaient, à propos de la mercuriale, lorsqu'elle était si vivement sollicitée par les tisseurs au mois de juillet 1832 : « Les ouvriers « demandent une chose qui, sous le rapport de leur « intérêt réel, n'est qu'une chimère ; donnons-la leur « pour les satisfaire : la mesure tombera d'elle-même « en désuétude. » Fatale erreur ! comment croire qu'une concession semblable n'était pas une déception, et pouvait passer sans émouvoir des masses ignorantes et passionnées ? Pourquoi tromper l'ouvrier en lui promettant ce qu'on ne peut pas tenir, et en le flattant d'avantages qu'on sait être imaginaires ? n'était-ce pas lui donner des armes contre l'ordre public, et lui constituer un droit qu'il ne pouvait qu'interpréter fort mal, et dont il devait nécessairement abuser ? Nous verrons bientôt, au récit des événements, l'application de ces vérités.

§ 4. — Des fabricants ; qui d'eux ou des ouvriers, sont les industriels. — Organisation des maisons de fabrique. — Des accusations portées contre les fabricants au sujet de leurs bénéfices, de leur luxe, de leur rapacité, de leur immoralité. — Caractère, habitudes, nombre de ces industriels.

Les ouvriers en soie tissent l'étoffe ; leur part dans la communauté établie entre eux et les maisons de fabrique, c'est leur main-d'œuvre ; c'est le métier et le bras qui le fait mouvoir. Le fabricant fournit le dessin du tissu, et la matière première toute préparée qui doit entrer dans sa confection. Celui-là engage son temps et son travail ; celui-ci, ses capitaux et ses idées industrielles. Si l'étoffe commandée ne trouve pas d'acheteur, la façon n'en est pas moins payée à l'ouvrier compagnon ou chef d'atelier ; tous les risques sont pour le fabricant qui paie. Il est convenu d'un prix avec le tisseur ; la parole mutuelle échangée lie les deux contractants.

Ainsi l'industriel véritable, ce n'est pas l'ouvrier ; il exécute la pensée du fabricant, comme le maçon celle de l'architecte. Ce qui caractérise, à proprement parler, l'art de la fabrique, c'est le procédé, si ingénieux et si varié dans sa complication, du tissage. Ce chef-d'œuvre du génie de l'homme a été créé, il y a plusieurs siècles, et a reçu d'immenses perfectionnements, surtout pour le tissage des étoffes façonnées. Placé sur son métier, l'ouvrier n'a à s'occuper que d'opérations réglées d'avance, et mécaniques à beaucoup d'égard. Le temps n'est pas éloigné où les tissus unis, dont le procédé de fabrication est simple et régulier, seront confectionnés en grand par la machine à vapeur.

Une maison de fabrique se compose ordinairement de fabricants proprement dits, et de dessinateurs. Ceux-ci sont l'ame de la fabrique ; leur talent donne la vie à l'étoffe, et en fait souvent le prix principal. Ils étudient le goût du jour, et le sollicitent avec une persévérance infatigable. Du dessin d'un châle ou d'une étoffe façonnée peut dépendre un immense bénéfice. C'est entre le fabricant et le dessinateur qu'est délibérée la création des étoffes nouvelles; eux seuls sont les vrais industriels, mais le fabricant a un droit spécial à cette dénomination. Le dessinateur s'occupe exclusivement de ses couleurs et de son pinceau; au fabricant appartient la longue et pénible étude des matières premières; l'art de combiner la soie avec la laine et le coton, et celui de créer de nouveaux tissus.

L'extrême importance attribuée aux chefs d'atelier par certains journaux n'existe que dans l'imagination de leurs rédacteurs, puisque, d'une part, le tissage à bras peut, dans certains cas, être suppléé par le tissage mécanique; et que, d'autre part, un certain nombre de chefs d'atelier ne tissent pas eux-mêmes, et peuvent être considérés comme des intermédiaires qui louent des métiers, à la condition de retirer la moitié de la façon des mains du véritable tisseur.

Cette assertion, tant de fois répétée, que le luxe des fabricants est entretenu par les sueurs de l'artisan, est une calomnie. Ils n'ont point médité la ruine de l'ouvrier; ils ne composent point leurs bénéfices de la réduction des salaires, mais ils ont manqué souvent de prudence et de prévoyance. Des abus répréhensibles ont existé chez quelques-uns d'entre eux. On désirerait parmi eux moins d'apathie, d'égoïsme, de jalousie de fabrique à fabrique; leur esprit d'isolement les perd en les livrant un à un à leurs adversaires. Il n'existe chez ces industriels ni ensemble ni unité, et leur classe n'est guère plus éclairée sur ses vrais intérêts que celle des ouvriers sur les siens; l'une et l'autre ont, à cet égard, un besoin pressant de lumières. La plupart des fabricants de Lyon n'ont reçu qu'une éducation commerciale incomplète et dès lors insuffisante; ils arrivent aux affaires de très bonne heure, trop tôt peut-être; se livrent tout entiers aux détails du genre de fabrique qu'ils ont choisi, et, sauf les exceptions encore, ayant concentré leur intelligence dans la sphère d'action de leurs opérations, n'ont ni le temps ni la volonté d'acquérir ces connaissances générales, si communes au Havre, à Rouen, à Bordeaux, qui ont élevé le commerce au rang des sciences.

Une des causes du malaise de la fabrique, c'est le défaut d'harmonie entre les fabricants; c'est leur esprit, sinon d'égoïsme, du moins d'isolement; c'est l'absence d'un point central dans lequel leurs intérêts généraux seraient représentés et discutés. Quelle résistance efficace pouvaient-ils opposer à d'injustes exigences, tant que leur classe se composait d'unités sans point d'appui et sans relations mutuelles? L'avantage ne devait-il pas demeurer aux ouvriers réunis en une seule famille, tant qu'ils agissaient du poids de leur masse sur des hommes isolés, et intéressés à ce titre à ne point se commettre avec eux? En eût-il été de même si la lutte avait eu lieu entre l'intérêt de la fabrique et l'intérêt du tisseur, représenté par les coalitions d'ouvriers? L'augmentation du prix de la main-d'œuvre arrachée à quelques fabricants par leurs ouvriers empirait la situation, en égarant l'opinion publique sur les dispositions de ces industriels à l'égard des classes laborieuses. A titre de concession, c'était un mal ; il n'en aurait pu être ainsi lorsqu'elle aurait été discutée et librement votée par le commerce, et c'est seulement alors qu'elle eût cessé d'être une prime offerte à l'esprit de coalition et de désordre. Si des plaintes étaient présentées au pouvoir, c'était par un fabricant isolé ; solidaires les uns des autres, et instruits par l'expérience que leur intérêt particulier est subordonné à l'intérêt général, les fabricants auraient dû agir avec ensemble et unité. Ils ont commis des fautes graves : la première, c'était de ne pas s'entendre et de compromettre la fabrique par des concessions individuelles. Leur recommander l'union et l'esprit de corps, ce n'est point les inviter à un système d'oppression du travailleur; je réprouve la tyrannie du fabricant sur l'ouvrier avec autant de force que celle de l'ouvrier sur le chef de commerce. Liberté pour les uns comme pour les autres ; liberté absolue dans leurs transactions, protection égale de la part de l'autorité à ces deux classes de la grande famille. Leur harmonie, c'est la prospérité de la ville ; leurs discordes, c'est la ruine de Lyon et la perte de la fabrique. Dans leur funeste conflit, les vainqueurs, ce sont les ennemis de la fortune du pays ; les vaincus ce sont toutes les classe de citoyens qui souffrent, à un degré presque égal, de la décadence de la plus belle de nos industries.

Si la concurrence étrangère nuit beaucoup à l'intérêt français, celle des fabricants entre eux a aussi des inconvénients ; elle n'a pas été sans influence sur l'abaissement des salaires. Beaucoup d'industriels opèrent sur de petits capitaux, et éprouvent souvent le besoin de les renouveler. La vente des étoffes de soie est une grande adjudication au rabais : c'est au fabricant qui livre l'étoffe de soie au plus bas prix, que le commissionnaire donne la préférence; de là, une guerre continuelle de fabrique à fabrique; de là, pour quelques négociants, l'obligation d'une réduction de ses dépenses dont l'intérêt de l'ouvrier fait quelquefois les frais. Cependant, cet inconvénient est bien moindre qu'on ne l'a dit, il a ses limites naturelles, et existe chez les autres industries au même degré.

Le nombre des maisons de fabrique, quoiqu'il se soit prodigieusement accru depuis dix ans, n'est cependant pas considérable; la liste des marchands fabricants d'étoffes de soie appelés à concourir en 1832 à la nomination du conseil des Prudhommes, le porte au chiffre de trois cent quatre-vingt-douze. Beaucoup de raisons de commerce sont composées de deux et même de trois associés.

Les mêmes journaux républicains qui se sont plu à faire de l'ouvrier en soie la personnification de toutes les misères, et à le représenter comme un paria exténué de travail et de faim, ont fait du fabricant le portrait le plus odieux, et l'ont chargé des accusations les plus noires. Ce n'était point assez pour eux que de le désigner à l'indignation publique comme un oppresseur impitoyable et le fléau des travailleurs, ils en ont fait encore un être profondément immoral, un tyran qui devait ses criminelles voluptés à la corruption, des filles de l'ouvrier, tandis que son opulence s'alimentait de la sueur du père. Cette calomnie a trouvé des échos : on la retrouve dans quelques écrits récents sur les tissus de Lyon; elle s'est propagée, précisément parce qu'elle était absurde. Qu'il y ait eu parmi les fabricants des hommes dépravés et disposés à abuser de leur influence sur de jeunes ouvrières, on ne saurait en douter, mais le tort de leur conduite doit-il être imputé à la classe entière? l'esprit de parti a pu seul le dire. Il n'y a ni plus ni moins de moralité chez les fabricants que chez les autres industriels.

Les faillites sont rares dans leur commerce; de toutes les places commerciales de l'Europe, Lyon est peut-être la plus sûre : on rend généralement justice en Europe à la probité de nos négociants, et à leur sûreté en affaires. Lorsqu'un fabricant a consommé sa mise de fonds dans de mauvaises opérations, et le cas est moins rare qu'on ne le pense, il liquide sans bruit, se fait commis ou change d'industrie. On a beaucoup exagéré les bénéfices et les richesses de ces industriels; leur profession est bonne sans doute; mais elle a ses chances et ses revers. Aucune, depuis les journées de Novembre, n'est entourée de plus de désagréments et n'est plus dangereuse. Toute la fortune du fabricant, et souvent celle de sa famille et de commanditaires, est entre les mains des ouvriers devenus ses ennemis déclarés; il n'a plus de sécurité ni pour sa propriété ni pour sa personne; chaque jour l'esprit de parti le désigne à la colère des masses, et cherche à le flétrir dans l'opinion du pays; aucune voix ne le défend, et beaucoup l'accusent : l'ouvrier le traite d'oppresseur ; des préventions enracinées l'entourent de toute part; au moindre mouvement populaire, il tremble pour lui, pour les siens, et craint l'incendie de ses magasins et le pillage de ses marchandises. Tel est le sort actuel du fabricant. A qui le doit-il? à ces fatales journées de Novembre qu'il faut bien enfin raconter.

# CHAPITRE II.

§ I<sup>er</sup> —Préludes de l'insurrection de Novembre.—Influence de la révolution de 1830 sur le moral des ouvriers de Lyon. — M. Paulze d'Ivoy, préfet. — M. Dumolart, préfet.—Un tarif est sollicité par les ouvriers. — Erreur et fautes de M. Dumolart. — Convocation des délégués des ouvriers et des fabricants.—Premières coalitions et premiers troubles. — Le tarif est illégalement consenti.

Les ouvriers de Lyon n'ont pris aucune part active à la révolution de 1830 ; ils n'étaient point des hommes politiques, et ne s'occupaient nullement de matière gouvernementale. Leur classe immense n'a donné aucun sujet de plainte ou d'inquiétude à la Restauration, qu'ils avaient vue cependant avec répugnance : attachés comme le peuple au nom et à la gloire de Bonaparte, ils ne comprenaient que l'Empire, et en regrettaient les grandeurs. Paris a fait la révolution de 1830 ; non seulement pour lui, mais aussi pour toute la France ; enivrés du grand fait de la chute des Bourbons de la branche aînée, les départements attendirent passivement la forme de gouvernement que la capitale voudrait bien leur envoyer par la malle-poste. Il n'y eût aucune collision à Lyon, aucune résistance au profit de la dynastie déchue. Ses partisans, si audacieux et si bruyants depuis, ne se montrèrent nulle part, aucune protestation légitimiste ne se mêla à l'ivresse générale; Bellecour fut muet, et les ouvriers, étonnés d'une victoire aussi complète et si peu disputée, se disaient aussi l'un l'autre: « Pourriez-vous nous dire ce que sont devenus les royalistes ? »

Ce grand mouvement de 1830 exerça sur notre population de travailleurs une influence morale qu'on n'a point assez appréciée. Il l'arracha à son apathie habituelle, lui inspira l'idée de sa force et de ses droits, et l'émancipa d'une manière complète. Dès lors des pensées de liberté s'introduisirent dans les ateliers; on parla au foyer de l'ouvrier des affaires publiques; quelques citoyens conçurent le projet de l'employer à la délivrance de la Savoie : un coalition fut préparée pour la conquête de nos frontières, et se composa surtout de tisseurs. Elle n'eut aucun résultat; mais les événements ultérieurs trouvèrent une partie des ouvriers déja organisés en association politique.

La révolution de Juillet avait appelé à la préfecture du Rhône M. Paulze d'Ivoy. C'était un administrateur capable et sûr : il avait donné des gages à l'ordre de choses nouveau, et la jeune dynastie constitutionnelle pouvait compter sur son dévoûment. Une opposition contre son administration, ne tarda pas à se former; quelques fausses mesures, dont le ministère de cette époque doit partager la solidarité, compromirent sa popularité, sans toutefois la détruire. Son séjour à Lyon fut de courte durée ; le préfet succomba dans une lutte avec l'administration municipale.

Il était réservé à un fonctionnaire de figurer en première ligne dans ce déplorable événement. M. Bouvier-Dumolart avait été choisi par Casimir Périer pour occuper le poste si important de la préfecture du Rhône. Préfet sous l'Empire, et l'un des administrateurs de cette époque si riche en hommes capables ; M. Dumolart n'avait accepté ni place ni honneurs de la Restauration, et s'était tenu en dehors des affaires pendant les quinze années du règne des deux frères de Louis XVI. Le choix du ministre fut généralement approuvé, et le nouveau préfet du Rhône reçut, à son installation, les témoignages de la confiance générale, quoique beaucoup de Lyonnais eussent vu avec déplaisir et regrets, la brusque destitution de M. Paulze d'Ivoy.

La fabrique des étoffes de soie souffrait beaucoup de la révolution de 1830 : il y avait eu une suspension d'affaires presque générale ; elle se prolongea pendant les six premiers mois de 1830. Mécontents de leur salaire, les ouvriers conçurent l'idée d'un tarif ; elle devint dominante dans les ateliers, et fut bientôt l'affaire unique des tisseurs. Ils s'adressèrent à la fois à l'administration municipale, représentée par les adjoints dans l'absence du maire, et au préfet du Rhône, M. Bouvier Dumolart. La mairie et la préfecture parlementèrent avec les ouvriers, reçurent leurs délégués, et invitèrent les fabricants à s'entendre avec les tisseurs sur la question d'un tarif.

La mairie convoque à l'Hôtel-de-Ville des ouvriers et des fabricants en nombre égal ; après avoir provoqué cette réunion, l'adjoint remplissant les fonctions du maire, s'abstient de la présider, et laisse dans un état de collision flagrante des intérêts opposés. Il ne pouvait y avoir, de part et d'autre, liberté complète d'opinion et de langage. Rien n'est promis, rien n'est arrêté dans cette première réunion. Le président improvisé de l'assemblée, invite les chefs d'atelier à formuler leurs demandes pour les présenter à qui de droit.

Officiellement reconnus comme représentants des tisseurs dans la question d'un tarif, les délégués des ouvriers répandent l'idée que le principe de ce pacte est admis, et qu'il ne s'agit plus que de régler le taux des façons. M. Dumolart convoque une réunion nouvelle à la préfecture, le vendredi 21 octobre 1831. Là, comme à l'Hôtel-de-Ville, nulle discussion libre sur la question fondamentale de savoir si l'on devait et si l'on pouvait fixer le prix de la main-d'œuvre pour les étoffes fabriquées à Lyon et dans les faubourgs. Quelques fabricants proposent à l'assemblée de se déclarer incompétente; mais cette opinion est rejetée. Les chefs d'atelier ne discutent point, ne donnent pas d'avis ; ils imposent des conditions. Quelques heures après, une affiche posée aux approches de la nuit, annonce que les fabricants sont convoqués le lundi suivant, pour nommer des délégués qui auront à s'entendre avec ceux des ouvriers sur un tarif exécutoire à dater du 1er novembre. Ainsi la question est tranchée, et les ouvriers ont désormais un droit acquis. L'adhésion des fabricants au tarif n'est ni libre ni légale; elle est d'ailleurs partielle : très peu de ces industriels ont adopté le principe de cette mesure; leur consentement est individuel, et ne saurait, en aucun cas, engager la classe entière.

La convocation définitive des délégués des ouvriers et des fabricants a lieu dans les salons de M. Dumolart. Pendant que les intérêts divers se débattent, une multitude immense d'ouvriers en soie, organisée en cohortes, s'avance des faubourgs sur les places de Bellecour et de la Préfecture. Ils sont sans armes, sans bâtons, et marchent en silence et dans un ordre parfait; les chefs ont à la main une baguette comme signe de leur autorité; la foule ralliée autour d'un drapeau tricolore circule inoffensive et toujours silencieuse. Cette journée du 25 octobre présente un spectacle singulier : un ordre parfait règne dans le désordre; point de cris tumultueux, point de provocations : les travailleurs se bornent à faire une démonstration de leurs forces. Un grand nombre d'entre eux pénètrent dans la cour de la Préfecture, et se rassemblent sous les fenêtres du salon où le tarif se règle. Un de leurs délégués quitte un instant l'assemblée, descend sur la place, demande le silence, et dit : « Mes amis, on s'occupe de nos intérêts, tout va bien, retirez-vous »; à l'instant toute la population des travailleurs fait sa retraite dans l'ordre qu'elle a suivi en descendant de La Croix-Rousse. L'administration fait annoncer à deux heures que le tarif des façons est convenu et arrêté. Cette nouvelle est accueillie par les ouvriers avec de grandes démonstrations de joie ; des groupes nombreux se forment dans les rues, sur les quais et sur la place des Terreaux. La grande mesure a été adoptée ; mais sera-t-il possible aux fabricants de l'exécuter (1) ?

(1) La lettre suivante, que j'emprunte au *Précurseur* du 13 novembre 1831, est une pièce officielle importante qui ne doit pas être omise ici.

A M. le Rédacteur du *Précurseur*.

Lyon, 12 novembre 1831.

Monsieur,

Quoique vous paraissiez désireux de clore les débats qui existent au sujet du tarif, nous espérons que vous voudrez bien accueillir quelques observations mesurées, que notre qualité doit recommander auprès de vous.

Nous commençons par déclarer que votre article d'hier, au sujet duquel M. le Préfet a écrit sa lettre, est vrai d'un bout à l'autre, dans les faits comme dans les raisonnements qu'il contient. Ainsi, par exemple, le résultat actuel des mesures qui ont été prises a déjà été de laisser plus de quatre mille métiers sans ouvrage. Ceux qui ont pu dire le contraire à M. le Préfet, l'ont trompé. Il avait été déjà trompé quand on lui avait fait croire que six mille métiers étaient inactifs, faute de bras, avant les dernières mesures adoptées sous ses auspices.

Vous n'aviez nullement dit que le tarif eût été imposé par l'autorité ; cependant M. le Préfet a cru devoir s'en défendre ; il faut donc que la plainte en soit venue d'ailleurs. En effet, Monsieur, il y a différents genres de contrainte. La concession d'un tarif a été l'idée fixe de l'autorité, du moment que les ouvriers l'ont demandé, soit sur la place de La Croix-Rousse, soit dans le conseil des prud'hommes. Depuis lors la chambre de Commerce a été consultée ; M. le Préfet, qui la présidait, doit bien savoir que sur la question indus-

Si les ouvriers ont l'incontestable droit de n'accepter du travail qu'aux conditions qui leur conviennent, les fabricants ont, au même titre, celui de n'en donner qu'au prix qu'ils peuvent y mettre. Des deux côtés la liberté est la même; aucune des deux

trielle «Faut-il faire un tarif?» elle a répondu unanimement «Non», et que c'est seulement sur la question administrative «Faut-il accorder un tarif pour prévenir des désordres publics?» qu'elle a répondu «Oui». Or, nous le demandons, la question devait-elle être présentée ainsi? et le mot d'émeute devait-il, en pareille circonstance, sortir de la bouche de celui que ses fonctions chargeaient du maintien de la tranquillité publique?

M. le Préfet prétend que les fabricants ont demandé à se réunir pour nommer des délégués. C'est une erreur, ils ne l'ont pas demandé. La preuve, c'est que la Mairie les ayant convoqués dans ce but au nombre de plus de six cents, il ne s'en est présenté que cent trente; lesquels même ont donné pour mission à leurs mandataires de commencer avant toute chose par discuter la convenances d'un tarif. Mais quand ils ont été réunis à la Préfecture, la parole leur a été interdite sur cette question, et il leur a été déclaré que l'assemblée avait pour but unique de faire un tarif au minimum du prix des façons.

Les fabricants, dira-t-on, n'étaient-ils pas libres de refuser leur concours et de se retirer?

A ce sujet nous rappellerons que les vingt-quatre délégués des fabricants, ou du moins ceux à qui l'on donne cette qualité, s'étaient réunis entre eux le soir même de leur nomination, et avaient adressé une lettre collective à M. le Préfet, dans laquelle ils le priaient de prendre des mesures pour prévenir ou dissiper les rassemblements autour du lieu où ils délibéreraient. Vous savez, Monsieur le Rédacteur, si l'on a eu égard à cette demande; vous avez décrit vous-même l'ordre de marche de plusieurs milliers d'individus, venus de divers point, avec une intention facile à deviner, et leur station d'abord sur la place Bellecour, ensuite sur celle de la Préfecture, jusqu'à la fin de la séance où fut *débattu* un tarif qui aurait comporté plus de trois cents articles et nécessité un travail régulier de quinze jours au moins.

Il est un point sur lequel nous sommes d'accord avec M. le Préfet, et nous admettons sa définition d'un tarif. «L'autorité, dit-il, ne « peut pas régler les conventions entre le fabricant et l'ouvrier qu'il

parties contractantes ne peut imposer à l'autre sa volonté, et leurs transactions supposent un consentement mutuel. Les ouvriers ont conquis un tarif, en le supposant aussi légal qu'il l'est peu; le fabricant, obligé de s'y soumettre s'il fait battre les métiers, est parfaitement libre de cesser de faire travailler, si son intérêt ne lui permet pas de le faire; car nul n'est tenu à sa ruine. A peine le tarif est-il promulgué, que beaucoup de maisons de commerce, alarmées pour leur avenir ou dans l'impossibilité de supporter le haut prix des façons, prennent le parti de suspendre leurs opérations : la faute immense du préfet Dumolart, a placé les industriels dans une position affreuse ; plusieurs milliers de métiers cessent tout-à-coup d'être occupés.

Une vive fermentation agite la classe ouvrière pendant les trois premières semaines de novembre; elle demande l'exécution du tarif, et montre contre les fabricants la plus grande animosité. Des rassemblements se forment dans les rues, sur les places publiques et dans les faubourgs. La Croix-Rousse est déjà menaçante : cette ville s'est soulevée en

« emploie.... Le tarif n'est pas une loi, etc. » Dès-lors à quoi bon toutes les assemblées qui ont eu lieu, les affiches posées, et tout le débat qu'on a fait naître?

Nous ne dirons rien en terminant à l'égard de la lettre écrite à M. le Préfet par cent quatre fabricants notables, dont pas un seul n'est connu de lui, sinon que cela prouve que ce magistrat, dans l'exercice de ses fonctions, a attaché peu d'importance à connaître notre industrie et les hommes qui la dirigent.

(Suivent un grand nombre de signatures de chefs de fabrique, parmi lesquels figurent la plus grande partie des délégués.)

masse, et une collision prochaine devient inévitable. Une revue nombreuse de la garde nationale a lieu le dimanche 20 novembre pour l'installation de son chef, le général Ordonneau. Dix mille hommes sont présents sous le drapeau; s'ils veulent le maintien de l'ordre, aucun trouble grave n'est possible; mais il est facile de voir à la contenance alarmante des compagnies des faubourgs et à l'apathie de la majorité de cette milice armée, qu'un grand événement se prépare. L'opinion publique est livrée à l'anxiété la plus vive, et s'informe avec sollicitude du dénoûment probable de cette situation cruelle : elle n'attendra pas long-temps.

## JOURNÉES DE NOVEMBRE.

§ 2. — Situation des partis — Esquisse topographique de la position de Lyon et des faubourgs. — Forces de la garnison et des ouvriers.

C'est un combat acharné de trois jours que je vais décrire, il faut donc faire connaître les lieux et les forces respectives des deux parties belligérantes. Lyon n'est plus une ville commerçante et la première des cités industrielles de la France ; elle est devenue au mois de novembre une place de guerre, un terrain sur lequel l'insurrection et l'ordre public doivent vider leur sanglante querelle.

A l'est et au midi sont les Brotteaux et la ville de La Guillotière, que le Rhône sépare de Lyon; au midi, est Perrache; au couchant, le faubourg de Saint-Just sur la montagne de ce nom; au nord, le faubourg de Bresse, le long des rives du Rhône, et, sur les hauteurs, la ville importante de La Croix-Rousse qu'occupent entièrement les ouvriers en soie. La Croix-Rousse communique avec Lyon par deux voies principales : celle-là, c'est la montée des Bernardines; celle-ci, c'est la Grand'Côte, rue étroite, escarpée et tortueuse que bordent dans toute sa longueur des maisons d'ouvriers. Entre l'extrémité de la Grand'Côte et de la montée des Bernardines, se trouvent la place des Bernardines et le vaste plateau de La Croix-Rousse; derrière ce faubourg, existent des communications latérales avec la Saône et le quai du Rhône, et le chemin de Fontaine. Trois ponts sur le Rhône font communiquer Lyon avec les Brotteaux et La Guillotière; le quai du Rhône aboutit, au nord, à la route de Genève et, au midi, à celle de Saint-Étienne.

Les ouvriers n'ont, ni chef, ni plan d'insurrection, ni impulsion politique; mais ils sont très nombreux, dominent Lyon par la position de leur quartier central, et comptent une immense multitude d'adhérents, non seulement dans les rues du centre de la ville où sont un grand nombre de tisseurs, mais encore dans les rangs armés de la garde nationale.

On sait qu'ils ont arrêté la cessation des travaux pour le lundi 21, acheté de la poudre, fabriqué une grande quantité de cartouches, et résolu de descendre dans la ville.

M. Bouvier-Dumolart, préfet, fait cause commune avec eux par l'étrange situation dans laquelle son erreur l'a placé. Il n'y a qu'un pouvoir municipal, nominal, sans direction comme sans volonté, et en conséquence absorbé, comme il le sera en 1834, par l'administration du préfet.

Un grand nombre des compagnies de la garde nationale sont composées d'ouvriers; elles ont des sabres et des fusils. Très peu d'officiers peuvent compter sur leurs hommes; heureux encore s'ils n'ont à redouter que la neutralité des gardes nationaux!

La garnison est extrêmement faible : elle se compose de bataillons du 66ᵉ de ligne, d'un bataillon du 13ᵉ, du 12ᵉ dragons et de quelques compagnies du génie. Son général est un brave de l'ancienne armée, soldat déterminé et chef capable, mais perclus de douleurs et complètement étranger à la connaissance des localités.

Des deux parts l'irritation est extrême, et la plus faible étincelle peut allumer un immense incendie. Malgré l'insuffisance de ses moyens militaires, l'autorité, si elle est avisée et prudente, peut conjurer l'orage; mais elle accumulera bévues sur bévues, et se perdra par l'absurdité de ses mesures. La police n'aura su ni conjurer ni signaler le danger; elle sera le dimanche soir dans l'ignorance la plus absolue des événements qui se préparent pour le lendemain, et invitera à une profonde sécurité;

et la mairie et la préfecture. Le maire de La Croix-Rousse répondra, ce jour-là même, de la tranquillité de son faubourg ! L'autorité peut facilement, sans la moindre opposition faire occuper, dans la nuit du dimanche au lundi, la place des Bernardines et le plateau de La Croix-Rousse, opération qui lui répondra de la tranquillité des ouvriers du faubourg ; mais cette idée si simple ne lui vient pas: un inexplicable esprit de vertige et d'erreur la domine, et elle s'endort dans une profonde sécurité. Son réveil sera terrible.

§ 3. — Première Journée, *lundi 21 novembre*.

Dès sept heures du matin, les ouvriers en soie de La Croix-Rousse désertent leurs ateliers, se mettent en état de rebellion ouverte, et élèvent des barricades à l'entrée des rues principales de leur faubourg. Ils n'ont encore aucun projet bien arrêté; beaucoup parlent de descendre dans la ville : cependant une autre résolution prévaut, celle d'attendre. Leurs émissaires parcourent les ateliers pour en éloigner les ouvriers qui travaillent encore ; ils coupent les pièces sur les métiers de ceux qui refusent de les suivre ; ce que leurs sollicitations ne peuvent obtenir, ils l'arrachent par la menace et la violence. Toute cette multitude soulevée a déjà arboré un drapeau noir qui porte ces mots devenus si fameux : *Vivre en travaillant ou mourir en combattant.* Elle a des pierres, des fusils, deux pièces de canon qui appartiennent à la garde nationale du faubourg, mais dont le défaut de munitions ne lui permettra pas de faire usage.

L'autorité a été instruite des premières hostilités contre l'ordre public; elle dispose de forces matérielles considérables, dont le déploîment soudain peut étouffer en peu d'instants l'insurrection. Que fait-elle ? Soixante gardes nationaux armés de fusils, mais sans munitions, reçoivent, à dix heures du matin, l'ordre de se porter à La Croix-Rousse, contre un faubourg retranché et occupé par quatre mille ouvriers. Ils obéissent; mais que pouvaient-ils contre une multitude déja pourvue de tous les moyens de défense et d'agression ? une grêle de pierres les accueille, plusieurs d'entre eux sont blessés, et le détachement est contraint à faire une retraite précipitée. D'autres attaques faites par la ligne, avec des moyens non moins insuffisants, sont tentées sur divers points, et échouent par les mêmes causes. Un officier est blessé à la cuisse; une balle a traversé l'épaule d'un tambour. Ces premiers succès exaltent les ouvriers, une étincelle électrique frappe de la commotion la plus vive tous les ateliers, et la population des travailleurs se lève comme un seul homme.

Les circonstances sont devenues plus graves. Le préfet, M. Bouvier-Dumolart, et le général Ordonneau, chef supérieur de la garde nationale, montent à midi en costume à La Croix-Rousse, sans escorte, sans forces suffisantes pour commander le respect de leurs personnes. Ils veulent faire entendre des paroles conciliatrices aux insurgés déjà bien coupables, et les engager à reprendre une attitude pacifique. Ce projet est louable ; mais si son exécution n'est pas protégée par des forces imposantes, à quel danger n'exposera-t-il pas l'ordre public ! A peine les deux hauts fonctionnaires se sont-ils si imprudemment livrés aux ouvriers, que les insurgés les entourent, les accablent de menaces, les font prisonniers, et conduisent en lieu sûr ces précieux otages. A cette nouvelle, l'exaltation des ouvriers est au comble ; dès lors, ils se croient maîtres de dicter des conditions. Lyon apprend l'arrestation du préfet et du général avec une consternation profonde. Des postes de cavalerie sont établis dans les rues ; de nombreuses patrouilles parcourent les places et les quais, et surveillent les ouvriers de l'intérieur.

Cependant, les tambours de la garde nationale ont battu le rappel, et mille à douze cents hommes, sur plus de quinze mille, répondent à l'invitation de l'honneur. Le général Roguet, hors d'état de monter à cheval, s'est fait transporter malade à l'Hôtel-de-Ville, et a donné des ordres pour refouler et cerner les ouvriers dans La Croix-Rousse. Des troupes s'y portent par diverses voies : une compagnie de dragons monte sur la place des Bernardines ; elle est vigoureusement appuyée par une batterie des artilleurs de la garde nationale, qui s'établit sous les arbres, devant le plateau. Mais pour y arriver il faut gravir, sous le feu des ouvriers postés dans les maisons du clos Casati, une côte longue et escarpée. Et quelle position militaire que cette place ! de toute part elle est dominée ; des coups de feu, dont le point de départ ne saurait être connu, sont dirigés à chaque instant sur les artilleurs et sur les gardes nationaux, que quelques arbres protégent fort mal contre les balles. M. Schirmer, associé de M. Charles Depouilly, est tué ; d'autres citoyens reçoivent la mort à ses côtés ; beaucoup sont blessés, et les citoyens armés pour la défense des lois, sont dans l'impossibilité d'atteindre leurs invisibles assaillants. Plusieurs officiers et soldats de la ligne ont reçu la mort dans les engagements très vifs dont le clos Casati a été le théâtre. La place des Bernardines est demeurée au pouvoir de la garde nationale et de la garnison pendant la soirée entière du lundi ; mais l'ordre de son évacuation est donné dans la soirée, et aux approches de la nuit la lutte a cessé. Les ouvriers bivouaquent à La Croix-Rousse, autour de feux qu'ils ont allumés ; cependant ils sont peu sur leur garde, et l'autorité pourrait encore occuper sans coup férir le fatal plateau, soit en donnant l'ordre de l'attaquer de front, soit en le fesant tourner par la montée de La Boucle ; mais cette pensée ne lui vient point, et, comme les insurgés, elle attend l'événement du lendemain. Le préfet et le général Ordonneau sont toujours au pouvoir des ouvriers, qui les contraignent à passer la nuit dans un appartement où sont étendus les cadavres de deux de leurs camarades tués par les balles de la troupe de ligne.

SECONDE JOURNÉE. — *Mardi* 22.

Quelque grand que soit le danger, il n'est pas bien compris encore par la grande partie de la population de Lyon ; beaucoup de citoyens ne se dissimulent point la force de l'insurrection, mais ils se confient dans la puissance des moyens de répression dont l'autorité militaire dispose. Une proclamation du général Roguet (1), imprimée dans la nuit, invite les gardes nationaux à se rendre au poste de l'honneur, mais quelques centaines à peine obéissent à leur devoir. Presque sur tous les points les officiers

---

(1).  Lyonnais,

La gravité des circonstances a nécessité la réunion des troupes de ligne et de la garde nationale pour faire respecter vos personnes et vos propriétés.

Chacun a fait son devoir. Des agents des ennemis de votre industrie ont formé le projet insensé de vous dépouiller de cette illustration manufacturière qui fait la prospérité de votre cité et la gloire de la patrie.

Demain la garde nationale prendra les armes à huit heures du matin. Les diverses légions se réuniront sur leurs places d'armes respectives : inviter les citoyens à se rendre à leur poste, ce serait faire insulte à leur zèle, à leur courage et à leur patriotisme. Je suis convaincu qu'aucun d'eux ne manquera à l'appel de l'honneur.

Lyonnais, rassurez-vous ! les fauteurs de troubles et d'anarchie seront confondus.

Lyon, 21 novembre 1831.

*Le lieutenant-général commandant supérieur des 7ᵉ et 19ᵉ divisions militaires,*   Comte ROGUET.

échouent dans leurs efforts pour décider leurs compagnies à prendre les armes ; ils sont injuriés et menacés. La désertion est générale ; la plus grande partie de ceux que leur opinion appelle à la défense de l'ordre, cèdent aux suggestions de la crainte ; un grand nombre d'autres annoncent ouvertement l'intention de passer du côté des insurgés. Quelques-uns ont passé la nuit au pied de la Grand'Côte avec un détachement de troupe de ligne, plusieurs gardes nationaux dévoués se réunissent à eux pour défendre ce poste important.

Mais l'esprit d'insurrection s'est emparé du peuple en masse. L'affiche du général Roguet est arrachée et foulée aux pieds ; les tambours qui battent la générale sont assaillis par une multitude furieuse qui enfonce leurs caisses ou qui les enlève ; des gardes nationaux isolés sont désarmés, frappés, assassinés ; la flamme dévore les élégants pavillons de l'octroi du pont du Concert et ses registres ; plusieurs corps-de-garde occupés par la garde nationale ou par la ligne, sont attaqués, forcés, incendiés. Le bruit de la fusillade se fait entendre sur cent points divers et se rapproche de plus en plus de la ville. Des femmes et des enfants se sont rendus maîtres de la caserne du Bon-Pasteur ; de forts détachements de la ligne et du génie ont rendu leurs armes sans combat à une poignée d'insurgés. Une troupe d'ouvriers s'est postée dans l'immense maison Brunet aux Chartreux, et de cette position avantageuse, fait un feu meurtrier sur la troupe de ligne retranchée dans la rue de l'Annonciade. De tous les côtés des barricades s'élèvent ; les rues, les places, les quais sont dépavés. Plusieurs caissons de la ligne sont arrêtés vers le pont Saint-Vincent ; on entend le tocsin de Saint-Paul. Des planches et des madriers sont entassés sur les quais de la Saône et du Rhône ; et trois boutiques d'armurier sont forcées. Il n'est pas dix heures du matin, et déjà l'insurrection s'est emparée de la population ouvrière des Brotteaux, de La Guillotière et de Saint-Just ; ce n'est plus une émeute, c'est une révolution. Le général Roguet a fait établir une batterie sur le port Saint-Clair pour empêcher la circulation sur les ponts Morand et du Concert ; il fait tirer sur les Brotteaux, où sont des ouvriers qui dirigent un feu nourri sur le quai du Rhône.

A huit heures, l'ordre a été donné à un chef de bataillon du 13e de ligne de monter la côte des Carmélites avec deux compagnies de son régiment et trente-neuf soldats du 40e, pour prendre le plateau d'assaut. Arrêté par des barricades, cerné de toute part, et criblé de coups de feu partis des fenêtres de maisons occupées par les ouvriers, ce détachement est fait prisonnier et désarmé. Bientôt on combat avec acharnement : les ouvriers de La Croix-Rousse, dont le nombre a été augmenté par leurs camarades de l'intérieur, encouragés par le succès, et pourvus abondamment de fusils et de munitions pris, soit à la garde nationale, soit à la ligne, menacent de déboucher de tout côté. Les dragons résistent avec le plus grand courage ; mais que peut la cavalerie dans une guerre de rue, sous le feu d'assaillants soigneusement cachés derrière des portes d'allée et des cheminées ? beaucoup sont démontés, blessés ou tués ; plusieurs, qui sont tombés de cheval, sont égorgés par des enfants et des femmes. Jamais guerre de Bédouins n'a été plus atroce.

Le général Ordonneau et M. Bouvier Dumolart ont été relâchés dans la matinée : le préfet avait voulu le tarif, et ne pouvait à ce titre redouter rien de bien sérieux de la part des ouvriers. Il envoie à midi au poste de gardes nationaux placé au pied de la Grand'Côte, une proclamation manuscrite adressée aux ouvriers pour les inviter à faire cesser l'effusion du sang. Mais qui se chargera de se message ? Un garde national de bonne volonté s'offre pour le remplir ; il est accompagné de quelques camarades et de quatre soldats de la ligne. Ce détachement inoffensif gravit la Grand'Côte ; mais il est arrêté à la barricade des Pierres-Plantées, et les ouvriers intiment l'ordre au cortége du parlementaire de déposer ses armes et de battre en retraite. Le parlementaire, suivi d'un sous-lieutenant, traverse la barricade et est aussitôt assailli, foulé aux pieds et menacé de mort ; sa vie est sauvée par un ouvrier qui le reconnaît, et intervient en sa faveur. M. Tabaraud, directeur de l'établissement La Martinière, a reçu un coup de feu au bras, en accomplissant la veille cette mission périlleuse.

Cependant de toute part l'agression des ouvriers a obtenu l'avantage : la garnison et le peu de gardes nationaux qui lui servent d'auxiliaires ont été refoulés sur la place des Terreaux et dans l'Hôtel-de-Ville, où se trouvent réunies les autorités de la ville et du département. L'arsenal d'Ainai est tombé au pouvoir des ouvriers aux approches de la nuit. Ils sont maîtres de tous les faubourgs, des rues qui conduisent des Terreaux à La Croix-Rousse et de la ville entière, sauf du carré long compris entre la place de l'Herberie, la rue Neuve au midi, et les rues parallèles à la place des Terreaux, au pied du coteau de La Croix-Rousse, du côté du nord. Ce carré est occupé par la troupe de ligne, qui est également maîtresse du quai Saint-Vincent, des rues adjacentes et de la poudrière, poste pour la conservation duquel sont faits d'incroyables efforts.

La plupart des maisons situées près de l'Hôtel-de-Ville, et dans les quartiers que nous venons de décrire, ont été occupées militairement par la troupe de ligne. Le bataillon du 40e venu de Trévoux, occupe le poste des Terreaux. Il est entré à minuit à Lyon, sans cartouches, au milieu de plusieurs milliers d'ouvriers qui l'eussent certainement attaqué, s'ils eussent connu son dénûment.

La poudrière de Serin a été défendue avec intrépidité dans la journée par le capitaine Peloux, et deux pièces que servent les ouvriers du génie et une compagnie de la garde nationale. Quinze hommes y ont été tués.

Pendant le jour, la plupart des combattants ont manqué de vivres; la vue des morts et des blessés; les périls de cette lutte où l'on était frappé sans pouvoir résister avec succès à des ennemis placés derrière des barricades, ou tirant des murs crénelés ou des toits, amènent dans la soirée la retraite sur presque tous les points.

A sept heures du soir, M. Peloux, resté avec peu d'hommes, fait jeter à la Saône le plus de poudre qu'il peut, et encloue ses deux pièces. Il quitte le dernier poste qu'il ne peut plus défendre. Ainsi finit cette affreuse journée.

NUIT DU MARDI AU MERCREDI.

A deux heures du matin (mercredi 23) le général Roguet cède aux instances de l'autorité civile et se résout à quitter la ville avec les troupes qu'il commande ; elles se composent du 66ᵉ, des dragons, de plusieurs bataillons du 40ᵉ et du 13ᵉ de ligne, et de quelques gardes nationaux. Mais les ouvriers épient sa retraite, ils ont établi un poste à la barrière Saint-Clair, et ils essaient d'arrêter la marche de la colonne. Une décharge générale faite par la ligne et une pièce d'artillerie force le passage. Les soldats formés en colonnes sérées franchissent avec courage et rapidité les trois barricades élevées à Saint-Clair et à La Boucle, culbutent les postes qui les gardent, et, malgré le feu de la mousquetterie et les pierres et tuiles qui de toute part pleuvent des maisons, ils arrivent à Montessuy, Caluire et La Pape, après avoir perdu un certain nombre d'hommes. Les dragons, qui ont exécuté plusieurs charges, ont surtout beaucoup souffert. Un bataillon du 40ᵉ a fermé la retraite, et a combattu avec courage pour la protéger ; mais les malheureux blessés laissés sur le quai sont dépouillés, assommés, et jetés dans le Rhône par de misérables ouvriers à qui la fureur ne laisse plus rien d'humain. Le général Fleury est blessé et démonté dans cette fatale retraite ; un de ses aides de camp a reçu la mort à ses côtés.

TROISIÈME JOURNÉE. — *Mercredi* 23.

Lyon est au pouvoir des ouvriers. — Proclamation des chefs de section et de M. Dumolart. — Proclamation du sieur Anselme Petetin.

Toute résistance a cessé, et dès le point du jour les insurgés apprennent leur victoire : l'Hôtel-de-Ville, à six heures du matin, est à eux ; leurs bandes armées s'emparent de tous les points, et il n'y a plus d'autre gouvernement à Lyon que celui de la révolte.

Nul signe politique ou séditieux n'a été arboré ; nul autre drapeau ne flotte à Lyon que le drapeau tricolore.

Même dans l'accomplissement des vengeances, il semble que la cupidité ait eu moins de part à l'action que la fureur ; car un certain ordre s'est bientôt établi au milieu de cette anarchie, l'argent n'est pas même enlevé; des individus en haillons, pieds nus, maîtres de tout, à demi ivres de punch, parcourent les quais, et reçoivent quelques francs pour escorter les passants dans divers quartiers, ou pour opérer la sortie d'une voiture.

Le préfet n'a qu'une autorité nominale. Les ouvriers de tous les métiers qui se sont joints à ceux de la soierie pour le combat, n'ont exercé du reste aucune vengeance particulière. Les rues sont remplies d'ouvriers en veste. Des postes sont établis, des patrouilles se succèdent. Les ouvriers en soie, qui dirigent le mouvement, ont nommé une commission provisoire anonyme. Elle adresse une proclamation aux habitants pour les encourager à concourir avec elle au respect des personnes et des propriétés. La vengeance populaire menace huit ou dix négociants; elle éclate en sinistres menaces, mais aucun meurtre n'a été commis depuis le combat.

Plusieurs proclamations sont affichées : deux portent la signature du préfet, M. Dumolard; une autre est celle de plusieurs chefs de section; un journaliste inconnu, venu à Lyon depuis plusieurs semaines, pour préparer la population aux idées républicaines, se croit obligé d'en faire une en son nom!.. (1)

---

(1) Voici ces proclamations :

Lyonnais !

Nous avons voulu faire cesser l'effusion du sang; et le général, mu par un sentiment d'humanité, a consenti à la retraite de la garnison. Toujours dévoués au maintien de l'ordre, c'est à vous à nous apprendre si la voix de vos magistrats ne doit plus être entendue.

Lyon est au pouvoir des ouvriers, leurs bandes parcourent les rues, et s'étonnent de la victoire. Des forcenés annoncent des projets de vengeance; ils se portent sur la maison Oriol, sur la maison Neyron et sur quelques autres; dévastent les magasins, et jettent par les fenêtres les meubles et les étoffes dans un feu qu'ils ont allumé sur le quai de Retz. Encore quelques heures, et Lyon,

Craignez l'anarchie; songez au bien de vos familles et de la cité. Nous sommes restés pour écouter vos plaintes et concerter avec vous les mesures d'ordre convenables à tous les intérêts ; et, à cet effet, nous demeurerons en permanence réunis dans l'hôtel de la Préfecture.

Le préfet, DUMOLART ; le maire, BOISSET, adjoint ; DUPLAN, E. GAUTIER, M.-B. GROS.

Ouvriers !

Vos présidents de section vont se rendre auprès de moi pour rechercher, de concert avec vos magistrats, les moyens de soulager votre malheureux état de souffrance. Ce sont de bons citoyens : placez en eux toute votre confiance. Écoutez-les quand ils vous diront que votre premier besoin comme le nôtre est le maintien de l'ordre et le rétablissement de la tranquillité publique.

J'invite Messieurs vos Présidents à se concerter pour se rendre ensemble auprès de moi le plus tôt possible. Je suis prêt à les recevoir à toute heure du jour et de la nuit.

Ouvriers, respect à la loi, respect à la propriété. Ne souffrez pas que des malveillants se glissent dans vos rangs pour faire calomnier vos intentions. Vous m'avez appelé votre père, et je veux l'être de bons enfants.

Lyon, en l'hôtel de la Préfecture, le 23 novembre 1831.

*Le préfet,* DUMOLART.

Lyonnais !

Nous soussignés, chefs de section, protestons tous hautement contre le placard tendant à méconnaître l'autorité légitime, qui vient d'être publié et affiché avec les signatures de *Lacombe*, syndic ; *Charpentier Frédéric* et *Lachapelle.*

Nous invitons tous les bons ouvriers à se réunir à nous, ainsi

s'ils trouvent des imitateurs, ne sera plus qu'un monceau de cendres : mais ces misérables sont bientôt contraints, par les ouvriers eux-mêmes, à abandonner leur œuvre de destruction ; Lyon ne périra pas.

que les citoyens de toutes les classes de la société qui sont amis de la paix et de l'union qui doit exister entre tous les vrais Français.
Lyon, le 23 novembre 1831.

    Boverdino, Bouvery, Falconnet, Blanchet, Berthelier, Biollay, Carrier, Bonard, Labory, Bret, B. Jacob, Charnier, Niel, Buffard, Pigaud, Farget.

    Approuvé par le préfet, Dumolart,

Le Précurseur, *journal constitutionnel de Lyon et du Midi.*

Le sang français a coulé, versé par des Français. Après les tristes événements dont nous avons été témoins, réjouissons-nous que cette épouvantable lutte ait eu un terme. Mais que les vainqueurs sachent user d'une victoire payée si cher ; autrement elle leur serait plus fatale que la défaite.

Nous l'avons déjà dit, bien avant que la question eût été discutée les armes à la main, notre sympathie était toute pour cette foule de travailleurs que les veilles les plus assidues ne peuvent garantir de la faim. En voyant ces familles laborieuses, entassées dans des ateliers malsains, se consumer en des fatigues sans trêve, et tourmentées toujours par l'incertitude du lendemain, souvent notre ame s'est émue d'une profonde et douloureuse pitié. Nous comprenions tout ce qu'il y avait de poignant dans ces cris qui demandaient la mort ou un juste salaire.

Mais ce salaire ne peut s'obtenir que par l'ordre et par la liberté pour tous. Sans l'ordre, sans la liberté, sans le respect des propriétés, il n'y a plus d'industrie, plus de travail, c'est-à-dire qu'il y a anarchie, ruine, misère, mort des nations. Malgré les dissidences d'intérêts, nous sommes tous de bons Français, et une lutte d'intérêts particuliers ne doit point être dénaturée : attachés au gouvernement de juillet, prenons garde que ses ennemis ne veuillent profiter de nos discordes pour rallumer la guerre civile si heureusement éteinte.

C'est un soldat des barricades qui signe ce journal. Lyonnais, vous avez déployé un grand courage ; il faut maintenant montrer

§ 4. — Causes, caractère et résultats des Journées de Novembre. — Appréciation de la gloire des vainqueurs. — Les insurgés embusqués qui tiraient à couvert sur les soldats et les gardes nationaux, sont-ils des héros ? — De Romans et du nègre Stanislas.

Comment s'est accompli ce grand événement ? quelles fautes ont amené la défaite des autorités civiles et militaires ? par quel prodige des ouvriers sans chefs, sans armes, sans signes de ralliement, sont-ils parvenus à chasser de la ville les pouvoirs légitimes et une garnison ?

Ils n'avaient pas prémédité précisément une agression à main armée. L'imprudence de quelques fabricants, de détestables mesures prises pour dissiper les attroupements, et enfin l'ivresse d'un premier succès, telles furent les causes occasionelles de la guerre civile.

Nous n'avons pas à revenir sur les faits, ils sont

que vous n'aurez pas moins que vos frères de Paris l'amour de l'ordre, de la modération et de la générosité après la victoire. Montrez-vous dignes de la liberté.

Les autorités de la cité et du département n'ont point quitté nos murs ; rallions-nous à elles, pour le maintien de l'ordre : avec le concours de tous, nul ne peut avoir rien à craindre.

Anselme PETETIN.

connus. De nombreuses fautes ont fait leur gravité.

L'autorité savait depuis long-temps les menées des ouvriers de La Croix-Rousse; elle connaissait l'organisation fort régulière de ces artisans, leurs réunions, leurs délibérations, leurs projets. Elle avait appris très positivement le dimanche 20 novembre qu'ils avaient arrêté la cessation des travaux pour le lundi 21, acheté de la poudre, fabriqué des cartouches et résolu de descendre dans la ville; elle pouvait, dans la nuit du dimanche au lundi, et le lundi matin, faire occuper la place de La Croix-Rousse et la place des Bernardines par des forces imposantes : elle n'ignorait rien, et cependant elle n'a rien su empêcher.

De mauvaises mesures militaires furent ordonnées : le général Roguet ne connaissait pas les localités; il se laissa mal conseiller. Le plateau de la Croix-Rousse était inexpugnable de front ; il fallait le tourner. L'attaque se fit par la Grand'Côte, c'est-à-dire par un boyau long, tortueux et escarpé, bordé de maisons entièrement peuplées d'ouvriers, où cent hommes résolus pouvaient arrêter et écraser une armée entière. Nous ne dirons rien d'autres manœuvres tout aussi peu réfléchies.

La prise du général Ordonneau et du préfet, dans la journée du 21, arrêta la garde nationale et la troupe de ligne au moment où la place de La Croix-Rousse allait être emportée, ce qui finissait tout : on craignit pour la vie de ces deux fonctionnaires.

Deux régiments de ligne, le 40e et le 13e, se comportèrent avec peu de présence d'esprit et de résolution:

le 66ᵉ se battit sur plusieurs points avec une mollesse extrême. Ceux des gardes nationaux qui prirent les armes le 21, les artilleurs surtout, montrèrent une grande bravoure; mais, en général, la garde nationale eut ce jour-là peu de dévoûment et de fermeté : on ne vit pas sous les armes la dixième partie de cette milice.

L'insurrection générale des ouvriers de toutes les classes dans les divers quartiers de Lyon, décida de la fortune du combat. Considérées dans leur ensemble, les trois journées n'ont été qu'une succession d'événements fortuits, d'incidents dus à la maladresse du pouvoir militaire. Il fit attaquer sans cesse des insurgés bien retranchés et nombreux par des détachements dont les forces furent constamment disproportionnées avec celles des ouvriers; il envoya des pelotons de cavaliers gravir des côtes escarpées sous le feu des maisons d'ouvriers dont les rues étroites et tortueuses sont bordées. Ses opérations montrèrent constamment l'absence la plus complète d'esprit d'unité et d'ensemble, et si l'insurrection elle-même avait été chargée d'en arrêter le plan, elle n'aurait pu faire mieux dans son intérêt.

Les journaux républicains de la capitale et les flatteurs du peuple ont parlé avec enthousiasme du courage des ouvriers, et les ont appelés les vainqueurs de novembre; leur victoire a été exaltée dans les termes les plus magnifiques. Témoins des événements, apprécions à leur juste valeur et ces panégyriques et la gloire des insurgés. Qu'il y ait eu beaucoup de résolution et d'intrépidité chez quelques-uns, qu'un certain nombre d'ouvriers, au début de l'insurrection, aient affronté en face de grands périls, je ne le nierai point, on trouve des hommes de tête et de cœur dans tous les partis; mais ce ne sont pas des faits isolés, c'est l'action de la masse entière des insurgés qu'il s'agit d'examiner ici.

Il y a du courage à s'élancer sur une batterie au moment où elle va vomir la flamme et la mort, à escalader une barricade bien gardée, à monter à l'assaut d'une place bien défendue, à conserver son sang froid et son poste sous la mitraille, à combattre de front des forces supérieures. Ici le péril est direct, imminent, inévitable; celui qui le voit et le brave en a le sentiment et sait à quoi il s'expose : il risque sa vie en attaquant celle de son ennemi.

Mais où donc est le courage d'hommes qui donnaient la mort sans courir la moindre chance de la recevoir; de misérables qui, bien cachés derrière une porte d'allée, une cheminée, la borne d'une rue, tiraient sur des gardes nationaux et de malheureux dragons; d'une multitude qui se ruait sur des militaires isolés, et laissait des femmes achever en sa présence les blessés à coups de couteau? Quels risques si grands couraient les ouvriers embusqués derrière leurs barricades ou dans leurs maisons, et les tirailleurs de leur parti, qui, se glissant le long des murailles et se mettant bien à couvert, tiraient presque à coup sûr sur des artilleurs de la garde nationale, forcés de rester immobiles à leur poste et désignés à la balle par leur uniforme? De tels combattants sont-ils donc des héros, non? ce sont des assassins.

Quelles étaient les forces respectives des parties belligérantes; car leur parallèle doit entrer pour beaucoup dans l'appréciation de la gloire du vainqueur? D'une part, trente mille combattants ouvriers protégés par tous les avantages du terrain, maîtres de toutes les positions, et libres de porter leurs masses sur tous les points où le besoin du moment l'exige : de l'autre, moins de trois mille hommes succombant de faim et de fatigues, et sottement engagés par détachements isolés dans des rues étroites, tortueuses, barricadées, contre des myriades d'ennemis que leur feu ne saurait atteindre : telles ont été cependant les trois journées, telle a été la gloire des vainqueurs de Novembre.

— Et combien d'atrocités n'ont-elles pas été commises pendant le combat par quelques-uns de ces forcenés ! Dirai-je les tortures que des femmes d'ouvriers, véritables furies, ont fait éprouver à de malheureux dragons; le lâche assassinat par derrière de gardes nationaux qui rentraient dans leur domicile, et celui de parlementaires qui apportaient aux insurgés des paroles de paix? Rappellerai-je les meurtres nombreux commis sans risques par ce misérable Romans, qui subit maintenant au bagne la peine de vols commis avec effraction? montrerai-je ce nègre hideux, ce Stanislas, choisissant du pont Morand ses victimes, et l'œil en feu, la bouche écumante, les bras ensanglantés, poussant un cri barbare et sautant de joie chaque fois que son plomb, adroitement dirigé, renversait un dragon ou un artilleur de la garde nationale !

Écartons ces tableaux affreux dont il me serait si facile d'augmenter le nombre. Il n'y a plus de combattants; maîtres de la ville, les ouvriers vont se présenter sous un jour nouveau et déployer un plus honorable caractère.

§ 5. — Les ouvriers vainqueurs ne savent que faire de leur victoire. — Apparence d'une sorte d'ordre dans le désordre. — Désappointement des pillards. — Tentative républicaine ; proclamation Rosset et Granier. — Bonnes mesures prises par les ouvriers. — Des morts et des blessés. — Soulèvement dans les prisons. — Occupation de la ville par les ouvriers.

Les ouvriers sont vainqueurs, mais déjà leur victoire les embarrasse. Où les conduira-t-elle ? quelles seront ses suites et qu'en peuvent-ils faire ? le gouvernement les laissera-t-il en possession paisible de leur conquête ? non sans doute, et le général Roguet est aux portes de la ville avec des forces que chaque jour voit augmenter.

Le préfet et les adjoints du maire n'ont pas quitté Lyon. M. Dumolart, dont l'œuvre fatale est maintenant accomplie, prend dans ses proclamations le titre de père du peuple ; mais les autorités n'ont qu'un pouvoir nominal, et elles sont placées sous la surveillance d'une commission d'ouvriers. Une lueur d'ordre commence à renaître (1).

Lorsque les pillards et gens sans aveu de toute espèce qui ont fait cause commune avec les ouvriers le 21 et le 22, s'aperçoivent de l'impossibilité de porter atteinte aux propriétés; lorsqu'ils sentent que l'unique fruit de la victoire sera pour eux l'obligation d'occuper les corps-de-garde et de faire un service fort pénible, ils se retirent en grande partie; on ne les voit plus. Dès le 25, plusieurs gardes nationaux se glissent en habits bourgeois dans les rangs des ouvriers, et gardent les postes avec eux. Leur nombre s'accroît insensiblement; les ouvriers, dans une proportion presque égale, retournent à leurs travaux, et à l'uniforme près, la garde nationale fait le 29 et le 30 son service ordinaire. Les transactions commerciales sont entièrement suspendues, quoique

---

(1) Voici l'une des premières proclamations de l'administration municipale :

MAIRIE DE LA VILLE DE LYON.

Lyonnais !

Des circonstances que nous déplorons tous, ont causé la suspension des travaux. Le bon esprit de la population nous a garantis des fâcheux résultats qu'elle pouvait avoir; l'ordre règne, le calme existe parmi nous, et déjà le vœu général demande la réouverture des ateliers. Fabricants, chefs d'atelier et ouvriers, que chacun de vous ait confiance; que le passé s'efface : bientôt cette ville reproduira le tableau de la bonne harmonie et de son heureuse activité.

En conséquence, j'invite tous les habitants à r'ouvrir leurs ateliers et magasins, et à reprendre le cours de leurs occupations habituelles.

Fait à l'Hôtel-de-Ville, le 24 novembre 1831.

Le maire de Lyon, BOISSET, *adjoint*.

Approuvé par le préfet du Rhône, DUMOLART.

les magasins soient rouverts. Les capitaux n'ont aucun emploi, les théâtres sont déserts; ouvriers, fabricants, hommes de toutes les classes, paraissent attendre avec une impatience presque égale le dernier acte de cette tragédie.

Les fraudeurs de l'octroi n'ont pas manqué de profiter de circonstances si profitables à leur industrie : des vins, des bestiaux, des spiritueux sont entrés dans la matinée du mercredi sans acquitter les droits. Mais aussitôt que les chefs des ouvriers en sont instruits, ils se rendent à l'Hôtel-de-Ville, et sollicitent eux-mêmes de l'adjoint, M. Boisset, l'emploi de moyens propres à faire cesser un abus si grave.

Une tentative d'évasion a lieu de la part de plusieurs détenus de la prison de Roanne, qui ont voulu profiter de l'effervescence générale pour recouvrer la liberté. Ces hommes sont sur le point d'accomplir leur projet : ils ont repoussé les geoliers, et se sont mis en état de rebellion ouverte. Mais aussitôt toutes les issues sont soigneusement gardées, des citoyens armés se placent sur les toits des maisons voisines pour repousser la force par la force : comme leurs injonctions sont méprisées, ils font feu sur les prisonniers, et tuent sur place deux de ces malheureux.

Après un combat il faut relever ses blessés et compter ses morts. Des ambulances ont été établies à l'Hôtel-de-Ville, dans la grande salle de Henri IV, pendant la désastreuse journée du mardi. On y a transporté des ouvriers, des gardes nationaux et des militaires blessés de la garnison; et, graces à l'inépuisable bienfesance des Lyonnais et à la philanthropie des médecins, des secours de tout genre sont prodigués à ces malheureux. On voit arriver à chaque instant des monceaux de linges pour les pansements et une énorme quantité de charpie; des chirurgiens passent la nuit et font les opérations d'urgence. Le lendemain, mercredi, les ouvriers sont maîtres de la ville; mais ils n'oublient point les égards dus au courage malheureux : une garde nombreuse de ces hommes fait le service d'infirmiers et se met aux ordres des médecins. Après l'évacuation des blessés sur l'Hôtel-Dieu, un citoyen demande à recueillir chez lui un officier de dragons, blessé au pied, qui lui a témoigné à voix basse la crainte que lui inspirent les vainqueurs; quatre ouvriers improvisent à l'instant un brancard, l'y placent, et le transportent à sa destination nouvelle. Le transfert des blessés à l'Hôtel-Dieu s'opère dans le plus grand ordre et sans accident.

Leur nombre n'est pas aussi considérable qu'on aurait pu le croire; il est vrai que tous ceux d'entre eux qui appartiennent à la garnison et peuvent encore marcher, se sont empressés pendant la nuit de suivre le général Roguet à Montessuy. L'Hôtel-Dieu ne contient pas plus de trois cents blessés; la plupart des gardes nationaux frappés de coups de feu, sont demeurés dans leur demeure. Les blessures sont presque toutes infiniment graves : elles ont été faites à bout-portant, et rendent indispensables l'amputation des membres, et autres opérations majeures. Beaucoup de ces infortunés succombent. Le nombre des morts est de plusieurs centaines; il est impossible de l'apprécier au juste, car les eaux du Rhône ont reçu bien des cadavres, et la vaste étendue du champ de bataille n'a pas permis de faire un dénombrement exact des morts ; et d'ailleurs qui y a songé?

Le mercredi 23 novembre, après la retraite des troupes, l'Hôtel-de-Ville est envahi par les insurgés. Ils y entrent avec des intentions bien différentes : les ouvriers en soie, en général, n'ont voulu qu'arracher à la crainte l'exécution du tarif; ils sont allés au delà de leur but; mais d'autres hommes tentent d'en profiter pour exécuter de coupables desseins. Dès le matin, M. Boisset, adjoint du maire de Lyon, et qui en remplit les fonctions en son absence est instruit du projet d'établir un gouvernement provisoire. Ce prétendu gouvernement s'installe en effet dans une des salles de l'Hôtel-de-Ville, sous le titre d'état-major provisoire. Là, se trouvent entre autres individus, MM. Rosset, Drigeard-Desgarnier, Pérenon, Granier, gérant de *la Glaneuse*, Dervieux et Filhol.

M. Pérenon soumet à cette réunion une proclamation rédigée et d'avance apportée. Cette pièce est copiée ; M. Granier y fait quelques additions de sa main: elle est approuvée, et l'on arrête qu'elle sera imprimée, affichée et publiée dans toute la ville. Aussitôt M. Pérenon, accompagné de quatre hommes armés de fusils, la porte chez M. Charvin, imprimeur de *la Glaneuse*. Celui-ci ayant fait observer que la proclamation n'est revêtue d'aucune signature, on va à l'Hôtel-de-Ville, et l'on en rapporte une feuille de papier sur laquelle sont écrits les quatre noms suivants : Lacombe, syndic; Fréderic, vice-président ; Charpentier et Lachapelle, syndics. La proclamation, revêtue de ces quatre noms, est imprimée, les exemplaires en sont portés à l'Hôtel-de-Ville, et elle reçoit la publicité, soit par l'affiche, soit par une lecture, précédée d'un roulement de tambour, qui en est faite à haute voix dans plusieurs quartiers de la ville. Cette publication est écoutée par la multitude avec autant d'étonnement que d'indifférence (1).

Pendant que ceci se passe à l'extérieur, un violent orage s'est élevé à l'Hôtel-de-Ville. MM. Lacombe, Fréderic, Charpentier, Lachapelle, dont les noms ont

---

(1) Voici le texte de la proclamation républicaine :

Lyonnais !

Des magistrats perfides ont perdu de fait leurs droits à la confiance publique ; une barrière de cadavres s'élève entre eux et nous ; tout arrangement devient donc impossible. Lyon, glorieusement émancipé par ses enfants, doit avoir des magistrats de son choix, des magistrats dont l'habit ne soit pas souillé du sang de leurs frères !

Nos défenseurs nommeront des syndics définitifs pour présider avec toutes les corporations respectives à la représentation de la ville et du département du Rhône.

Lyon aura ses comices ou assemblées primaires : les besoins du peuple provincial seront enfin entendus, et une nouvelle garde citoyenne sera organisée.... Plus de charlatanisme ministériel pour nous imposer.

Soldats, vous avez été égarés ; venez à nous, vos blessés vous diront si nous sommes vos frères.

Gardes nationaux, des ordres donnés par des hommes perfides et

été placés à la suite de la proclamation, comme s'ils en eussent été les signataires, protestent avec énergie. Leur réclamation a été rédigée par écrit, imprimée et affichée dans la ville, où l'on voit renaître l'espoir d'échapper à l'anarchie. Cette manifestation de leurs sentiments leur attire de violents reproches. Ils abandonnent, disait-on, la cause du peuple; ils sont des traîtres. Dans ces violents débats, la voix de MM. Filhol, Rosset et Dervieux se fait principalement entendre. Encore quelques instants et cet appel aux passions populaires sera écouté; la circonstance est devenue critique, lorsqu'un courageux citoyen, M. Étienne Gautier, membre du conseil municipal, qui est resté à l'Hôtel-de-Ville pour tâcher d'arrêter le cours de tant de désordres, accomplit noblement la mission qu'il s'est donnée lui-même. Elevé debout sur un fauteuil, il adresse aux ouvriers en armes dont les factieux se fesaient entourer, un discours plein tout-à-la-fois et de raison et d'énergie; il conjure les ouvriers de rester attachés à l'autorité légale. Son entraînement est irrésistible, et la mul-

---

intéressés ont compromis votre habit. Vos cœurs doivent être français; réunissez-vous à nous pour maintenir l'ordre.

Nous sommes sûrs qu'au premier rappel chacun de vous se trouvera sur les places d'armes respectives.

Tous les bons citoyens s'empresseront de rétablir la confiance en rouvrant leurs magasins.

L'arc-en-ciel de la vraie liberté brille depuis ce matin sur notre ville : que son éclat ne soit pas obscurci. *Vive la vraie liberté !*

Lyon, le 23 novembre 1831.

Pour la commission des ouvriers,<br>
Lacombe, syndic; Frédéric, vice-président;<br>
— Charpentier, Lachapelle, syndics.

titude lui répond enfin par les cris de *vive le préfet!* En vain MM. Rosset et Dervieux s'écrient-ils que le peuple est trompé, qu'il se repentira d'avoir cru à des paroles décevantes, en vain prédisent-ils à M. Gautier qu'il sera poignardé.... menacés à leur tour par les ouvriers eux-mêmes, ils sont forcés de se retirer.

Cependant les proclamations, les affiches, se succèdent avec rapidité: les unes annoncent les *comices* ou *clubs populaires*, et font penser à la république; les autres parlent au nom du préfet, qui paraît conserver quelque influence sur quelques-uns des chefs, et réclament l'ordre et le respect dû aux propriétés; celles-ci font un appel aux amis des ouvriers pour former un corps de *volontaires du Rhône;* enfin d'autres, signées par les chefs et présidents des sections, déclarent qu'elles ne veulent point se soustraire à l'autorité du gouvernement légitime (1).

(1) M. Dumolart fit placer dans la soirée l'affiche suivante:

Lyonnais!

Quelques hommes, sans consistance, veulent élever un pouvoir usurpateur à côté de l'autorité protectrice de vos magistrats, ou plutôt ils veulent l'anéantir. Lyonnais, le souffrirez-vous? voulez-vous retomber dans l'anarchie? subirez-vous le joug d'une poignée de factieux? Non, vous m'entourerez pour me donner la force de rétablir l'ordre et la tranquillité. Votre ville a éprouvé assez de malheurs: arrêtons-en le cours. Aucune attaque n'est à craindre de l'extérieur; j'en réponds sur ma tête.

Braves ouvriers, qui m'avez appelé votre père, aidez-moi à sauver la ville des malheurs qui la menacent encore, afin que je puisse m'occuper de vos intérêts. Vous n'abandonnerez pas la cause de l'ordre, c'est la vôtre, parce que, sans ordre, point de travail. Nos ennemis de l'intérieur et de l'extérieur jouissent de nos dissensions; ils sont prêts à en profiter.

Le conseil municipal vote une somme de cent mille francs pour subvenir aux premiers besoins, et deux de ses membres se sont rendus à Paris, chargés

J'ordonne les dispositions suivantes :

Art. 1er. L'autorité supérieure ayant seule le droit de donner le mot d'ordre, les postes ne reconnaîtront que celui qui leur sera envoyé cacheté de la Préfecture.

Art. 2. Tout individu qui distribuerait des ordres du jour qui ne viendraient pas de la Préfecture, sera arrêté et conduit devant moi, pour rendre compte de ses intentions.

Art. 3. Je requiers, au nom du salut de la ville, tous les bons citoyens de prendre les armes pour assurer l'exécution des mesures que je serais dans le cas de prendre dans l'intérêt de l'ordre.

Art. 4. J'invite les citoyens zélés capables de faire les fonctions d'officiers d'état-major, à m'offrir leurs services.

Lyon, le 24 novembre 1831.

   Le conseiller d'état, préfet du Rhône, DUMOLART.

La lettre suivante parut dans le *Précurseur* :

     Lyon, 24 novembre 1831.

 Monsieur,

Nous devons expliquer que, dans les événements qui viennent d'avoir lieu à Lyon, des insinuations politiques et séditieuses n'ont eu aucune influence ; nous sommes dévoués entièrement à Louis-Philippe, roi des Français, et à la Charte constitutionnelle. Nous sommes animés des sentiments les plus purs et les plus fervents pour la liberté publique, la prospérité de la France, et nous détestons toutes les factions qui tenteraient de leur porter atteinte.

Nous vous prions d'insérer cette déclaration solennelle dans votre prochain numéro.

Lyon, le 24 novembre 1831.

  *Les chefs des sections des ouvriers en soie de Lyon*,
   Bouvery, Bret, Labory, Biollay, Ch. Bofferding,
   Falconnet, Blauchet, B. Jacob, Sigaud fils aîné,
   Charnier, Masson-Sibut, L. Bonard, Farget,
   Jouanard, Brosse.

Enfin, le Rédacteur du *Précurseur*, devenu depuis l'un des plus fervents propagandistes de la république, inséra l'article qui suit dans sa feuille du 25 :

« Il faut bien le dire, pour rassurer ceux qui ne connaîtraient pas

de la mission de faire connaître au gouvernement la situation de la ville.

L'occupation de la ville par les ouvriers se prolonge durant huit jours ; mais elle n'est plus que nominale le surlendemain de la victoire. Quoiqu'il y ait encore des postes gardés par des ouvriers armés, tout le pouvoir paraît rendu aux autorités légitimes ; on dirait que les vainqueurs ont abdiqué : ils ont disparu de la place publique pendant les derniers jours de novembre, et se sont confondus dans la population. Mais aussi le général Roguet surveille de près La Croix-Rousse, et le gouvernement a

---

comme nous l'esprit de la population laborieuse de Lyon : toute tentative politique dans l'intérêt d'un parti quelconque, carliste, républicain ou napoléoniste, ne trouverait nulle sympathie parmi les hommes que nous avons vus combattre avec une si brillante valeur, mais chez lesquels nous admirons encore plus l'amour de l'ordre que le courage militaire.

« De misérables essais ont été faits par d'obscurs factieux, et leur résultat a prouvé que nous ne nous étions point trompés en affirmant que la cause unique de la déplorable lutte dont nous avons été témoins est une question d'économie publique et de législation commerciale, et non point une conspiration politique.

« Un placard que toute la ville a lu, et la proclamation qui lui sert de réponse, montrent à quels moyens le parti qui se dit républicain a recours pour se créer un fantôme de popularité. Si les détails qu'on nous donne sur cette affaire sont exacts, comme nous sommes portés à le croire, la haute politique de ces Washington improvisés est tout simplement un faux en signature privée.

«Quant au parti carliste, il marche dans des voies plus innocentes: il se contente de semer dans les corps-de-garde des fleurs de lis que nos braves ouvriers repoussent du pied dans l'égout de la rue, et des proclamations sentimentales en faveur du petit-fils de celui qui fesait mitrailler les ouvriers de Paris, il y a quinze mois, proclamations qui servent à allumer les pipes dans les postes où on les dépose.

pris des mesures énergiques et promptes pour mettre un terme au règne de l'insurrection.

§ 6. — Le général Roguet à Montessuy et à Rillieux. — Mesures prises par le Gouvernement. — Départ de Paris du prince royal et du ministre de la guerre ; leur entrée à Lyon à la tête de l'armée ; fin de l'occupation de Lyon par les ouvriers.

Le lieutenant-général comte Roguet est toujours au camp de Rillieux, à quatre kilomètres au dessus de Lyon, sur la route de la Bresse, où il agira d'après des ordres supérieurs. Il a sous son commandement les 49e, 35e, 13e, 40e, 66e et 24e de ligne, le 12e de dragons, et un escadron d'artillerie, venu de Grenoble avec quatre batteries. Il attend d'autres forces qui bientôt arrivent de toute part (1).

(1) Le général fit afficher la proclamation suivante :

Aux Gardes nationales des départements de l'Ain, de l'Isère, de la Loire, de Saône-et-Loire, etc., etc.

Gardes nationales,

Je conçois la juste indignation que vous manifestez au sujet des malheureuses affaires de Lyon ; elle honore votre patriotisme, votre dévoûment à l'ordre et au gouvernement. Soyez calmes, mais toujours en mesure de seconder les intentions paternelles du gouvernement ; il n'est pas disposé à souffrir l'anarchie. Les amis de l'ordre et des lois, les patriotes, les vrais Français enfin, ne resteront pas sans protection.

*Signé* : Comte ROGUET.

Dans tous les départements limitrophes de celui du Rhône, les gardes nationales sont sous les armes, et la police ne laisse pas passer sans passeports en règle. La population des campagnes n'a montré aucune sympathie pour la cause des ouvriers de Lyon.

Dès que le gouvernement a été instruit des funestes événements dont Lyon a été le théâtre, il en a informé les Chambres, qui se sont prononcées avec énergie contre la révolte, et lui ont offert leur concours avec l'empressement le plus grand. Le duc d'Orléans et le ministre de la guerre, maréchal Soult, sont partis précipitamment de Paris; ils se rendent au quartier général du comte Roguet.

Le 27 novembre, une députation composée du maire, d'une partie du corps municipal et des chefs de section des ouvriers, se présente au général Roguet, afin de prendre les mesures nécessaires pour la rentrée de la garnison. Elle a rapporté du quartier-général la nouvelle de la prochaine arrivée du duc d'Orléans et du ministre de la guerre. Dans ces circonstances, le général Roguet n'a pas cru pouvoir prendre sur lui d'ordonner un mouvement de troupe, et il attendra pour agir les ordres du ministre.

Le duc d'Orléans est arrivé à Trévoux le 29; il était à Rillieux, quartier-général du général Roguet, le même jour. Une revue a été passée par le prince dans la soirée. Plusieurs députations lui ont été présentées; il a bien accueilli le corps municipal. Une affiche a invité, le 29, les Lyonnais insurgés à rentrer dans l'ordre, et à rendre les armes qui ont été enlevées à la garnison et à l'arsenal. Ce dernier appel ne sera bien écouté que lorsque des forces imposantes viendront l'appuyer. Le 30, les adresses des deux Chambres et la réponse digne et ferme du roi ont été placardées dans toutes les rues.

Si les ouvriers sont maîtres encore du pouvoir, il n'en est pas moins vrai qu'ils ne savent qu'en faire, et que leur ton depuis trois jours a beaucoup changé. Ceux qui se présentent dans les magasins des fabricants sont fort doux, fort honnêtes; à les entendre, aucun d'eux n'a pris part à l'insurrection, tous s'étaient cachés pendant la bagarre. Plusieurs de leurs chefs de section sont en fuite; on sait qu'ils ont eux-mêmes sollicité la rentrée de la garnison. Cependant, dit-on, une partie des ouvriers se sont approvisionnés de cartouches : ils craignent une punition sévère, et leur frayeur peut devenir une cause d'embarras grave. Mais le langage du prince, et les mesures qu'ordonnera le ministre de la guerre, préviendront une nouvelle effusion de sang : clémence et fermeté, telle doit être la maxime de l'administration.

Le prince royal fait son entrée à Lyon le samedi 3 décembre, à midi : une proclamation de la mairie a annoncé son arrivée. Dès le 1$^{er}$ décembre, tous les faubourgs et les campagnes voisines sont occupés par la troupe de ligne. Aucune résistance ne s'est fait apercevoir; il n'est pas même venu dans la pensée des ouvriers de La Croix-Rousse de défendre leur position; tous sont rentrés dans leurs ateliers, et sur tous les points la transition du pouvoir des masses insurgées à ses dépositaires légaux s'est opérée avec ordre et sans la moindre secousse. Pas une amorce n'a été brûlée, pas un sabre n'est sorti du fourreau. Beaucoup de gardes nationaux ont repris leur uniforme.

Ce fut par le faubourg de Vaise que S. A. R. fit son entrée à Lyon. Le cortége passa le pont de Serin et suivit le quai. Deux régiments de ligne, le 9e et le 24e, et le 3e régiment de chasseurs à cheval, précédaient le prince, qui avait à sa gauche le ministre de la guerre. S. A. R. portait le costume de colonel de son régiment de hussards. Un brillant état-major l'accompagnait ; on y remarquait plusieurs généraux et le préfet du Rhône. Le 9e régiment de chasseurs à cheval, grand nombre de gardes nationales mobilisées, accourues des départements voisins, l'artillerie, la gendarmerie et le 54e de ligne fermaient cette longue marche. Le 13e, le 40e et le 66e de ligne rentrèrent en partie dans leurs casernes, ainsi que le 12e de dragons. D'autres troupes occupèrent les faubourgs, ainsi Lyon était gardé par une armée considérable. Une multitude immense s'était entassée depuis plusieurs heures sur les quais depuis la montée de Balmont, où le prince avait couché, jusqu'à l'hôtel de l'Europe ; sur la place Bellecour, où il avait pris sa résidence ; elle le salua sur tous les points de son passage par les plus bruyantes acclamations. Sa présence annonçait le retour de l'ordre.

Une proclamation ferme et prudente du maréchal Soult a annoncé l'objet de sa mission. Elle a fait une impression vive ; on y a vu que le gouvernement avait une volonté et le sentiment de sa force. Le 3, l'autorité a fait afficher l'ordonnance qui licencie la garde nationale de Lyon et annonce sa réorganisation prochaine. C'était la première mesure à prendre pour procéder légalement au désarmement des faubourgs. On ne remettra vraisemblablement pas aux mains des ouvriers, en recomposant cette garde, les armes dont ils ont si étrangement usé.

Le prince a reçu de quatre à sept heures les autorités et les sociétés savantes.

Ainsi ont fini les journées de Novembre, et tel a été le dénoûment de la victoire des ouvriers. Beaucoup de sang a été versé, de braves militaires ont reçu la mort; un affreux désordre a bouleversé la cité de fond en comble, et pour quel résultat? En quoi la condition des ouvriers s'est-elle améliorée? ont-ils réussi à faire adopter leur tarif? non: le principe de cet engagement est absurde, et le gouvernement ne l'a pas reconnu. Sont-ils parvenus à faire hausser le prix de la main-d'œuvre? non: le commerce ne prospère qu'autant que rien ne porte atteinte à la liberté et au calme de ses transactions, et leur révolte le frappant d'inertie, a condamné les ateliers de tissage à une longue inactivité. Leur facile et court triomphe a-t-il attiré l'intérêt public sur leur cause, et le pays leur doit-il compte de leur combat? non : ils ont attaqué à main armée les institutions du pays, foulé aux pieds la loi, chassé les pouvoirs légitimes, et jeté la ville dans un abyme de misère. L'emploi brutal de la force pour résoudre une question industrielle est également absurde, qu'il vienne de la part des ouvriers ou de celle du pouvoir. Mais les ouvriers n'ont pas abusé de leur victoire : oui, sans doute, il faut jusqu'à un certain point leur savoir gré de ne pas s'être livrés à des excès qui, cependant, auraient eu un inévitable lendemain ; ils n'ont pas fait à Lyon et aux fabricants tout le mal qu'ils étaient maîtres de leur faire ; mais ce mérite négatif doit-il faire oublier le crime de leur agression impie, les horreurs d'un combat de trois jours, et les conséquences à jamais déplorables de ce funeste événement ?

§ 7. — Conséquences des Journées de Novembre ; leur influence désastreuse sur le moral des ouvriers. — Terreurs permanentes parmi la population.

L'influence morale de l'insurrection de Novembre sur les ouvriers sera immense : leur victoire, ce singulier résultat d'une succession de hasards et de l'impéritie de l'autorité, les rendra plus exigeants, et élèvera jusqu'à l'insolence l'orgueil de beaucoup d'entre eux. Pendant cent années peut-être le merveilleux récit de la défaite de la garde nationale et de la garnison de Lyon par des ouvriers sans armes charmera les loisirs de l'atelier ; cette tradition passera d'âge en âge ; le fils dira avec orgueil, dans un temps reculé : « Mon aïeul fut l'un des vainqueurs de Lyon. » Que l'on juge ce que doivent être dans les circonstances actuelles, et à si peu de distance de l'événement, les prétentions et l'arrogance de la classe ouvrière !

Une des plus fatales conséquences des événements de Novembre, ce sera de faire des ouvriers lyonnais une classe politique. Avant l'insurrection ils ne s'occupaient nullement de questions gouvernementales; jamais cette immense agglomération d'hommes n'a donné sous ce rapport la moindre inquiétude au pouvoir. Mais depuis le succès de la révolte, il n'en sera pas ainsi. Des hommes se présenteront, qui diront aux ouvriers : « Vos sueurs ne « profitent qu'aux riches; les fabricants sont vos « ennemis naturels. Vous vous plaignez! vous êtes « malheureux, et cependant vous êtes les plus « nombreux et les plus forts. Unissez-vous! écoutez- « nous, et vos misères seront finies. » Les ouvriers trouveront de détestables flatteurs, même parmi les fabricants; des journaux seront créés pour caresser leur orgueil, nourrir leurs préjugés, et envenimer leurs haines. L'un d'eux, institué expressément pour leur usage, travaillera avec une ardeur diabolique à confondre la question politique et la question industrielle, et à faire prendre en aversion aux ouvriers leur état, leurs lois, le négociant qui leur donne du travail, et surtout le gouvernement. On est toujours certain de se faire écouter des masses, quand on leur parle révolution, changement de gouvernement et partage du pouvoir et de la richesse; comment s'étonner que la classe si peu éclairée des ouvriers lyonnais devienne un instrument redoutable entre les mains des factieux ?

Voici un autre résultat grave de l'insurrection de Novembre : elle enseigne aux ouvriers tisseurs l'art de se coaliser. Organisés en associations parfaitement ordonnées, ils ont institué une caisse commune destinée à secourir des nécessiteux, lorsque la mesure du refus de travail aura été arrêtée pour parvenir à une augmentation de salaire. Réunis ainsi en corps, ils seront à la lettre les maîtres de la fabrique. Un négociant refuse-t-il de satisfaire à leurs exigences, l'association décrétera qu'aucun ouvrier ne travaillera pour lui, et il sera dès lors dépossédé de son industrie. Lorsque l'organisation des ouvriers sera complète, si l'autorité, bien avertie cependant, laisse faire, nul ne pourra faire fabriquer des étoffes à Lyon s'il déplaît aux tisseurs : eux seuls fixeront le prix des salaires ; l'industrie de Lyon leur appartiendra.

Il restera des journées de Novembre dans l'esprit public à Lyon un sentiment de peur des classes laborieuses qui se manifestera à l'occasion la plus légère et souvent sans cause. A la moindre rixe populaire, les citoyens et, parfois, les autorités s'alarmeront ; au moindre attroupement les classes moyennes seront frappées de terreur ; le fantôme sanglant de Novembre, malgré l'énorme différence des temps et des moyens de défense, sera présent encore à toutes les pensées. Personne ne voudra se commettre avec les masses ; les citoyens se retireront dans leur vie privée, et sembleront croire que l'ordre public sera bien en sûreté, lorsque la porte de leur demeure sera solidement fermée. En général, et sauf les exceptions, les hommes du juste-milieu sont, à Lyon, égoïstes, amis par dessus toute chose de leur repos, peu disposés à se mettre en avant quand l'occasion le demande, peu reconnaissants envers ceux qui se compromettent pour leur cause, et médiocrement pourvus du courage d'action. La leçon de Novembre ne leur profitera pas, et ils n'auront pas même appris de leurs adversaires le secret de s'unir et de s'entendre.

Peu de semaines après les journées de Novembre, la durée de la désastreuse administration de M. Dumolart cessa. Ce fonctionnaire, dont Lyon conservera à jamais le souvenir déplorable, fut remplacé par un préfet habile et dévoué, M. de Gasparin (1).

(1) Je crois pouvoir me dispenser de parler des attaques de M. Dumolart contre Casimir Périer et des réponses foudroyantes qu'elles lui attirèrent. Mais l'ex-préfet ne s'était pas borné à mettre le gouvernement en cause. Les fabricants de Lyon, convaincus de la nécessité de se laver du double reproche de s'être concertés pour refuser tout travail aux ouvriers, c'est-à-dire pour les faire mourir de faim, et d'avoir tiré les premiers coups de feu sur des hommes inoffensifs et sans armes, avaient intenté une action judiciaire à M. Bouvier-Dumolart, pardevant le tribunal Correctionnel de Lyon, en raison de ses calomnies publiées dans divers journaux. Nos autorités et un grand nombre de citoyens s'effrayèrent des circonstances qui pouvaient accompagner les débats de ce procès dans nos murs. On écrivit à Paris; on s'adressa au garde-des-sceaux; on pria les fabricants de ne pas s'opposer aux conclusions de l'avocat de M. Dumolart; et enfin, le tribunal de Lyon se déclara incompétent. Si cette affaire avait eu son cours, si M. Sauzet, chargé de la défense des fabricants, avait prêté à la vérité le secours de sa puissante parole, les événements de Lyon seraient connus. La France entière aurait assisté au débat solennel, et l'on n'aurait pas entendu à Riom

§ 8. — Création de l'institution des Prud'hommes. — Éléments et caractère de ce tribunal. — Les fabricants y ont rarement recours. — Les ouvriers gâtent cette institution et la privent de tous les avantages qu'elle promettait.

L'insurrection de Novembre a eu pour prétexte la vicieuse organisation de la fabrique ; tous les griefs des ouvriers ne sont pas sans fondement : une institution d'une haute portée, celle des prud'hommes leur sera donnée pour protéger leurs intérêts, et la mercuriale sera substituée au tarif. De grands dommages ont été causés à des particuliers inoffensifs par les insurgés, le principe de l'indemnité est sacré. Qui, la ville ou l'État, sera chargé de la réparation du dommage ? Une attaque victorieuse des

un avocat général terminer un plaidoyer de deux heures, en déclarant qu'il ne savait pas qui avait eu tort et qui avait eu raison.
On est forcé de reconnaître qu'avant et depuis l'affaire du tarif, le langage du gouvernement n'a pas été assez ferme envers ses employés, et que sa ligne de conduite n'a point été assez précise. Il a balbutié secrètement une désapprobation qu'il devait proclamer tout haut. Il a dans le principe réprimandé des fonctionnaires qu'il devait révoquer ; plus tard, en les conservant quelque temps en place, il a semblé reconnaître ce qu'ils avaient fait et sanctionner leur alliance avec la révolte, et il n'a enfin prononcé la destitution que lorsqu'il devait songer peut-être à quelque chose de plus rigoureux. C'est par des demi-mesures qu'on égare l'opinion publique et qu'on démoralise les populations.

travailleurs contre l'autorité a démontré la nécessité, non seulement d'augmenter la force de la garnison, mais encore de lui donner pour point d'appui des casernes retranchées et des forts détachés : le génie sera chargé d'immenses travaux de défense; enfin la société, scandaleusement outragée par la plus odieuse des insurrections, demandera à la justice la punition de l'attentat de novembre, et plusieurs individus fortement compromis seront traduits devant la cour d'assises de Riom.

Examinons en détail ces autres conséquences des fatales journées.

Lorsque l'autorité délibéra après les journées de Novembre sur les moyens de remédier au fâcheux état de l'industrie lyonnaise, elle arrêta la création d'un conseil de prud'hommes, juge suprême de toutes les contestations dont la fabrique des étoffes de soie peut être l'objet, et composé d'un nombre égal de fabricants et de maîtres ouvriers. Cette institution parut fort belle : comment douter de l'intelligence et de l'impartialité d'un tribunal ainsi formé ? et qu'elle ne devait pas être la force morale de jugements auxquels les deux parties intéressées auraient concouru librement et dans des proportions égales ! c'était le gouvernement de la fabrique par la fabrique.

La mission des prud'hommes est toute de conciliation et de paix ; ce tribunal est, sous beaucoup de rapports, une assemblée de famille devant laquelle sont portées toutes les contestations qui surviennent entre les membres divers de la grande association industrielle. Fabricants et chefs d'atelier sont jugés ici par leurs pairs, par des hommes qu'ils ont choisis eux-mêmes, et dont l'élection est déjà une présomption de capacité et d'impartialité. Chacun des juges dont le tribunal se compose, cesse d'être fabricant ou maître-ouvrier, dès qu'il s'assied devant la table du conseil ; ses fonctions lui imposent impérieusement le devoir de déposer à la porte de la salle son caractère privé, pour revêtir celui de magistrat, et prononcer des décisions dictées par l'équité et par les intérêts généraux du commerce. Il n'est plus chef d'atelier ou fabricant, il est prud'homme.

Le conseil des prud'hommes se composait dans son ensemble de trente-deux membres : neuf fabricants, élus par leurs confrères, et huit chefs d'atelier, nommés également par leurs pairs, y représentaient la fabrique d'étoffes de soie ; les autres membres appartenaient aux fabriques de dorures, de bas, de chapeaux et de tulles. Le nombre des prud'hommes fabricants et ouvriers a été réduit ; mais dans les deux ordonnances constitutives du conseil, l'avantage sous ce rapport est demeuré aux fabricants, et cela devait être : on l'a vu, les fabricants composent la partie intellectuelle de la fabrique ; ils fournissent, non seulement les capitaux et la matière première toute préparée, mais aussi le dessin de l'étoffe, c'est-à-dire ce qui constitue l'étoffe elle-même. Il y a du fabricant au tisseur la différence de l'architecte au manœuvre. Les fabricants prud'hommes ne sont pas salariés, tandis que les prud'hommes ouvriers reçoivent un traitement fixe (1).

(1) Nous pensons que dans une cause entre un fabricant et un ouvrier, qui présente quelque doute, quelque équivoque, il doit y avoir préférence pour les intérêts du dernier, toutes choses paraissant égales d'ailleurs, sous le rapport de la bonne foi.

S'il n'a pas été convenu, par écrit ou de toute autre manière, qu'un ouvrier serait chargé de l'enlaçage des cartons de dessin pour une étoffe façonnée, cette dépense doit être supportée par le fabricant.

Lorsqu'un chef d'atelier a fait des frais pour établir la fabrication d'un article nouveau, suivant la disposition donnée par une maison de fabrique, et qu'il n'y a aucune convention particulière à cet égard, si le métier ainsi monté ne tisse qu'un nombre d'aunes insuffisant pour indemniser l'ouvrier, indépendamment du produit de son travail journalier, il faut qu'une partie de ces frais retombe à la charge du fabricant, qui seul doit être passible de ses erreurs ou de ses essais.

Si le prix de façon d'une étoffe n'a pas été réglé d'avance entre le chef d'atelier et le fabricant, en cas de contestation, le conseil des prud'hommes doit le fixer lui-même conformément à celui qui est payé par les premières maisons de fabrique, d'après des indications prises au moment du jugement.

Ces observations se rapportent aux difficultés nées de l'absence de conventions particulières. Mais les engagements entre les citoyens, quels qu'ils soient, sont sacrés et irrévocables ; un chef d'atelier, d'une part, et le chef d'une maison de fabrique, de l'autre, sont parfaitement libres de faire tel accord qu'il leur plaît, et qui subsiste contre toute prétention contraire, jusqu'à ce que les deux parties l'aient volontairement rompu. Nous n'entendons pourtant pas dénier au conseil des prud'hommes un droit que nous croyons appartenir à tout tribunal et qui est dans la morale publique, s'il n'est dans la loi, c'est-à-dire, le droit de rompre un contrat léonin, un contrat où l'une des parties aurait visiblement abusé de sa position pour obtenir de l'autre des sacrifices au dessus de ses forces. Mais ce droit exorbitant, exceptionnel, ne doit être exercé, comme toutes les dérogations au droit commun, que dans un cas extraordinaire, en réparation d'un acte immoral, et, pour ainsi dire, en confirmation de la règle.

Quant aux délits d'altération de matières, de trafic illicite de soies, de contrefaçon de dessins ; il y a eu toujours de la part du conseil des prud'hommes répression constante et sévère.

L'institution du conseil des prud'hommes, toute dans l'intérêt des tisseurs, sera appelée à juger un nombre bien plus grand de contestations d'ouvriers à ouvriers, que d'ouvriers à fabricants. Trois cents chefs d'atelier sur dix mille, et vingt-cinq à trente maisons de fabrique sur trois cents, occuperont exclusivement le conseil de leurs affaires, et les dix-neuf vingtièmes des fabricants et des ouvriers ne paraîtront jamais dans la salle de ses séances.

Ce conseil bien compris serait, à beaucoup d'égards, une solution de la question industrielle, si mal posée aux journées de Novembre. Il est le produit d'élections faites, d'un côté, par les fabricants, de l'autre, par les maîtres-ouvriers : les intérêts se balancent et se neutralisent ; ils sont représentés par un nombre de juges à peu près égal de part et d'autre, et dont, à ce titre, les décisions ne sauraient être entachées de partialité. Beaucoup d'esprit judicieux ont applaudi à ce mode de nomination, et on l'appelera du nom de *national*.

Mais cette utopie de quelques bon citoyens ne se réalisera point, et une institution, qui devait être un moyen de conciliation et d'ordre, deviendra une cause active et directe de désordre et de désunion. Comment se produira cette étrange métamorphose, et d'où vient que des germes de mort naîtront si prématurément au sein d'une création dont on se promettait tant d'avantages ?

C'est que la fusion des intérêts ne se sera point opérée dans le conseil : le fabricant prud'homme restera fabricant ; le chef d'atelier prud'homme se considérera, non comme juge, mais comme mandataire des ouvriers, et se croira obligé, à ce titre, de soutenir, dans toutes les occasions, envers et contre tous, l'intérêt particulier de ses commettants; c'est que le tribunal ne s'isolera point de l'assemblée, et qu'une relation directe et puissante s'établira entre le magistrat et son public; c'est qu'une classe entière d'intéressés et la plus nombreuse, apportant en présence du tribunal ses préjugés, ses passions et ses haines, se constituera juge du conseil des prud'hommes, et en louera ou cassera les arrêts, séance tenante, lorsqu'elle croira qu'il y a utilité pour sa cause à le faire. Dans cet état de choses, quel bien pourra faire désormais l'institution?

Un jugement est prononcé, l'auditoire l'accueille par des huées; rien ne manque à l'éclat du scandale: la dignité du tribunal est outragée; un fabricant est injurié et menacé par une partie du public d'ouvriers qui garnit la salle. Il n'y a plus sécurité, ni pour les opinions, ni pour les personnes, et peu s'en faut que le sanctuaire de la justice ne devienne un champ de bataille. Avec la doctrine du mandat impératif donné par les ouvriers électeurs aux chefs d'atelier prud'hommes, et celle de l'intervention tyrannique de l'auditoire, comment espérer des décisions libres et impartiales, et que devient l'indépendance du tribunal?

Mais ce n'est point tout. Une classe des intéressés, celle des ouvriers, aura un journal spécial, l'*Écho de la Fabrique*, et ce journal aura pour auxiliaires des feuilles qui, de leur propre aveu, prêcheront l'établissement de la République, c'est-à-dire le renversement de l'ordre fondé aux journées de Juillet. Ici commencera un scandale d'une autre nature : la diffamation permanente de ceux des membres du conseil des prud'hommes que les chefs d'atelier considéreront comme leurs adversaires naturels. La haine de l'ouvrier, excitée par ces journaux, ne s'arrêtera pas sur le seuil de la salle du conseil ; elle poursuivra le fabricant-magistrat hors de l'enceinte de son tribunal, et l'attaquera partout où elle espérera pouvoir l'atteindre. Le fabricant-prud'homme, que le désir d'être utile aura déterminé à accepter ses gratuites et pénibles fonctions, sera chaque jour honni, vilipendé, menacé par des misérables qui ne respecteront pas même sa vie privée. Il ne sera point encore élu, il ne sera pas encore installé sur son siége, que déja les hostilites contre lui commenceront ; et quelles hostilités ! Comment s'étonner maintenant qu'un grand nombre de concitoyens déclinont une mission devenue si désagréable et si dangereuse, et qui pourra les blâmer de leur refus ?

Le conseil des prud'hommes deviendra impossible par la faute des ouvriers : les fabricants seront contraints de refuser des fonctions qu'ils ne pourraient accepter sans compromettre leur repos et leur industrie ; et cette institution, créée pour porter remède au dommage causé à l'industrie par les journées de Novembre, ne répondra nullement aux espérances que les bons citoyens en auront conçues.

Le tarif était le but constant des efforts des chefs

d'atelier; ils avaient essayé de l'obtenir par l'autorité légale sous M. Dumolart; après les journées de Novembre, déçus dans leur espoir, ils cherchèrent à parvenir au même résultat en faisant du conseil tout judiciaire des prud'hommes une assemblée réglementaire et législative. Mais un administrateur vigilant les observera, M. de Gasparin les rappellera aux règles, alors les ouvriers dans leur dépit briseront l'institution des prud'hommes, et poursuivront leur projet favori au moyen des coalitions et de la suspension du travail. Cette tactique échouera encore, on leur en suggérera un autre, ils se feront hommes politiques, et demanderont à la république cet impossible tarif que le gouvernement national leur refuse si obstinément.

§ 9. — Indemnité demandée à la Ville par les incendiés. — Application de la loi de vendémiaire an IV; plaidoyer de M. Sauzet. — La Ville perd son procès, et transige.

Mais les funestes journées de Novembre ont causé des désastres qu'il est possible de réparer. Des magasins ont été dévastés dans la matinée du mercredi (23 novembre); la propriété a été violée par l'insurrection; des citoyens ont vu leur domicile envahi; de précieuses étoffes ont été livrées aux flammes par les ouvriers. La loi de vendémiaire a rendu les communes responsables des désordres et des violences commis sur leur territoire; elle a eu pour but, et souvent pour résultat, de rendre ces dommages plus rares, en intéressant tous les habitants au maintien du bon ordre par la crainte de participer aux dépenses qui sont la suite inévitable de la guerre civile. Cette loi est invoquée par les citoyens dont la propriété a souffert des événements de Novembre; ils intentent un procès à la Ville, qui confie sa défense à Me Sauzet (1).

L'habile avocat commence par un exposé des faits éloquent et fidèle. Il retrace avec des couleurs aussi énergiques que vraies le tableau de ces tristes et sanglantes journées. Il s'attache à démontrer que cette catastrophe doit être attribuée surtout aux fautes du gouvernement, et que les citoyens se sont trouvés presque nécessairement engagés dans une lutte impie les uns contre les autres par suite des fausses mesures adoptées par l'autorité centrale. On admire l'adresse avec laquelle il sait traiter ces questions délicates, en ménageant presque également la susceptibilité de ces deux parties de notre population qui se trouvèrent en présence l'une de l'autre, les armes à la main. Plusieurs fois, lorsque l'orateur est forcé par l'intérêt de sa cause de remettre sous les yeux des juges diverses scènes de ce drame intéressant et terrible, l'émotion de son nombreux auditoire se trahit par des manifestations d'autant plus flatteuses pour celui qui les excite,

(1) 12 et 17 mai 1832.

qu'elles contrastent davantage avec l'austérité de la réserve qu'impose la présence de la justice et avec les habitudes judiciaires.

Le système de la défense consiste à soutenir que la loi de vendémiaire an IV, sur laquelle s'appuient les demandeurs, est tacitement abrogée avec la constitution dont elle était le produit et l'auxiliaire. L'avocat établit une distinction judicieuse entre les lois civiles, qui ont un caractère de permanence et d'immutabilité, et les lois politiques, qui doivent suivre le sort des institutions dont elles sont le cortége, et qui ont avec elles une sorte de solidarité d'existence et de mort.

Si la cause de la Ville eût pu être gagnée, elle l'aurait été par M. Sauzet; mais le droit des incendiés était dans la loi : la commune est condamnée, et une transaction conduite avec beaucoup d'habileté par le grand avocat concilie tous les intérêts. La réclamation de nos concitoyens ruinés aux journées de Novembre était légitime; le désastre qu'ils avaient éprouvé était une calamité publique et devait être supporté par la communauté entière. Nous ne chercherons pas à déterminer, pour résoudre une question d'honneur et de conscience, qui fut l'agresseur, et de quels côtés se trouvait le tort. Une grande calamité avait frappé quelques-uns de nos concitoyens; ils ne s'y étaient point exposés et n'avaient aucun moyen de s'y soustraire; l'insurrection les avait choisis pour ses victimes, comme elle aurait pu en choisir d'autres. C'était à la grande famille de venir au secours des honorables négociants dont la maison avait été dévastée et la fortune anéantie, puisqu'elle ne pouvait demander compte aux révoltés de leur action criminelle.

Il est des maux causés par la guerre civile qui sont sans remède : le sang qui a coulé ne peut être rendu; les familles qui pleurent sur les gardes nationaux morts au champ d'honneur, ne seront jamais consolées. Réparons du moins les pertes que l'argent peut réparer, et ne laissons pas subsister celles des traces de nos discordes civiles qu'il nous est possible d'effacer.

Un impôt qui répartit l'indemnité sur tous, consacre de nouveau ce grand principe, que tous les citoyens ont intérêt à l'ordre, et doivent payer de leur personne un jour d'insurrection, s'ils ne veulent pas voir leur fortune compromise, et payer plus tard de leur bourse la réparation des dévastations commises par les séditieux. Deux fois l'archevêché de Paris a été saccagé et pillé depuis la révolution de Juillet, et deux fois il a fallu le relever de ses ruines avec l'argent des contribuables. Si le tiers de notre garde nationale eût pris les armes le mardi, la révolte aurait été comprimée, et il n'eût pas été question d'indemniser des concitoyens dont la fortune avait péri dans nos sanglantes journées.

En dernier résultat, les séditions qui ont été accompagnées d'incendie et de pillage finissent par un appel aux contribuables, car il faut que quelqu'un paie. L'insurrection coûte fort cher; ne laissons donc pas faire les séditieux, et combattons-les avec résolution et constance, lorsqu'ils commencent l'exécution de leurs coupables projets.

§ 10. — Système de défense adopté pour la ville de Lyon ; on construit des forts détachés. — Ces forts ont-ils été élevés pour repousser l'étranger ou pour contenir les ouvriers ?

Depuis la perte de la Savoie, Lyon est devenu une ville frontière : à peine une journée de marche la sépare de l'étranger, et entre son enceinte, ouverte sur tous les points, et la ligne sarde, ne se trouvent ni forts ni retranchements d'aucune espèce. Une armée autrichienne qui aurait traversé la Suisse, marcherait sur Lyon sans rencontrer d'obstacles, et arriverait sous nos murs en quarante-huit heures. Le général Bubna lui a tracé son itinéraire en 1814. On objectera la neutralité de la Suisse ; mais deux fois cette barrière s'est trouvée impuissante, et une expérience trop fatale a appris aux Français qu'ils ne doivent compter que sur eux-mêmes pour repousser l'agression étrangère. Napoléon sentit trop tard l'indispensable nécessité de fortifier Lyon ; une ville aussi riche, un centre industriel si important ne peut être abandonné sans défense à l'ennemi.

Ce projet a été mis à exécution après les journées de Novembre : on pouvait difficilement appliquer à Lyon le système de l'enceinte continue ; celui des forts détachés, à portée de s'appuyer mutuellement, fut adopté. Un officier supérieur, d'une grande capacité, le général Fleury, présida aux travaux, et les conduisit avec rapidité. Le gouvernement acheta tous les emplacements qui pouvaient servir de position militaire et entrer dans le système de la défense. On vit s'élever en deux années, sur la rive gauche du Rhône, le fort Lamothe à La Guillotière, le fort de la Mouche, aux Brotteaux, et plusieurs retranchements dans les points intermédiaires. Un autre fort très considérable construit sur les hauteurs de Montessuy, domine à la fois le cours du Rhône, les Brotteaux, le quai Saint-Clair et La Croix-Rousse; une caserne, qui est presque une citadelle, élevée sur la place des Bernardines, répond au pouvoir militaire de la possession du plateau et des rues centrales de La Croix-Rousse. Un fort et une caserne défendent Saint-Irénée. D'autres travaux qui seront incessamment commencés, se lieront à ceux-ci, et suffiront désormais pour mettre Lyon à l'abri d'un coup de main tenté par une armée étrangère, et pour donner le temps d'arriver aux troupes chargées du soin de la protéger. Les journaux radicaux s'avisèrent beaucoup trop tard d'organiser une résistance populaire à la construction des forts détachés, et d'ameuter les travailleurs contre le projet du gouvernement, manœuvres qui les ont si bien servis à Paris; aucune opposition sérieuse ne gêna le général Fleury dans l'exécution de ses travaux.

Les républicains ont assuré que les fortifications de Lyon avaient été élevées bien moins pour protéger cette ville contre l'étranger que pour contenir et opprimer les ouvriers; selon eux, une ceinture de bastilles a été placée autour de nos murs dans un esprit hostile à nos institutions.

Je serai franc sur cette question comme sur toutes celles que l'histoire de nos troubles a soulevées : oui, l'autorité, en plaçant autour de Lyon une ligne formidable de défense, a pensé à l'ennemi intérieur autant qu'aux Sardes et aux Autrichiens; oui, son système de fortifications porte l'influence des souvenirs de Novembre fortement empreints, et celle de la prévision d'une nouvelle attaque à main armée des ouvriers contre nos institutions. Avait-elle le droit en principe de faire ce qu'elle a fait, comment pourrait-on en douter? sa propre défense n'est-elle pas son premier devoir? ne fallait-il pas donner un asyle inexpugnable et des points d'appui aux troupes qu'elle commettait à la défense de l'ordre public dans une ville ouvertement exploitée par les factions? Les journées de Novembre ne lui avaient-elles pas enseigné tout ce que pouvait une multitude égarée, et fallait-il que les populations de La Croix-Rousse et de Saint-Just continuassent à planer de ces hauteurs sur la ville comme un vautour incessamment prêt à fondre sur sa proie? l'avenir a-t-il condamné ces prévisions, et dira-t-on encore aujourd'hui que le pouvoir a calomnié les ouvriers en les supposant capables de céder une seconde fois à la pensée d'une révolte ouverte? Le voisinage des forts, quand ils seraient réellement des bastilles (ce qui n'est point et ne pouvait être), serait-il donc plus alarmant pour la propriété et le commerce que l'occupation de l'Hôtel-de-Ville par des bandes d'insurgés ? Le despotime est, sans doute, un détestable régime; mais mieux vaudrait cent fois l'arbitraire du pouvoir, que celui de la démagogie, mieux vaudrait vivre sous un gouvernement absolu à Vienne ou à Berlin, qu'à Lyon sous le joug de la république, si Lyon devait être condamné encore à subir la domination des hommes de boue et de sang qui lui ont fait si cruellement connaître, en 1794, le gouvernement populaire.

§ 11. — Jugement à Riom des Lyonnais prévenus d'avoir pris part à l'insurrection de Novembre. — Brillant accueil fait aux accusés. — Débats du procès; acquittement des prévenus, le nègre Stanislas compris. — Conséquences de l'opinion du juri. — des jugements par jurés en matière politique.

Mais l'anarchie et le despotisme sont d'immenses fléaux, et heureusement la France n'est pas réduite à la cruelle nécessité de s'abandonner à l'un pour échapper à l'autre. Si nos institutions sont bien comprises, elles rendront impossibles le retour du pouvoir absolu et celui de la tyrannie de la multitude, la plus dure et la plus insupportable de toutes les tyrannies; si la plus précieuse de nos garanties, si le juri a le sentiment et le courage de sa mission, la société sera protégée contre la révolte. Voici une grande occasion pour lui de justifier les espérances qu'il a données : l'insurrection de Lyon est traduite à sa barre ; plusieurs Lyonnais, prévenus d'avoir pris part à la révolte de Novembre, sont adressés à la cour d'assises de Riom (1).

En arrivant à Riom, les prévenus ont trouvé les plus vives sympathies dans la population, et plus que de la bienveillance chez les magistrats ; ils étaient pourtant accusés de tentatives criminelles, de dévastation, d'assassinat. D'où venaient donc ces dispositions favorables? Un seul mot l'expliquera : l'opinion publique en Auvergne était abusée sur les causes de nos troubles ; comme on peut dire qu'elle l'est encore dans le reste de la France.

Et comment ne le serait-elle pas, après les fautes capitales commises, soit par le gouvernement, soit par l'administration locale, soit par certaines classes de citoyens?

Ce procès si important pour la cause de l'ordre public est solennellement instruit (2). Je n'en reproduirai pas les débats affligeants : l'arrêt de la cour, d'après le verdict du juri, acquitte les prévenus ; il renvoie absous le nègre Stanislas!

---

(1) Ce sont MM. Desgarnier, marchand quincailler ; Louis Rosset, propriétaire ; Adolphe Granier, rédacteur gérant de *la Glaneuse* ; Péclet, clerc de notaire ; Pérenon, instituteur ; Michel-Ange Perrier, avocat ; Filhol, pâtissier ; Charvin, imprimeur, et le nommé Dervieux, marchand chapelier.

A la cause de ces prévenus est jointe celle d'hommes qu'il ne faut pas confondre avec eux : le nègre Stanislas et Romans, accusés de meurtre pendant les journées de Novembre.

(2) 5—22 juin 1832.

Toutes les convictions sont respectables. Celle des jurés du Puy-de-Dôme s'est exprimée par un acquittement; ils ont prononcé suivant leur droit et leur conscience. Silence devant la chose jugée ! Assez de sang a coulé pendant nos fatales journées de Novembre pour qu'on ne puisse désirer qu'un arrêt judiciaire en fasse répandre encore; mais ce procès si étrange par la manière dont les débats ont été conduits, et par le plaidoyer de l'avocat général, est devenu une occasion de scandale. Des opinions qu'on croyait amorties l'ont exploité avec impudeur; il a servi de texte à la manifestation publique de doctrines incompatibles avec le maintien de tout ordre social, et la presse périodique s'est jetée au travers de cette déplorable affaire, dénigrante, passionnée et menteuse à un degré dont elle ne paraissait pas capable (1).

---

(1) Elle n'a montré nulle part plus d'effronterie que dans les colonnes du *Patriote du Puy-de-Dôme*. En rendant compte de l'arrêt, ce prétendu *patriote* ne trouve point assez d'éloges pour les magistrats qui ont prononcé la mise en liberté des prévenus, et d'expressions assez injurieuses pour ceux dont le devoir avait été de les traduire devant les tribunaux : « Dans ces audiences mémorables
« dont nous venons d'être témoins, dit-il, l'acte hideux d'accusation
« du parquet de Lyon apparaissait dans toute sa laideur à côté de
« la noble indépendance de la magistrature de ce pays. Le procès
« qui vient d'être jugé à Riom restera comme un monument historique qui déjà s'élève de toute sa hauteur contre les sanglantes
« hécatombes par conseil de guerre qu'on prépare à Paris. Nous
« livrons ces débats aux avocats des accusés parisiens, et aux défenseurs de nos droits politiques. »

L'émeute autorisée et justifiée, ainsi que toutes ses conséquences, la violation des propriétés, l'assassinat, l'incendie et le pillage! les éloges pour ceux qui ont tué, le blâme pour ceux qui sont morts ou qui ont failli périr en défendant l'ordre public attaqué à main

Le déplorable arrêt de la cour d'assises de Riom n'est point l'absolution en dernier ressort de la révolte; que l'esprit de parti s'en fasse un trophée, il ne changera rien aux faits, et ne saurait empêcher que la conscience publique ne fasse sévère justice des séditieux et des assassins. Paix, travail et protection pour les ouvriers qui respectent l'ordre; blâme et châtiment pour ceux qui le violent.

Si la doctrine qui admet la légalité des pétitions à coups de pavé prévalait jamais, il n'y aurait plus

armée par des hommes qu'on nommera séditieux dans tout état où il y aura un premier élément de civilisation : voilà donc où nous devions en venir !

C'est sans commentaire que je cite cet autre passage du *Patriote du Puy-de-Dôme:*

« Nous apprenons à l'instant même que les accusés Stanislas (le
« nègre), et Irlande (seconde section des affaires de Loyn, vien-
« nent d'être acquittés à l'unanimité. Ainsi ce nègre, dont M. Ful-
« chiron était venu proclamer *les crimes* à la chambre des députés,
« ce nègre, dont on avait fait un véritable *anthropophage*, *un*
« *mangeur de gardes nationaux*, vient d'être déclaré innocent
« par la cour d'assises du Puy-de-Dôme ! — Que deviennent aujour-
« d'hui les déclamations furibondes de MM. Fulchiron et consorts?
« — Ce qu'elles deviennent ? ce qu'elles ont toujours été, d'infames
« calomnies qui n'avaient d'autre but que d'effrayer le pays; il ne
« faut pas s'y tromper.

« Il a été fait une souscription par le juri. La cour a d'autant
« plus approuvé cette pensée, qu'elle a manifesté le désir d'y prendre
« part. Une circonstance remarquable que présente l'affaire d'Ir-
« lande, c'est que l'auteur de son arrestation a été décoré, et qu'il
« n'ose porter le prix de son infamie, ainsi que les débats en ont
« fourni la preuve. »

Le garde national que désigne le *Patriote du Puy-de-Dôme* est arrêté par un groupe d'ouvriers qu'il n'avait nullement provoqués : on l'injurie, on le maltraite, il est blessé, et l'un des séditieux, lui arrachant sa carabine, fait feu sur lui presque à bout portant ! C'est ce garde national qui est l'*infame*! Telle est la logique des *patriotes*!

d'ordre possible, et le dernier jour de la société serait venu.

Où en serions-nous, si les masses étaient en droit de se faire juges des mesures qui pourraient être prises par le gouvernement, si c'était au peuple à juger qui a tort ou raison de l'autorité ou de l'insurrection ? Ce serait tomber dans le régime de l'émeute, dans le gouvernement de la rue; demain le malfaiteur, surpris en flagrant délit, réclamerait pour lui le droit de défense naturelle reconnu à Riom à la sédition, et en userait contre les gendarmes envoyés à sa poursuite. Il y a plus, le droit de légitime défense suppose nécessairement un agresseur, et par conséquent un coupable. Après l'avoir invoqué ce droit en faveur des insurgés de Novembre, il ne resterait plus qu'à traduire devant les cours d'assises les officiers et les soldats qui ont combattu contre eux.

On a voulu comparer nos tristes journées à un duel; mais encore un duel est-il punissable aux yeux de la loi. D'ailleurs, pour qu'il y ait duel il faut qu'il y ait consentement des deux adversaires, autrement il y a meurtre, assassinat; dans un duel il faut encore que les armes soient égales de part et d'autre. Or, acceptaient-ils un pareil cartel ces soldats et ces gardes nationaux qui gémissaient presque également du sang qu'ils fesaient couler et de celui qu'ils perdaient eux-mêmes? Les armes étaient-elles égales pour eux, exposés à découvert, au milieu des rues et des places publiques, aux coups de leurs invisibles ennemis, et que leur uniforme désignait à l'animosité des groupes populaires; et pour les insurgés qui combattaient à coup sûr, cachés derrière des bornes, des fenêtres, des cheminées, et qui, en jetant leurs armes, se trouvaient, par cela seul, à l'abri de toute poursuite?

Si de pareilles doctrines étaient seulement propagées par des feuilles démagogiques, si elles avaient cours seulement parmi leurs adhérents et les classes ignorantes et passionnées qu'exploite leur charlatanisme, on pourrait le concevoir et s'en consoler; mais quand des jurés, élite du pays, choisis parmi les plus éclairés et les plus intéressés au bon ordre, sont saisis d'un tel vertige, il ne reste plus qu'à se voiler le front et à attendre avec résignation les derniers coups portés à l'ordre public.

Jamais procès politique, excepté peut-être celui des passagers du Carlo-Alberto, n'a présenté un si grand scandale.

Il était facile de penser que la grande congrégation républicaine qui enveloppait la France de ses ramifications comme d'un vaste réseau, ne demeurerait pas oisive en présence du danger que couraient les accusés de Riom. Tout ce qui est sédition et anarchie excitait sa sympathie et sa sollicitude. Dès long-temps à l'avance, des émissaires des sociétés secrètes avaient été envoyés pour disposer l'opinion publique en leur faveur, et il était certain que, grace à leurs intrigues, les accusés avaient été acquittés dans les cafés et lieux publics, avant que les débats fussent ouverts et les jurés convoqués. Des hommes, dont plusieurs étaient prévenus, non seulement de crimes politiques, mais encore de lâches assassinats, ont été, durant leur détention, l'objet d'attentions délicates, et, quelle que soit la main qui leur ait fourni des secours, il est certain que la plupart d'entre eux sortirent de leur prison mieux pourvus et mieux équipés qu'ils n'y étaient entrés. Que dire de l'incroyable mollesse du ministère public, de l'assurance des prévenus sur le banc des accusés, de leur air de triomphe et presque de menace ? On entendit des témoins trop véridiques dans leurs dépositions être hués par un auditoire composé en grande partie de ceux qui avaient été précédemment acquittés, ou de leurs parents et affidés, des murmures interrompre le réquisitoire du ministère public, et des applaudissements accueillir certains acquittements. On vit quelques-uns des accusés, qui avaient été renvoyés dans les séances précédentes, prendre place au banc des avocats, plutôt en juges qu'en auditeurs, presque au même niveau que la cour royale, et, l'air radieux et triomphant, sembler dicter sa décision au juri, et tout cela en présence d'une magistrature muette et impassible ; enfin, pour couronner ce tableau, un magistrat municipal donna un banquet à des hommes qui, s'ils n'étaient pas coupables d'avoir tiré sur leurs concitoyens, avaient du moins le tort de s'être ouvertement déclarés pour ennemis du gouvernement, dans leur défense même.

Dans la journée du mardi (22 novembre) un poste de grenadiers du 13ᵉ de ligne stationnait au milieu de la rue Grenette, l'arme au bras. Bientôt ils furent assaillis de coups de feu qui partaient de tout côté, des toits, des croisées, des portes d'allée, sans qu'ils pussent deviner d'où venaient les coups dont ils étaient victimes. Ils étaient dix ; cinq tombèrent l'un après l'autre. La fusillade la plus meurtrière pour eux partait de l'angle de la Halle-aux-Blés et de la rue Grenette. Là s'étaient embusqués plusieurs tirailleurs qui, sans courir de danger eux-mêmes, immolaient à coup sûr les militaires placés dans la rue. Une instruction judiciaire avait signalé le sieur Claude Romans, natif de Montréal, arrondissement de Nantua, se disant tailleur d'habits, comme ayant joué le rôle le plus actif et le plus sanglant dans cet épisode de nos tristes journées. Les charges étaient accablantes. Il paraît que cet homme, ancien artilleur de la garde nationale, dont il avait été exclu par ses camarades, avait conservé chez lui sa carabine. On le vit se rendre sur le lieu de l'embuscade avec cette arme suspendue au côté. Ce fut là qu'il commença sa lâche attaque contre le poste qui stationnait dans la rue Grenette. Voici quelle était sa manière de combattre : après avoir chargé sa carabine, il s'avançait à l'angle du portail de la halle ; appuyait son arme sur une partie saillante de cet angle, et lâchait son coup, après avoir long-temps visé ; et, presque invisible à ses adversaires, retournait dans la rue Tupin pour charger de nouveau. Un témoin oculaire a déclaré qu'il ne courait pas plus de danger de cette manière que s'il eût été au milieu d'un appartement fermé et matelassé. Un autre a déposé avoir vu tirer à Romans quatre coups de suite, et à chaque coup un militaire tomber. L'accusé n'était pas seul à son embuscade : il était entouré d'un groupe de filles de joie et de misérables de la lie du peuple qui excitaient les combattants par leurs exhortations et leurs imprécations. A chaque coup heureux, la foule battait des mains avec une joie barbare. *Bravo*, s'écriait-on, *bien tapé ! c'est un braconnier, encore un de moins !* D'autres, par une ironie qu'on a peine à croire, tant elle suppose de bassesse et de férocité, imitaient avec les bras et les jambes les gestes des malheureux soldats qui tombaient sous les balles.

Romans paraît à Riom devant la cour d'assises ; la déposition uniforme de près de quatorze témoins qui ont été entendus dans cette affaire ne permet pas le moindre doute sur le fait en lui-même et sur les circonstances accessoires. Cet accusé n'a pas d'ailleurs en sa faveur l'excuse de la bravoure qui a pu attirer l'intérêt ou l'indulgence des jurés sur quelques autres prévenus incriminés des mêmes faits. L'accusateur a requis sa condamnation comme coupable d'homicide volontaire et prémédité. C'est la question sur laquelle les jurés ont à prononcer, car le ministère public s'est désisté des autres chefs d'accusation ; mais le défenseur a fait poser la question subsidiaire de savoir si l'accusé est, oui ou non, coupable d'avoir tiré des coups de feu dans l'intention de faire des blessures, sans intention de donner la mort, ou avec cette intention. Après une longue délibération, le juri déclare l'accusé non-coupable d'avoir commis un homicide volontaire avec préméditation, et coupable d'avoir tiré des coups de feu avec intention de blesser, mais non de donner la mort! En conséquence Romans est condamné à deux ans d'emprisonnement et aux frais de la procédure. Cet accusé était déja sous le poids d'une prévention de vol avec effraction, pour laquelle il doit subir un jugement.

Lorsque les jurés rendent de tels arrêts, il ne faut plus s'étonner de l'audace des factions et de la fréquence des émeutes ; quand la société s'abandonne ainsi elle-même, elle a fort mauvaise grace ensuite à se plaindre de l'esprit de perturbation qui compromet ses intérets les plus précieux. La révolution de Juillet a remis aux citoyens l'appréciation des attentats commis contre l'ordre public ; elle a dessaisi le pouvoir judiciaire d'une partie importante de ses attributions, pour en investir des hommes indépendants qui n'ont à répondre de leur vote qu'à leur conscience. Mais il n'y aura plus d'ordre public et d'état social possible, si les défenseurs des lois, si des jurés sont complices des opinions traduites à leur barre, ou, ce qui est pire encore, s'ils sont indifférents ou lâches. Le souvenir des arrêts rendus par les tribunaux de la Restauration a fait appliquer aux délits politiques le jugement par jurés après la Restauration de 1830. Je sais combien de lieux communs sur ce sujet peut relever de son talent une plume éloquente ; mais j'ai présent encore à ma pensée l'amère et poignante censure que me fesait de notre institution du juri l'un des plus habiles jurisconsultes de l'Europe, le savant Mittelmaïer, professeur à Heidelberg, et l'histoire, qui revisera nos procès politiques, jugera à son tour et en dernier ressort prévenus, magistrats et jurés. Le juri peut et doit être conservé aux délits politiques; mais tant d'acquittements scandaleux dont il est coupable et qui n'ont pas été moins désastreux pour la France qu'une bataille perdue, n'ont que trop démontré la nécessité de modifier cette institution, en la ramenant au principe de la majorité simple et du vote secret.

L'insurrection de Lyon a été absoute par la cour d'assises de Riom. Il résulte de l'arrêt que la révolte a bien fait de se produire, et qu'elle est parfaitement en droit de ramener au besoin sur la place publique les ouvriers armés, pour le redressement d'un grief ou l'interprétation d'une question politique ou industrielle. Elle n'aura garde d'y manquer.

# CHAPITRE III.

## DES PARTIS POLITIQUES A LYON.

§ I<sup>er</sup>. — De l'opinion légitimiste. — Son influence, ses moyens, ses nuances diverses. — Du parti royaliste religieux. — De la noblesse à Lyon. — Fonctionnaires destitués par la révolution de Juillet. — Des girouettes rouillées. — Les bourgeoises de qualité. — L'or des légitimistes est-il au fond de toutes les insurrections? — Tort moral de ce parti. — De ses journaux, *la Gazette du Lyonnais* et *le Réparateur* ; jugement sur ces journaux ; tactique et torts du parti légitimiste à Lyon.

Après les événements de novembre et l'acquittement de Riom, tous les partis politiques se jetèrent sur Lyon comme sur une proie qui leur était acquise. Ils s'occupèrent avec une infatigable activité à élargir et à envenimer la grande plaie lyonnaise, et se firent les complaisants et les flatteurs des ouvriers, pour en faire un instrument lorsque le moment d'agir serait venu. Les saints-simoniens vinrent prêcher leurs dangereuses abstractions dans les ateliers, et apporter de nouveaux aliments à un incendie mal éteint. Ces sectaires, s'adressant à la classe de travailleurs la moins éclairée et la plus violente de l'Europe, ne trouvèrent rien de mieux à lui enseigner, le lendemain des journées de Novembre, et lorsque le sang dont le pavé de nos rues s'était couvert, fumait encore, que le dégoût de son sort, la haine de la classe riche et ses droits imprescriptibles à une part plus large de la propriété. Les pamphlets et les journaux radicaux et carlistes s'adressèrent à toutes les passions, à tous les préjugés des ouvriers. Des membres influents de la société des Droits de l'Homme vinrent de Paris à Lyon, expressément pour donner aux coalitions et aux associations un plan systématique d'organisation, industrielle en apparence, mais au fond évidemment politique. Pendant les trente mois qui séparent l'insurrection de novembre 1831 de la révolte du mois d'avril 1834, Lyon n'a pas joui de quinze jours de repos, et chaque semaine et presque chaque journée, les factieux, enhardis par l'impunité et par la mollesse du pouvoir, préludèrent par des escarmouches à une action générale. Examinons leurs forces et leur tactique avant de raconter une insurrection nouvelle.

Le parti carliste a beaucoup plus d'importance à Lyon qu'on ne le pense; il n'a, il est vrai, aucune racine dans la population; son influence sur les ouvriers est absolument nulle; c'est un état-major sans chefs et sans soldats; mais les richesses dont il dispose, ses ténébreuses intrigues, et la tenacité de sa haine contre les institutions de Juillet, le rendent fort dangereux. Il n'y a pas en politique de petit ennemi.

On trouve dans ce parti des hommes honnêtes, sincèrement religieux, en dehors de toutes les menées de la politique, citoyens probes et éclairés, et bons Français, malgré leur dévoûment à la famille déchue. Leur opinion politique a son siége, non dans la tête, mais dans le cœur; c'est chez eux une affaire de sentiment et de conscience, et non de raisonnement; ils croient à la légitimité de Henri V, mais ils ne voudraient pas que le prétendant fût ramené aux Tuileries par l'étranger. Ces royalistes sont fort respectables ; il est juste de les distinguer de ceux qui regardent la république comme une très bonne voie de transition à une restauration nouvelle, et s'inquiètent fort peu de l'immoralité et de l'atrocité des moyens, s'ils leur offrent une chance pour arriver au but qu'ils se proposent d'atteindre.

D'autres royalistes, et c'est le plus grand nombre, sont des nobles de date ou récente ou suspecte, sortis pour la plupart du commerce, et d'autant plus attachés à leurs parchemins, que l'opinion publique en fait moins de cas. Leur langage politique est un mélange d'insolence aristocratique et de trivialités démagogiques. Ils ont de hautes prétentions au monopole du bon ton et de l'élégance de manières, traitent le commerce en grands seigneurs de l'ancien régime, et fatiguent de leur morgue hautaine les industriels des Terreaux, qui leur rendent amplement dédains pour dédains. Dans cette classe se rencontrent ces vieilles douairières et ces chevaliers décrépits de la légitimité, dont le cerveau, enveloppé d'une boîte osseuse, épaisse et dure, est aussi inaccessible en matière politique à une idée libérale, qu'un caveau hermétiquement muré l'est au moindre rayon de la lumière.

Dans le parti on trouve des jeunes gens instruits et d'un commerce agréable, que des traditions de famille et l'inexpérience des hommes et des choses attachent à cette opinion ; des fonctionnaires destitués par la révolution de Juillet, dont le royalisme, nourri par l'impossibilité de retrouver une position à jamais perdue, a l'air plutôt d'une rancune que d'une conviction, et n'est au fond qu'une ambition rentrée ; des hommes inconséquents, véritables girouettes rouillées, fixées au carlisme, parce que toutes les opinions les repoussent ; des bourgeoises de qualité, dames aux grands airs, infatuées de leurs relations aristocratiques et légitimistes, parce qu'à leurs yeux tous les gens de bonne compagnie le sont, et qui croient compenser le malheur de n'être pas nées par le mépris des personnes de leur classe, et une exagération d'opinion dont le parti lui-même se rit.

On se rappelle l'abandon du comte d'Artois par les hommes de l'opinion royaliste au mois de mars 1815, et les paroles poignantes avec lesquelles le malheureux prince flétrit une si lâche conduite. Depuis la chute de l'Empire et de la Royauté, le prudent système des champions de la légitimité n'a pas changé ; ils disparaissent aux approches des orages populaires, et ne retrouvent leur audace et leur chevaleresque ardeur qu'au retour de l'ordre et de la tranquillité publique. Sont-ils réunis dans un salon dont les portes et les fenêtres sont soigneusement fermées, et bien certains qu'aucun faux frère ne s'est glissé dans la noble coterie? ils traitent alors comme elle mérite de l'être, cette odieuse révolution de juillet, foudroient le juste-milieu de leurs colères, et se racontent leurs souvenirs, leurs projets et leurs espérances. Heureusement pour la dynastie nationale, cette belliqueuse ardeur s'évapore toujours complètement dans le trajet du salon à la rue.

L'or des carlistes est au fond de toutes nos discordes civiles ; il alimente la sédition, prépare la résistance, et organise la guerre civile. Sous la Restauration, des écrivains royalistes ont donné dans leurs ouvrages le chiffre des sommes qu'ils avaient répandues parmi le peuple pendant la Révolution pour soudoyer l'émeute. Depuis la révolution de Juillet, plusieurs procès, et celui de Ravet, entre autres à Lyon, et les renseignements authentiques recueillis par l'autorité, n'ont plus permis de douter de ces distributions criminelles d'argent, et d'essais tentés par le parti pour embaucher des ouvriers au nom du prétendant. Ces loteries destinées à soulager des malheureux dignes quelquefois en effet d'être secourus ; ces collectes faites publiquement pour adoucir le sort des familles de brigands que les lois du pays ont condamnés au dernier supplice, non comme Vendéens, mais comme assassins, ne vont pas entièrement à leur destination apparente : aux jours de troubles, elles servent à payer le fusil de l'ouvrier insurgé et à salarier la révolte. Beaucoup de légitimistes ignorent, je le sais, l'abus que font les meneurs de leur opinion et de leur crédulité ; mais la bonne foi de quelques-uns n'absout pas la majorité.

Le parti a des relations très actives avec Paris, Genève et le Midi, on en a acquis l'irrécusable preuve dans la correspondance des préfets, et le temps n'est pas éloigné où la presse en dira davantage sur ses menées. Il était dans le secret de l'affaire du Carlo-Alberto et de l'équipée de Marseille ; on sait quel accueil il a fait aux passagers du célèbre bateau, et quelles relations il entretient encore avec toutes les notabilités des conspirations carlistes. L'ordre actuel n'a rien à espérer de nos légitimistes, pendant long-temps du moins : jamais ils ne pardonneront à la monarchie de Juillet l'immense ridicule dont l'étrange épisode de Blaye a couvert leur cause. C'est un malheur. Si la dynastie constitutionnelle avait pu rallier à elle un parti qui compte dans ses rangs, je le répète, beaucoup d'hommes fort recommandables, des talents, de grandes fortunes et des sentiments de fidélité mal dirigés, mais qui n'en sont pas moins louables, la France, forte de leur concours, aurait vu bien moins de jours mauvais.

L'opinion légitimiste publie deux journaux à Lyon :

1° *La Gazette du Lyonnais et du Midi*. Cette feuille paraît six fois par semaine, elle est gérée par M. Pitrat. De tous les journaux du parti, celui-ci est le plus niais ; et, à ce titre, c'est le plus sincère. On ne lui connaît ni rédacteurs ni abonnés ; il végète de sa chétive existence dans un oubli si profond, que le juste-milieu, qu'il poursuit de ses flasques attaques, l'a déclaré mort, et a prétendu même avoir assisté à son autopsie. « On ne lui trouva pas de cervelle », dit-il. L'ancienne *Gazette du Lyonnais* était rédigée avec un talent fort remarquable ; elle ne put cependant se soutenir. Son incapable héritière tomba promptement dans un si grand discrédit, que le parti carliste, humilié d'un tel organe, se détermina à en créer un autre ; c'était à la fois un acte de prudence et d'ingratitude extrême : son gérant lui avait tout sacrifié.

2° *Le Réparateur.* Il paraît tous les jours ; les hommes du royalisme religieux n'y prennent aucune part ; malgré son titre, il n'a rien réparé du tout, et les affaires du parti ne sont pas devenues meilleures. Son rédacteur en chef est M. de Sénones, qui a pour adjoints MM. Paul Allut, La Prade, médecin, un professeur d'art vétérinaire, MM. Jacquemont, Greppo, etc., etc. De tous les journaux de Lyon, le *Réparateur* est celui qui donne les nouvelles locales avec le plus de soin et d'exactitude ; il contient assez souvent des articles bien faits (doctrines et bonne foi à part), et des feuilletons sur les lettres et les arts, écrits avec goût et science. Avec de tels avantages il pouvait se passer de sa polémique lourde, violente, de mauvais ton, et blâmée même dans son parti. L'extrême arrogance du *Réparateur* avec ses adversaires l'a exposé, au reste, à de cruelles mystifications. L'une d'elles est le tour le plus original qui ait été jamais joué à un journal ; elle lui valut une célébrité bien malheureuse; la plupart des journaux de Paris et des départements en amusèrent leurs lecteurs.

On parlait du pélerinage à Prague de quelques légitimistes lyonnais; *le Réparateur* publia l'article suivant :

« On lit dans l'*Observateur autrichien :*

« Il n'est point vrai que l'Autriche ait refusé de
« recevoir dans ses états les jeunes légitimistes
« français qui voulaient complimenter le duc de
« Bordeaux à l'occasion de sa majorité, et de son
« avénement au titre de Roi de France. Notre gou-
« vernement ne se mêle point, en effet, des affaires
« intérieures des autres pays; mais il se croit maître
« chez lui et ne refuse sa protection à aucun voyageur
« qui se présente sans vues hostiles au bon ordre sur
« les terres de sa domination. Les royalistes qui
« voudront voyager en Autriche, n'y rencontreront
« point une défiance injurieuse : l'accueil qu'ils ont
« reçu à leur entrée en Bohême, à Posse et à
« Schwank, doit assez le leur prouver. Deux lieues
« plus loin, à Misslingen, petite bourgade peu
« éloignée de Narrheit et située à huit heures de
« Prague, ils ont eu une entrevue avec le baron de
« Toelpel, chargé de la part de notre gouvernement
« de diriger leur marche par Taeuschung, et de
« veiller à ce que leur pélerinage ne soit l'occasion
« d'aucun désordre qui puisse servir de prétexte aux
« irréconciliables ennemis du bon ordre. Il n'est
« point vrai non plus que le prince de Metternich
« ait engagé Charles X à s'absenter à l'époque où
« les royalistes français apparaîtraient à Prague :

« c'est de son propre mouvement et pour des raisons
« bien connues que Charles X s'est rendu le 28 au
« château d'Eigensinn. Nous donnerons incessam-
« ment, d'après de bonnes sources, les détails les
« plus exacts sur la réception que le duc de Bor-
« deaux a faite aux envoyés français, et sur le séjour
« de M. de Blacas à Dummheit. »

Mais le journaliste avait pris pour des noms géographiques des mots allemands, sinon inventés à plaisir, du moins employés dans une acception burle...

>Notre *censeur* prit, pour le coup,
>Le nom d'un port pour un nom d'homme.

Voici la traduction littérale des mots allemands insérés dans l'article du *Réparateur*:

« Les royalistes qui voudront voyager en Autriche
« n'y rencontreront pas une défiance injurieuse :
« l'accueil qu'ils ont reçu à leur entrée en Bohême,
« à BALIVERNE et à FADAISE, doit assez le leur
« prouver. Deux lieues plus loin, à DÉSAPPOIN-
« TEMENT, petite bourgade peu éloignée d'EXTRA-
« VAGANCE, ils ont eu une entrevue avec le baron
« de LOURDAUD, chargé de diriger leur marche par
« ILLUSION. » Le château auquel Charles X s'est rendu le 28 est le château d'ENTÊTEMENT ; quant à cette ville de *Dummheit*, où séjourne M. de Blacas, le *Réparateur* en deviendra désormais le journal officiel : *Dummheit* en allemand signifie SIMPLICITÉ (nous nous servons d'un équivalent poli) (1).

(1) *Courrier de Lyon.*

Le *Réparateur* se serait bien gardé de ne pas ajouter ses réflexions à l'article dont il enrichissait ses colonnes ; le commentaire est digne du texte. Voici ce que dit la feuille carliste :

« Nous avons reçu par notre correspondance par-
« ticulière des détails *qui s'accordent avec ceux*
« *que nous venons d'emprunter* à l'Observateur.
« *Nous savons* qu'en effet le gouvernement autri-
« chien a témoigné une grande bienveillance à ceux
« des légitimistes français qui ont parcouru en der-
« nier lieu les provinces autrichiennes. Les diffi-
« cultés que plusieurs d'entre eux ont éprouvées
« venaient d'autre part. Des motifs puisés dans des
« considérations du moment, qui bientôt sans doute
« disparaîtront devant des considérations d'un autre
« ordre, nous ont fait une loi du silence. *D'ici à*
« *peu de temps nous serons en mesure de nous*
« *expliquer à cet égard.* »

Le public a pu juger de la valeur de la correspondance particulière du *Réparateur* et de l'importance des explications qu'il promettait *d'après de bonnes sources* ; il les attendait sans doute de son traducteur de l'*Observateur autrichien*.

Dans un autre article, également communiqué, le *Réparateur* fesait passer une rivière sur une montagne, transformait une forêt en citadelle, et changeait en port de mer une petite ville placée à cent lieues des côtes ; il est vrai que cette fois les mots géographiques étaient espagnols. Il avait été décidé que le *Réparateur* serait mystifié dans toutes les langues; j'ignore jusqu'à quel point ce projet a été exécuté (1).

Tels sont, à Lyon, les organes du parti légitimiste, et les moyens d'action sur l'opinion.

Aucune loi ne peut commander le dévoûment et la conviction; l'opinion légitimiste est parfaitement en droit de désirer la réalisation de ses vœux; nul parti n'est tenu à l'abnégation de lui-même, et il est permis à tous, en se conformant aux lois du pays, de chercher à faire des prosélytes, et d'employer la discussion et le raisonnement pour faire prévaloir ses doctrines. Que les carlistes de Lyon conservent une fidélité inaltérable à leurs princes déchus, on ne saurait les en blâmer; qu'ils cherchent, par leurs journaux, à faire une révolution morale au profit du prétendant, les institutions de Juillet n'y mettent aucun obstacle. Mais le tort véritable, le tort immense de ce parti, à Lyon, c'est d'applaudir toujours au désordre, et de réserver toutes ses sympathies pour l'insurrection; c'est de semer, autant qu'il est en lui de le faire, l'inquiétude dans la population, en montrant constamment la révolte étouffée la veille, vivante, puissante encore et déterminée à éclater le lendemain; c'est de sourire aux

---

(1) Une plaisanterie ne prouve rien ; plus d'une feuille juste-milieu se fût laissé prendre, sans doute, au même piége ; il n'y a à en déduire que l'indispensable obligation pour les rédacteurs d'un journal de connaître les langues étrangères, à Lyon surtout, où avec ce secours ils peuvent devancer de deux jours les journaux de Paris, pour les nouvelles du nord.

*Le Réparateur* a environ six cents abonnés; il a été fondé par actions.

jours de deuil de la cité et de faire sa joie de ses douleurs ; c'est de fomenter par son or l'esprit de sédition, de mettre aux mains de misérables l'arme dont il n'a pas le courage de se servir ; de s'appuyer sur les préjugés antisociaux de la classe ouvrière ; et, pour arriver à la réalisation de ses chimères, de pousser sciemment à une révolution républicaine qui ne pourrait s'accomplir qu'en inondant de flots de sang les débris du trône constitutionnel, et qu'en plongeant le pays dans une effroyable catastrophe dont l'invasion étrangère et peut-être le partage de la France seraient les déplorables résultats (1).

§ 2. — Du parti républicain à Lyon. — De ses progrès. — ses nuances diverses. — Républicains de conviction ; idéologues ; jeunes gens. — Ambitieux désappointés. — Vanités brouillones et incapables. — Anarchistes recrutés comme auxiliaires parmi les forçats libérés et dans la lie de la populace. — Journaux républicains : *le Précurseur, la Glaneuse* ; jugement sur ces journaux. — Tactique et torts du parti républicain.

L'ennemi le plus remuant et le plus dangereux du gouvernement national à Lyon, c'est le parti républicain. Sous le rapport de la valeur politique et de la puissance d'action de ses hommes, il n'a pas

---

(1) Il ne serait pas impossible que ces esquisses, crayonnées d'après nature, des nuances diverses de républicains et de carlistes fussent ressemblantes ailleurs ; on connaît le proverbe : « Tout le monde est fait comme notre famille. »

une grande importance ; mais il s'appuie sur les préjugés et sur l'ignorance des travailleurs : la jalousie des classes pauvres contre la classe riche est son auxiliaire, et son drapeau rallie toutes les passions mauvaises, tous les éléments de désordre et de perturbation qui abondent dans une grande cité. Ses doctrines doivent naturellement trouver plus de sympathie que celles de l'opinion dynastique parmi une populace trop ignorante pour ne pas traduire ses utopies en conseils d'insurrection et de pillage.

Il comptait peu de partisans à Lyon à la fin de l'année 1831, même dans les ateliers; les événements de Novembre révélèrent tout-à-coup aux meneurs tout le parti qu'ils pouvaient tirer d'une population de quatre-vingt mille ouvriers, si fort compromise avec l'ordre public.

*Le Précurseur*, journal jusqu'alors dynastique, passa ouvertement à la république, et il eut pour auxiliaires dans l'accomplissement de son œuvre de petits journaux écrits pour les travailleurs, et sous ce rapport beaucoup plus influents qu'il ne l'était lui-même.

Peu de mois suffirent à l'opinion républicaine pour se faire des partisans nombreux chez les ouvriers. Repoussée par les classes moyennes, par l'industrie, le commerce, par le plus grand nombre des capacités, elle élut domicile dans les ateliers, qui n'en comprirent que la promesse du tarif et d'une réforme des bases actuelles de la propriété. Son succès ne fut point au-dessous de ses espérances: elle grandit avec rapidité. L'opinion publique s'habitua peu à peu à lui voir chaque jour mettre en discussion le principe du gouvernement, proclamer ses doctrines, faire un appel aux passions populaires, et se déclarer enfin ouvertement l'ennemie du gouvernement dynastique constitutionnel.

Les hommes qui professent à Lyon l'opinion républicaine, appartiennent à des nuances bien différentes.

Il est dans le parti quelques républicains de conviction, citoyens fort recommandables, bons, bienfesants, et d'autant plus dangereux, qu'ils donnent à leurs funestes théories l'appui d'une considération personnelle méritée. Ces hommes, chez qui la rectitude du jugement a été faussée, en politique, par une imagination ardente, sont des instruments dont les meneurs se servent avec avantage, lorsqu'ils ont besoin de l'autorité d'un nom.

Il est encore des républicains qu'il faut se garder de confondre avec les entrepreneurs systématiques d'émeute; ce sont des jeunes gens animés d'idées généreuses, dévoués sincèrement à leur pays, et riches d'avenir, mais dominés par l'exaltation de leurs idées, égarés par le vague de leurs principes en économie politique, sans connaissance pratique du passé et du présent, et hors d'état de sentir que les bases de l'état social ne peuvent être assises sur des abstractions métaphysiques.

D'autres républicains, et ceux-là forment la majorité, sont ces nullités orgueilleuses qui ne pardonnent pas à l'ordre dynastique de ne pas avoir eu de leur mérite la haute idée qu'ils en ont conçue, et de ne pas y avoir mis le prix qu'ils y mettaient eux-mêmes : ce sont ces vanités brouillones qui ont tourné à la république pour être quelque chose ; ces hommes à théories et qu'on a cru fort capables sur parole, jusqu'au jour où, appelés à l'action, ils ont montré la plus déplorable médiocrité ; ces esprits hautains, intraitables, dont le libéralisme est le plus dur despotisme, pour qui l'opposition à tous les gouvernements possible est une seconde nature, et qui, si la république était proclamée demain, protesteraient quelques heures après contre son drapeau : ce sont de pauvres diables hors d'état de se créer des ressources, poussés dans le parti par leur indigence et qui eussent été très volontiers juste-milieu, si le juste-milieu avait voulu leur faire l'aumône d'une place ; ces hommes déterminés à jouer un rôle politique quand même, devenus républicains par prévision insensée de la république, et courtisans des ouvriers par peur, et dont les opinions politiques peuvent se résumer en ces mots : «Poltronerie et vanité » ; ce sont ces ambitieux désappointés dont la révolution de Juillet n'a pas accepté les services ; ces gens qui n'ont pas de position et en demandent une à une révolution nouvelle ; ces esprits jaloux, incapables de rien être par eux-mêmes et qui ne peuvent souffrir que d'autres soient quelque chose.

Enfin, au dernier rang, ce sont ces pamphlétaires dont une plume trempée dans la fange est le moyen unique d'existence ; ce sont ces *montagnards* de notre époque ; ces forcenés dont la foi politique se formule en doctrines de pillage et de sang ; ces individus à figure hideuse qu'on voit surgir tout-à-coup au jour des insurrections des antres où ils se cachaient, et arracher le pouvoir des mains impuissantes des nouveaux *girondins* qui les ont si imprudemment armés. Il existe à Lyon un nombre considérable de forçats libérés, et une populace abjecte en qui l'imprévoyante république à principes a toujours compté pour un coup de main. Malheur et déshonneur au parti qui emploie de pareils auxiliaires !

Les ouvriers en soie forment une classe à part, politique par circonstance et non par conviction, indifférente aux matières gouvernementales, mais conduite par ses mécontentements et les circonstances à écouter les suggestions du parti républicain, et enfin beaucoup plus occupée au fond de ses intérêts matériels, de son tarif, que de droits politiques et de principes abstraits qu'elle ne comprend pas et se soucie peu de comprendre. Elle est le centre autour duquel gravitent tous les partis ; sans elle, sans les espérances qu'elle inspire à la république, celle-ci serait infiniment peu de chose, et n'aurait ni avenir ni portée.

Le parti républicain dispose à Lyon de plusieurs journaux :

1° *Le Précurseur*. Il paraît six fois par semaine. Ce journal a professé plusieurs opinions politiques, et ne ressemble en rien aujourd'hui à ce qu'il fut pendant les premières années de son existence. Créé sous la Restauration par une société de Lyonnais, il servit alors, avec beaucoup de succès et de talent, la cause de l'opposition constitutionnelle. Jamais journal de province n'a réuni parmi ses rédacteurs autant d'hommes indépendants, zélés et capables : Lyon se souvient encore des excellents articles que donnaient alors à cette feuille MM. Terme, Valois, Torombert, Morin, etc., etc. La révolution de Juillet le montra sous le jour le plus brillant : tandis que le *Journal du Commerce* et *la Gazette* fesaient humblement leur soumission aux ordonnances, *le Précurseur* protestait solennellement, refusait son adhésion au pouvoir, et devenait le foyer actif et influent de la résistance des Lyonnais à la scandaleuse violation des lois. Il persista dans ses doctrines après les trois journées, se dévoua à la monarchie constitutionnelle, mais ne fit point abnégation de son indépendance, et, dirigé par MM. Morin et M...., fit à plusieurs actes du ministère Dupont (de l'Eure) et Lafitte, ainsi qu'à la Chambre des 221 une guerre énergique et infatigable. Mais ses principes sur la nécessité du mouvement progressif ne furent point partagés par tous les actionnaires ; deux camps se formèrent dans ses foyers, l'un et l'autre dynastiques : celui-là, ministériel, quoique sous condition; celui-ci, de la nuance du mouvement la plus vive. Après une longue lutte, qui n'est point encore terminée, le parti du mouvement l'emporta ; un nouveau rédacteur, M. Anselme Pétetin, prit, en novembre 1831, la direction du journal et débuta par une profession de foi monarchique : plusieurs de ses premiers articles furent de l'opposition à l'opinion républicaine, qui commençait à poindre. En 1832, *le Précurseur* déserta le drapeau dynastique, et passa au parti républicain; il est rédigé par MM. Anselme Pétetin, Jules Favre, Prud'hon, etc. On a reproché souvent à ce journal une inconcevable fatuité, l'aigreur de sa polémique, son ignorance de questions industrielles qu'il soulevait sans cesse, et une irritation en quelque sorte maladive. Il a paru souvent être plus spécialement l'organe d'un individu que celui d'une opinion; le *moi* de son rédacteur principal a toujours occupé un large espace dans ses colonnes. Mais on ne saurait contester à cette feuille et surtout à plusieurs articles de son rédacteur en chef (doctrines à part) une certaine vigueur d'expressions et d'idées, un style coloré, une polémique mordante, incisive, passionnée, qui, considérée comme œuvre littéraire, est souvent d'un ordre distingué. Tout ce qu'on a dit des transactions du directeur en chef du *Précurseur* avec le parti légitimiste est de la plus complète absurdité.

Un de ses rédacteurs, M. Jules Favre, avocat, a débuté dans la carrière politique en 1831, sous le patronage de M. Terme, qui le présenta au rédacteur du *Précurseur* comme un jeune homme plein de talent et d'avenir. M. Terme ne s'était point trompé; mais il fut rarement possible au *Précurseur* de faire usage des articles de M. Jules Favre, qui comprenait déjà la question industrielle comme il le fait aujourd'hui, et dont, par conséquent, l'unité d'opinion n'est pas douteuse. M. Favre est auteur d'un ouvrage sur la *Coalition des Chefs d'atelier de*

*Lyon* (1), écrit avec chaleur et passion, mais qui n'est guère que la collection complète des lieux communs de la presse radicale sur le luxe et la rapacité des fabricants, et sur la détresse et la puissance des ouvriers. Les plaidoyers et les articles de M. Jules Favre portent l'empreinte d'une conviction forte; mais on y désirerait plus de justesse et de mesure dans l'expression, des principes mieux réfléchis, et moins d'inexpérience des hommes et des faits. C'est un écrivain qui se trompe, mais qui est du moins de bonne foi. M. Jules Favre a des adversaires politiques; comme homme privé, il n'a pas un seul ennemi, et ceux-là mêmes qui blâment avec le plus d'énergie ses pernicieuses doctrines, reconnaissent en lui l'accord d'un beau talent et d'un beau caractère (2).

*La Glaneuse* paraissait trois fois par semaine. A l'exception de quelques articles par MM. Kaufmann, Arago et Léon Boitel, etc., cette feuille n'avait rien, sous le rapport littéraire, qui la recommandât à l'attention. Elle ne parvint à occuper d'elle un certain public qu'en se fesant l'instrument de passions ignobles et de la démagogie la plus effrénée. La basse littérature, plus méprisable encore à Lyon qu'elle ne l'est ailleurs, en avait fait son organe; quiconque avait une diffamation à lancer contre un

---

(1) Louis Babeuf, 1833, in-8°.
(2) *Le Précurseur* est tiré au nombre de huit cents exemplaires, et a environ sept cents abonnés. Il ne fait pas ses frais; mais aucun journal politique à Lyon n'a réussi à les faire, et le fonds social de chacun est en coupe réglée d'année en années: *le Précurseur*, qui a épuisé le sien, est au moment d'une réorganisation complète.

citoyen, un homme de talent à noircir, ou un fonctionnaire à calomnier, s'adressait à *la Glaneuse*, à qui ces turpitudes appartenaient de droit. Cette feuille a cessé de paraître.

Les partis doivent être justes envers leurs adversaires, s'ils veulent que leurs adversaires soient justes envers eux. On ne saurait, sans manquer à la vérité, nier qu'il existe dans les rangs républicains des hommes de talent, des capacités dont s'honorent les sciences et les lettres, et du patriotisme, il est vrai, assez souvent mal entendu. De tous les gouvernements, le meilleur serait celui du peuple par le peuple, si le gouvernement populaire chez une nation si avancée en civilisation et en richesse n'était pas une théorie impraticable, parce que les hommes avec lesquels la république serait possible, sont précisément ceux qui n'en voudront jamais. Il y a des idées généreuses et des vues élevées au fond des opinions républicaines. Qui le conteste ? Mais ce parti a compromis sa cause par ses violences, par son habitude de diffamations, par ses énormes fautes, par le défaut absolu d'unité et d'ensemble dans sa tactique, et surtout par les détestables principes qu'il a invoqués pour se faire des prosélytes parmi les masses. Il n'a pas été plus difficile que le carlisme sur le choix des moyens, et il s'est déconsidéré davantage encore, s'il se peut, par le genre d'alliés qu'il a recherché. Tout ce que la populace d'une grande ville a de plus abject, s'est réuni autour de son drapeau; il a recruté des adhérents dans la fange de la société; on l'a vu placer dans ses rangs des forçats libérés, et faire des quêtes au profit d'individus condamnés au bagne pour vol avec effraction, de même que, dans certain département, il a été surpris marchant à la suite d'un homme dont l'épaule portait l'empreinte du sceau de l'infamie. Si certains républicains à Lyon ont désavoué l'émeute, la partie la plus influente et le plus grand nombre l'ont conseillée, organisée, et servie de tout leur pouvoir, et malgré quelques protestations plus ou moins entortillées en faveur de l'ordre, le parti ne doit pas moins porter l'odieuse responsabilité de l'insurrection.

Je conçois les idées républicaines chez des artistes et des savants, qui vivent, pour la plupart, dans un monde imaginaire, loin des hommes et des affaires, et sous le charme décevant de nobles utopies dont l'unique défaut est de ne pouvoir s'appliquer à l'imperfection humaine et à des sociétés très civilisées, c'est-à-dire, très corrompues; je les comprends chez des jeunes gens plus familiers avec les belles fictions des républiques grecque et romaine qu'avec l'histoire des peuples modernes ; je les excuse encore, jusqu'à un certain point, chez des hommes que leurs préventions bien ou mal fondées contre le gouvernement national de Juillet ont jetés dans l'opposition antidynastique; mais ces idées républicaines, je ne les comprends et ne les conçois plus après l'insurrection de Lyon et les journées de juin à Paris, depuis que de frappants exemples ont démontré leur danger, et fait connaître les projets des hommes de boue et de sang à qui elles servent de drapeau. Je m'étonne que ceux des républicains qui sont hommes de réflexion et d'ordre, soient assez aveugles pour ne pas voir quelles gens viennent derrière eux ; assez insensés pour ignorer que le pouvoir, si, pour leur malheur et le nôtre, il tombait aujourd'hui dans leur main impuissante, leur serait arraché demain par une populace brutale ; assez mauvais citoyens dans leur haine contre le gouvernement de Louis Philippe, pour armer d'une torche des misérables, l'opprobre et la lie des grandes cités, qui ne manqueraient pas de brûler leur maison après avoir incendié la nôtre : je m'indigne contre des hommes de parti assez immoraux pour se faire un moyen d'attaque des passions populaires ; assez coupables, car c'est là le mot, pour ruer contre la société une multitude forcenée et barbare qui ne peut ni ne veut la comprendre, et dont l'unique mobile est l'instinct du pillage et de la destruction. Les Anglais descendirent à cette ressource pendant la guerre de l'indépendance : ils lancèrent contre les compagnons d'armes de Washington des populations de sauvages qu'ils avaient enivrés d'eau-de-vie et de l'odeur du sang ; mais l'histoire a flétri cette guerre infame, et elle ne frappera pas, un jour, d'une réprobation moins grande les Français dénaturés qui arment la plus vile populace de doctrines anarchiques, plus meurtrières cent fois que le scalpel de l'Algonquin et le tomahawk de l'Iroquois.

§ 3. — Des ouvriers en soie comme parti. — Leur organisation. — Constitution de la Société des Mutuellistes. — Des Ferrandiniers. — Journaux des ouvriers, *l'Écho de la Fabrique* et *l'Écho des Travailleurs*; jugement sur *l'Écho de la Fabrique.*

La cause des ouvriers ne doit point être confondue avec celle de la république ; elle a ses intérêts et son caractère particuliers. La classe presque entière des tisseurs s'était constituée en société délibérante et agissante, ayant ses statuts, son code, et procédant, en face des autorités légales, comme un pouvoir nouveau, de tous le mieux obéi. Comment avait elle été organisée ainsi, et qui lui avait donné son principe de vie et sa puissance ?

Plusieurs projets d'association furent essayés après les journées de Novembre; tous avaient pour principe la pensée de la fondation d'une caisse commune destinée à fournir des moyens d'existence aux ouvriers sans travail. Les hommes qui s'occupaient alors avec le plus d'activité de cette organisation n'avaient pas, tout porte à le croire, d'arrière-pensée politique; mais ils se virent promptement dépassés. Un membre influent de la société des Droits de l'Homme vint de Paris à Lyon instituer l'association générale des ouvriers. C'est lui qui a rédigé ses statuts ; il lui a imprimé son mouvement et contribué beaucoup, pour sa part, à lui donner un esprit politique. Le parti sait très bien qu'il n'y a qu'un pas, pour les classes laborieuses, de l'opposition en matière d'industrie à l'opposition en matière de gouvernement. Maintenir chez les ouvriers abusés les pensées de Novembre, entretenir leurs préjugés sur la rapacité des fabricants, nourrir leur jalousie contre la classe riche, tel fut le mot d'ordre donné aux journaux antidynastiques.

L'association des *Mutuellistes* se compose de tous les chefs d'atelier; celle des compagnons est la société des *Ferrandiniers*; toutes deux sont établies sur les mêmes principes, et ne constituent, quant à leur but, qu'une seule corporation.

Il existe cent vingt-deux loges de mutuellistes, chacune de vingt membres, dont l'un est président; de la réunion des cent vingt-deux présidents résultent douze loges centrales, qui désignent chacune dans leur sein trois ouvriers pour composer la commission exécutive, formée ainsi de trente-six chefs d'atelier. Cette commission se résout elle-même en un directoire de trois membres.

Chaque nouveau sociétaire verse cinq francs dans la caisse centrale le jour de son admission, et consent une cotisation mensuelle d'un franc. Les fonds en caisse ont pour destination les secours à donner aux ouvriers sans travail et les frais de publication de *l'Écho de la Fabrique*; journal officiel de la société. Chacune des loges prend une action à *l'Écho*; il y a un abonnement par cinq individus.

Les réunions de la société ont lieu à des époques qui ne sont pas régulières, à l'exception de celle du premier dimanche de chaque mois. Lorsqu'une proposition est faite à l'association par l'un de ses membres, elle est débattue dans les loges inférieures, puis transmise aux supérieures; c'est la commission exécutive qui fait le dépouillement des votes.

Il existe des rapports fréquents et nécessaires entre la société des Ferrandiniers (les compagnons) et celle des Mutuellistes (les chefs d'atelier) ; des députations portent de l'une à l'autre les sujets en délibération.

Ainsi l'association a des assemblées, une caisse, un journal. Elle ne comprend pas encore tous les ouvriers ; mais elle s'occupe avec persévérance de les réunir tous, et travaille à s'affilier tous les autres corps de métier. Un de ses principes fondamentaux, celui qu'elle mettra bientôt en application, c'est la solidarité entre toutes les branches diverses d'une même industrie. Il y aura cessation générale du travail, lorsque des plaintes individuelles seront adressées à la commission exécutive, et elle durera jusqu'au redressement par le fabricant du grief dénoncé. Vingt-cinq centimes de différence sur le prix de fabrication de l'aune de peluche seront la cause d'un interdit jeté en bloc sur l'industrie des étoffes de soie, et il ne s'agira pas même, à proprement parler, d'une diminution.

L'association est un véritable pouvoir, et celui de tous dont les ordres sont le mieux exécutés : il s'en faut de beaucoup que le préfet du département et le lieutenant-général qui commande la division, trouvent dans leurs subordonnés une obéissance aussi passive et aussi prompte. On verra bientôt avec quel ensemble et quelle rapidité plus de vingt mille métiers cesseront de battre : tous à la même heure du même jour ont été désertés. Grand nombre d'ouvriers membres de l'association voudraient continuer le travail; ils n'osent pas. Beaucoup viennent déplorer leur position, soit auprès de l'autorité, soit chez les fabricants, aucun n'a la hardiesse d'enfreindre le décret de la commission exécutive, quoiqu'il ait la certitude de son droit et de l'appui de la loi.

Au reste, cette association porte en elle-même les germes d'une désorganisation inévitable. Des dissentiments graves existent de loge à loge, d'atelier à atelier, d'ouvrier à ouvrier; *mutuellistes* et *ferrandiniers* sont divisés d'opinions et d'intérêts; *l'Écho des Travailleurs* se constitue le rival et l'adversaire de *l'Écho de la Fabrique*, et beaucoup d'ouvriers protestent par leurs votes contre l'esprit de la société des Tisseurs. Comment supposer que l'harmonie et l'unité de vues puissent subsister long-temps dans une association où abondent tant de préjugés, tant d'ignorance des intérêts de l'industrie, tant de mauvaises passions, et de si grands éléments de désordre?

Autant les fabricants ont à se plaindre des exigences des mutuellistes, autant les mutuellistes ont à souffrir des prétentions toujours croissantes des ferrandiniers. Mais n'anticipons pas sur le récit des faits.

*L'Écho de la Fabrique* est le journal des ouvriers; il paraît une fois par semaine.

Quel bien aurait pu faire un journal rédigé dans

l'intérêt de nos classes ouvrières ? Quelles sources de prospérité pour l'industrie lyonnaise aurait créées une feuille dont la mission eût été de répandre, parmi notre immense population de travailleurs, des notions d'ordre public, ainsi que les connaissances qui peuvent contribuer au développement de leurs facultés, et par conséquent à l'amélioration de leur condition? Elle eût été pour nos spécialités d'ouvriers, ce qu'est pour la généralité des classes laborieuses l'excellent journal des *Connaissances Utiles.* Par elle se serait cimentée l'alliance des fabricants et des tisseurs, classes qui ont l'une envers l'autre des obligations étroites, qui ne peuvent se passer l'une de l'autre, et dont la bonne harmonie importe si fort à la prospérité de la fabrique et à l'avenir de notre cité. Ce qui manque aux travailleurs en France, et surtout à Lyon, c'est l'instruction; la cause la plus directe du malaise de leur position, c'est l'ignorance. L'*Écho de la Fabrique* a compris autrement sa mission : ses rédacteurs ont pris constamment à tâche d'exciter la haine des travailleurs contre les industriels, de pervertir les notions déjà si fausses des chefs d'atelier sur leurs vrais intérêts, et de diviser la fabrique en deux camps ennemis et irréconciliables. Il faut faire une part très large à cette feuille dans nos funestes discordes. Elle adressait ses calomnies et ses doctrines anarchiques à des ouvriers passionnés qui ne lisaient qu'elle, et n'écoutaient que ses inspirations; ce journal eût dû s'appeler le fléau, et non l'écho de la fabrique. Il a commencé à paraître au mois d'octobre 1831 ; un chef de section, M. Falconet, était alors son gérant. Il a eu pour rédacteur un sieur Vidal ; puis un M. Marius Chastaing, sous la gérance de M. Berger. Ce fut alors que sa couleur devint politique, et son opinion celle de la démagogie la plus effrénée. Son ton fut un peu plus modéré, quand les meneurs lui eurent donné pour gérant un chef d'atelier nommé Bernard. Au reste, ses inspirations lui sont toujours venues, non des chefs d'atelier, mais des républicains, qui composaient dans une grande proportion la société des actionnaires. *L'Écho de la Fabrique* est un instrument politique et nullement un journal industriel : on connaît l'insolence et la platitude de sa polémique. Ce journal a toujours eu une grande importance pour les fabricants, qui se sont beaucoup exagéré le danger de ses diffamations et la portée de son influence ; sous le rapport littéraire *l'Écho de la Fabrique* a été constamment immédiatement au dessous de rien.

*L'Écho des Travailleurs* n'a eu qu'une existence éphémère ; comme œuvre littéraire et politique, cette feuille hebdomadaire était au niveau de *l'Écho de la Fabrique*.

§ 4. — De l'opinion juste-milieu ou dynastique à Lyon. — Ses nuances : constitutionnels qui veulent la dynastie de Louis-Philippe, le mouvement progressif en avant, et toutes les libertés demandées à la révolution de Juillet. — Ministériels rétrogrades vers la Restauration, et réactionnaires. — Des journaux dynastiques à Lyon. — *Le Courrier de Lyon* et *le Journal du Commerce* ; jugement sur *le Courrier de Lyon*.

Après avoir apprécié les forces dont les partis disposent à Lyon pour attaquer l'ordre public, j'examinerai les moyens de répression et d'action que possède, sur ce point important, le gouvernement dynastique national.

Il a pour lui tout ce qui constitue la partie vraiment fondamentale de l'état, le commerce, la propriété, l'agriculture ; à lui se rattachent tous les intérêts matériels, tous les droits acquis. Si ses ennemis sont en général ceux qui ont à gagner à une révolution, ses partisans sont ceux qui auraient à y perdre et qui tiennent à conserver. L'armée est dévouée, l'esprit des campagnes excellent, et, à l'exception de quelques grands centres industriels et d'un petit nombre de départements, le pays lui est solidement attaché.

Des citoyens se rallient à lui et le soutiennent, non parce qu'ils approuvent indistinctement tous ses actes, et ne trouvent rien à blâmer dans sa marche et dans sa politique, mais parce qu'ils redoutent une nouvelle conflagration sociale. L'horreur pour la République et le souvenir des calamités affreuses dont son règne a accablé le pays, rattachent un grand nombre de Français à l'opinion juste-milieu ; d'autres y sont conduits par le dégoût national qu'inspire le gouvernement de la branche aînée.

L'état si prospère du crédit public, et tant d'entreprises que l'esprit de spéculation commence, attestent la foi des hommes de finances dans la stabilité de l'ordre dynastique : à Lyon, comme à Paris, les capitaux sont juste-milieu. Une grande confiance dans le haut talent en matière de gouvernement de Louis Philippe rassure beaucoup de citoyens sur les embarras de la situation présente ; ils savent combien a de ressources dans l'esprit un roi dont la République elle-même avoue la puissante capacité.

Deux nuances bien tranchées se distinguent à Lyon dans l'opinion dynastique.

Là sont des hommes royalistes constitutionnels sans être ministériels, et partisans des idées libérales sans sympathie pour la république. Ils veulent le gouvernement progressif en avant, le développement régulier de nos institutions, la liberté du pays au dedans, et le respect de la France au dehors. Leur dévoûment à l'ordre dynastique ne les aveugle pas sur les fautes de ses ministres ; ils sont souvent de l'opposition ; mais cette opposition, indispensable sous un gouvernement représentatif et le principe de toutes les réformes, le point de départ de toutes les améliorations, est, chez eux, consciencieuse, motivée, éclairée, conditionnelle. Elle ne les conduit pas à tout blâmer systématiquement dans les actes des ministres : ils louent ce qui doit être loué, critiquent ce qui est répréhensible ; se taisent si leur censure peut ébranler un pouvoir naissant, et donner des armes à ses ennemis, jusqu'à ce que l'occasion de la produire sans danger soit venue; et, soit qu'ils approuvent, soit qu'ils condamnent, ils ont égard aux intérêts du principe monarchique, et non à ceux de tel ou de tel système ministériel (1). Ces hommes dynastiques veulent toutes les libertés conquises en juillet : la presse émancipée, sauf répression forte de ses écarts ; le système électoral franchement appliqué ; le juri conservé aux délits politiques, mais le juri indépendant et de l'influence des partis et de celle du pouvoir ; l'extension raisonnée et graduée des droits politiques ; l'admission des capacités dans les colléges électoraux ; la liberté des élections municipales et départementales : en un mot, le gouvernement du pays par le pays.

Ici sont des citoyens dévoués à la monarchie de Juillet, mais dont le dévoûment n'a ni mesure ni lumières; rétrogrades par haine ou peur de la république et du carlisme ; intolérants et violents avec une opinion qui de sa nature est modérée ; médiocrement convaincus des avantages du gouvernement représentatif, et toujours disposés à faire bon mar-

---

(1) Sous ce rapport si capital, ils ne doivent pas être confondus avec le tiers parti, si bien nommé le parti inconséquent ; la différence est fondamentale.

ché au pouvoir des libertés publiques ; persuadés que l'autorité ne saurait jamais avoir tort, et qu'il y a péril pour la chose publique dans la moindre censure, non seulement des actes des chambres et des ministres, mais encore du réquisitoire d'un procureur du roi, de la décision d'un sous-préfet, ou d'une affiche de la mairie. Leur patriotisme est incontestable ; mais ce patriotisme n'a souvent ni intelligence, ni dignité. Pour ces hommes, l'art de gouverner est une question de baïonnettes, et le pouvoir a nécessairement raison s'il sait toujours être le plus fort. Ce qu'ils lui conseillent, ce sont les moyens énergiques, les coups d'autorité ; et, selon eux, la manière la meilleure d'en finir avec les factieux, c'est toujours de leur donner ce qu'ils appellent une leçon. Pressez-les un peu, et vous en ferez aisément sortir le désir des mesures exceptionnelles, de la mise en état de siége des communes aux jours de crise populaire, et des commisions militaires après le combat ; de l'interdiction des procès politiques aux juris, et d'une législation préventive de la presse périodique, si non précisément de la censure. Pour ces hommes encore, le pays a beaucoup plus de libertés qu'il n'en peut supporter, et quels que soient les changements de cabinet, le ministère présent est toujours nécessairement le meilleur des ministères possibles, et le ministère infaillible. Si la révolution de Juillet pouvait succomber, elle périrait par l'imprudence et l'irréflexion de tels amis.

L'ordre dynastique est défendu à Lyon par deux

journaux, *le Courrier de Lyon* et le *Journal du Commerce*.

1.° Le *Courrier de Lyon* a été fondé au mois de décembre 1831, par une réunion de citoyens composée de MM. Chardiny, Clément Reyre, L. Pons, Élisée Devillas, Chanel, etc., pour neutraliser l'influence hostile du *Précurseur*, soutenir le principe dynastique de Juillet, et offrir aux fonctionnaires et aux citoyens calomniés par les feuilles hostiles au gouvernement, les moyens de se défendre et de faire connaître la vérité. Cent cinquante actionnaires pris dans le commerce, les sciences et l'industrie, firent les fonds nécessaires à cette entreprise; les fondateurs veillèrent à ce qu'aucun n'eût un emploi salarié par l'État, pour conserver au nouveau journal l'indépendance la plus absolue (1).

Tout ce qu'on a dit des rapports du *Courrier de Lyon* avec le pouvoir, est de la plus complète inexactitude : jamais ce journal n'a reçu ni salaire ni encouragement du gouvernement ; jamais il n'a pris les ordres ou même l'avis des administrations locales, qui ont été quelquefois, au contraire, très

(1) La rédaction du *Courrier* fut offerte par la commission à M. M... qui accepta sous la condition expresse que le journal ne serait point une feuille systématiquement ministérielle, et qu'il aurait l'entière faculté de faire de l'opposition aux actes du pouvoir et des administrations locales, lorsque le bien public paraîtrait l'exiger. Il proposa et fit agréer pour rédacteur adjoint M. Alexandre Jouve. Les spécialités, telles que les feuilletons d'opéra, les comptes-rendus des tribunaux, etc., eurent des rédacteurs particuliers. M. M... s'est démis de ses fonctions de rédacteur en chef au mois de mars 1834. Le *Courrier de Lyon* a huit cents abonnés.

peu bienveillantes à son égard, malgré le grand service qu'il leur rendait, en concentrant presque exclusivement sur lui les attaques de l'opposition antidynastique.

Un journal qui défend, a besoin, pour se faire lire, de trois fois plus de talent qu'il n'en faut à un journal qui attaque ; l'opposition est la vie d'une feuille publique. Malgré ce désavantage *le Courrier de Lyon* prit, en fort peu de temps, un rang honorable dans l'opinion : très peu de journaux ont vu aussi souvent leurs articles de fonds cités ou reproduits par la presse périodique à Paris et dans les départements. On lui a reproché de ne point être assez incisif et assez piquant ; mais rien n'est en général plus monotone que la raison, et il n'est pas facile à un journal d'amuser un public quelquefois très peu amusable, s'il est obligé par position et par principes de s'abstenir de personnalités, d'anecdotes scandaleuses, et d'hostilités contre les fonctionnaires de tous les ordres, depuis le président du conseil jusqu'au garde-champêtre. Le *Courrier*, d'ailleurs, eût été moins ministériel, si la presse de l'opposition lyonnaise avait été moins républicaine. Ce journal aurait pu être mieux ; mais, malgré les inconvénients qu'il rencontrait dans sa mauvaise organisation administrative, il n'en a pas moins rempli ses devoirs difficiles avec conscience et courage, et rendu de précieux services à la cause de l'ordre.

2° Le *Journal du Commerce* paraît trois fois par semaine. Cette feuille a été long-temps un répertoire de diffamations et de niaiseries de localité ;

mais depuis quelques mois elle s'est ralliée aux journaux dynastiques.

§ 5. — Des fonctionnaires publics à Lyon. — La Mairie et M. Prunelle. — La Préfecture et M. de Gasparin. — Le général commandant la division; M. le lieutenant-général baron Delort, et M. le général Aymard. — Du parquet et de M. Chegaray. — De la police.

Au temps des discordes civiles, la marche et l'issue des événements sont spécialement subordonnées au caractère et aux facultés des hommes qui disposent du pouvoir : l'appréciation des fonctionnaires à Lyon, pendant nos troubles, est donc une partie essentielle et fort importante de leur histoire.

M. Prunelle, médecin, devint un personnage politique au passage de M. de Lafayette à Lyon, premier acte de l'opposition nationale au gouvernement de Charles X. Un grand nombre de citoyens de Lyon, notables dans le commerce, les lettres et les arts, s'étaient réunis pour faire du séjour dans notre cité du patriarche de la liberté une protestation éloquente contre le régime de la Restauration. Ils se saisirent de M. de Lafayette comme d'un drapeau, et choisirent pour leur organe le docteur Prunelle, qui, si l'on en croyait quelques personnes, serait devenu, dans cette occasion, le représentant de l'opposition un peu malgré lui. Après la révolution de 1830, le maire de Lyon devait être nécessairement l'homme qui, peu de mois auparavant, avait engagé en quelque sorte la lutte avec la Restauration. M. Prunelle accepta l'administration municipale ; et, « maire provisoire et très provisoire », disait-il, il s'attacha assez à ses fonctions nouvelles pour renoncer à une démission qu'il avait si souvent annoncée, et dont il avait fait en quelque sorte une condition de son entrée au pouvoir.

Au reste, son nom s'est rarement mêlé aux événements dont Lyon a été le théâtre depuis trois années : M. Prunelle n'a pas été témoin des deux insurrections qui ont éclaté à trente mois de distance dans la ville dont l'administration lui avait été confiée, et l'administration municipale a été complétement nulle dans ces grandes scènes, où le premier rôle lui appartenait de droit. J'ai eu rarement occasion de citer le maire et la mairie dans cette histoire de Lyon depuis la révolution de Juillet; le préfet du Rhône a constamment occupé le premier plan du tableau.

M. de Gasparin est un nouvel exemple de la possibilité d'être savant et bon administrateur. On a dit que les sciences et les lettres étaient incompatibles avec l'esprit des affaires ; Fourier, l'un des noms les plus célèbres de l'Institut et l'un des meilleurs préfets de l'Empire, Daru, M. Walckenaer, et tant d'autres ont fait justice de ce préjugé. Ce fut au père du préfet du Rhône, alors représentant au siége de Toulon que Napoléon dut le commencement de sa fortune. Le jeune commandant d'artillerie proposa, pour la reprise de la ville, un plan que nul ne comprit, excepté le représentant de Gasparin, homme de sens et d'esprit ; graces à ce secours, il parvint à faire prévaloir ses idées. Plus tard encore, lorsque Napoléon démontra que pour entrer dans Toulon, il fallait, non, faire le siége de cette ville, mais prendre le Petit-Gibraltar, le même homme fut encore son appui dans le conseil. L'empereur se rappela toujours l'immense service que le représentant de Gasparin lui avait rendu au début de sa carrière.

Le préfet du Rhône occupe l'un des premiers rangs parmi les agronomes de notre époque ; ses Mémoires sur différentes parties de cette science sont justement estimés, et ont été réimprimés plusieurs fois ; ce n'est point ici le lieu de les apprécier. Comme administrateur, M. de Gasparin est essentiellement l'homme des affaires : il les entend avec une grande intelligence, et les conduit avec une volonté persévérante. Des dehors fort simples cachent chez lui beaucoup de perspicacité. Son attention constante à rester dans la légalité a ôté tout prétexte aux partis pour calomnier l'usage qu'il fait de ses pouvoirs ; il s'en est fait craindre par la fermeté de sa conduite et estimer par la loyauté de ses procédés. De toutes les préfectures du royaume, la plus difficile est sans contredit celle du Rhône; M. de Gasparin a joui de bien peu d'instants de repos depuis qu'il l'occupe : il lui a sacrifié non seulement le soin de sa fortune, mais encore les chances qu'il avait à la députation. Plus d'une fois des factions qui menaçaient l'ordre public de leurs banquets et de rassemblements hostiles, ont reculé devant son énergie ; c'était l'administrateur qu'il fallait à Lyon pour réparer les malheurs que lui avaient causés l'erreur et l'impéritie de M. Dumolart.

Un préfet a pour mission spéciale de prévenir une insurrection ; si elle éclate par la force des circonstances, si la révolte se montre en armes sur la place publique, c'est à un autre fonctionnaire, c'est au chef militaire d'intervenir. Deux généraux ont commandé la division depuis les journées de Novembre : le lieutenant-général baron Delort et le général Aymard.

Le lieutenant-général baron Delort, qui succéda au général Roguet au commandement de la septième division est celui des hauts fonctionnaires du département du Rhône que l'esprit de parti a le plus violemment attaqué. Quelques scribes, dont l'érudition historique s'était arrêtée à 1793, versèrent jusqu'à la dernière goutte de leur encre pour démontrer dans les journaux radicaux de Lyon, que le commandant de cette division militaire n'était qu'un général d'antichambre, régulièrement malade la veille d'une bataille. De telles assertions pouvaient suffire à leur public ; une rapide esquisse de la vie militaire du général en démontrera l'impudeur. La calomnie était d'autant plus niaise que M. Delort, parti simple soldat et rentré dans ses foyers lieutenant-général, a dû tous ses grades, depuis le premier jusqu'au dernier, à des actions d'éclat, comme l'atteste l'irrécusable *Moniteur*.

Né à Arbois, le 16 novembre 1773, M. Delort s'enrôla dans le 4ᵉ bataillon des volontaires du Jura en 1791, devint sous-lieutenant au 8ᵉ régiment d'infanterie de ligne l'année suivante, lieutenant quelques mois après, adjudant-général au mois de juin 1793, et capitaine de cavalerie quelques semaines après. Cet avancement rapide fut le prix de ses services. Il se distingua par de beaux faits d'armes pendant la campagne d'Italie en 1799, et leur dut le grade de chef d'escadron au 2ᵉ de cuirassiers. D'autres le signalèrent en 1801 au siége de Mantoue; deux ans après le chef d'escadron Delort fut nommé major au 9ᵉ de dragons; il reçut l'étoile de la Légion-d'Honneur dès la création de cet ordre qu'entourait alors une si grande illustration. A Austerlitz, M. Delort se fit remarquer par son bouillant courage; il eut l'honneur d'être désigné parmi les braves qui se distinguèrent dans cette immortelle bataille, où il fut blessé. Napoléon le nomma colonel du 24ᵉ régiment de dragons le 1ᵉʳ mai 1805, et trois années plus tard chevalier de l'Empire avec dotation. En Espagne, le colonel Delort fit partie des corps d'armée qui assiégèrent et prirent Roses, Gironne, Hostalrich, Tortose, Tarragone; se battit à Gargaden, à Vals et à Wich, et au combat du Pont-du-Roi; enleva à l'ennemi, par une charge audacieuse et admirablement conduite, vingt-cinq pièces de canon et tous ses bagages. La croix d'officier de la Légion-d'Honneur le récompensa de ces services le 7 mars 1810. Cette lettre de change de Napoléon sur M. Delort fut acquittée peu de jours après: le colonel du 24ᵉ de dragons culbuta complètement l'avant-garde de l'armée espagnole à Vendreil; le 9 avril suivant, il mit en déroute une colonne ennemie et fit prisonnier le colonel qui la commandait. Napoléon nomma baron de l'Empire avec dotation l'heureux et brave colonel Delort, qui ne vit dans cette distinction qu'un appel à de nouveaux services. En effet, au combat de Vals, suivi d'un seul escadron, il força à retrograder sept escadrons espagnols qui allaient compromettre la division italienne Palombini, reçut une blessure grave, tomba de cheval parmi les blessés et fut dégagé par une compagnie de ses dragons. Le jour de l'assaut de Tarragone, il poursuivit les fuyards jusque sous le feu des vaisseaux anglais, et, suivi d'une brigade italienne, ramena au camp neuf mille sept cents prisonniers, au nombre desquels se trouvaient plusieurs généraux et le gouverneur de la ville; le grade de général de brigade fut en 1811 le prix mérité de cette brillante action. Le 24 octobre de la même année, le général Delort se distingua à la bataille de Sagonte, et fut cité avec éloges dans le rapport du maréchal Suchet. Peu de temps après, il concourut, par d'habiles dispositions, à l'investissement de Valence, et fut nommé en 1812 chevalier de la Couronne-de-Fer et commandant de la Légion-d'Honneur. A Castalla, le général soutint, avec quinze cents hommes seulement, l'attaque de douze mille hommes commandés par le général Joseph O'Donnel, et saisissant un moment d'incertitude de l'ennemi, s'élança sur lui avec la rapidité de la foudre, boule-

versa toute sa ligne, et le contraignit à renoncer à
l'attaque du château d'Ibi. Le rapport officiel imprimé
au *Moniteur* porte que le général de brigade Delort
montra dans cette éclatante affaire « le sang-froid
« d'un général expérimenté et l'ardeur d'un militaire
« entreprenant ». Il reçut, en 1813, l'honorable et
difficile mission de couvrir la retraite de l'armée, qu'il
accomplit avec distinction. La campagne de France
avait commencé, le général Delort y prit une part
active, se battit vaillamment à Montereau, attaqua
et prit quatre régiments ennemis, et sabra de sa
main le général qui les commandait. Cette journée
lui valut le grade de général de division. En 1815,
il reçut de Napoléon le commandement de sa cavalerie. Ses manœuvres habiles et hardies décidèrent
le gain de la bataille de Ligny; lui et sa division de
cuirassiers s'y couvrirent de gloire. Son courage fut
moins heureux le lendemain à Waterloo : le général
Delort eut deux chevaux tués sous lui dans cette désastreuse journée et reçut un coup de feu et huit balles
dans ses habits. Les journalistes qui l'ont accusé
d'avoir contribué par ses dépositions à la condamnation de l'illustre Ney, ont dit un grossier
mensonge : il suffit pour s'en convaincre de consulter
les pièces du procès, et *le Moniteur* (1). Sous la

---

(2) Voici l'extrait du *Moniteur* du samedi 11 novembre 1815,
n. 315, page 1249, 2ᵉ colonne :

« M. *Delaur* (Delort), lieutenant-général, déclare que le 14 mars
« après avoir entendu la proclamation du maréchal Ney, il se retira
« qu'alors le maréchal donna l'ordre de l'arrêter ; mais que cet ordre
« fut révoqué. » Il n'est pas fait d'autre mention du général dans

Restauration, le général Delort fut mis en disponibilité et bientôt en retraite. Il employa ses loisirs à des travaux littéraires, et sut acquérir encore dans cette carrière nouvelle de très beaux états de service. Sa traduction des *Odes d'Horace* en vers est estimée; elle a été appréciée avec éloge par un juge compétent et difficile, le *Journal des Débats*. La révolution de Juillet rappela aux affaires le général Delort. Il commanda successivement la huitième et la troisième division militaire et fut nommé en 1831 inspecteur-général des troupes de la sixième. On se rappelle l'énergie et l'habileté de sa conduite en 1832; c'est du rôle que remplit le général à cette époque, que date la haine dont l'honore le parti anarchiste. La confiance de ses concitoyens l'envoya à la Chambre des Députés représenter le département du Jura. Il prit les premiers jours du mois de mai 1832 le commandement militaire de Lyon et de la septième division, et s'en démit à l'occasion d'une querelle avec le ministre de la justice, M. Barthe, qui eut les premiers torts et les plus graves. Le général, justement blessé, renonça à son commandement et à sa place d'aide-de-camp de Sa Majesté, le ministre de la guerre et les pressantes instances d'un auguste personnage ne purent le déterminer à adresser à l'homme dont

---

cette déplorable affaire. Il avait été appelé devant le conseil de guerre qui se déclara incompétent; la Chambre des Pairs, qui jugea, ne le comprit pas au nombre des témoins. (Voyez le *Moniteur* du 5 décembre 1815). Le général Delort a donc été complètement étranger au procès du maréchal, mais le mot de Basile est si vrai : « Calomniez, calomniez, il en reste toujours quelque chose! »

il avait à se plaindre quelques paroles de conciliation: M. Delort persista à faire à un sentiment vif et tout militaire du point d'honneur le sacrifice de la position la plus belle et de quarante mille francs de traitement. Louis-Philippe ne pouvait renoncer long-temps aux bons et loyaux services de l'un des défenseurs les plus dévoués de la monarchie constitutionnelle; il le rappela auprès de lui dans ses fonctions d'aide-de-camp spontanément et de la manière la plus obligeante. D'ardents solliciteurs briguaient cette place de confiance; « Le général Delort reprendra son service, répondit le roi, ou j'aurai un aide-de-camp de moins ». La carrière politique du général Delort n'est pas terminée.

Il a été remplacé au commandement de la division par le lieutenant-général Aymard, comme lui une des illustrations de l'ancienne armée. Le général Aymard a fait les guerres de la révolution. Il était officier supérieur dans le 8e de ligne pendant les campagnes d'Austerlitz, de Prusse et de Pologne, et se conduisit d'une manière si brillante à Eylau, qu'il reçut le commandement, comme colonel, du 32e régiment de la même arme, avec lequel il passa en Espagne en 1808. De nouvelles actions d'éclat honorèrent son nom pendant cette guerre : le colonel Aymard se couvrit de gloire aux combats de Rio-Almanzara le 4 novembre 1810, et à Bazar en Murcie, le 9 août 1811. La province de Murcie fut le théâtre spécial de ses faits militaires ; il s'y fit estimer et redouter des Espagnols à un égal degré. Le grade de général de brigade fut le prix de ses services. Appelé à faire partie en cette qualité de la grande-armée, il attaqua les troupes ennemies le 10 octobre 1813 dans le défilé de Wathon, au travers d'une grêle de balles et de boulets, et s'empara de la position. Le général Aymard s'est beaucoup distingué pendant la campagne de France, surtout au combat de Montmirail. Rentré dans ses foyers après la paix, il fut rappelé à l'activité par la révolution de 1830; le maréchal ministre de la guerre lui confia le commandement du département du Rhône, et celui de la division après la démission de M. le lieutenant-général Delort. C'était avoir la main fort heureuse: le général Aymard possédait des qualités spéciales pour son poste, beaucoup de sang-froid et de prudence, et en même temps beaucoup d'énergie et de ténacité. La simplicité de ses manières l'ont fait aimer dans tous les commandements qui lui ont été commis.

Le pouvoir militaire n'est point seul appelé à combattre les factions; il en est un autre qui se trouve plus habituellement face à face avec elles, qui est leur adversaire spécial, et dont l'exercice ne demande ni moins de capacité, ni moins de courage : c'est le pouvoir judiciaire, c'est le parquet. Ses luttes corps à corps avec les partis politiques ont une grande portée, et c'est là surtout que l'ordre public peut avoir beaucoup à souffrir d'une affaire mal engagée ou d'une bataille perdue. Nulle part l'exercice de cette haute magistrature n'était plus importante qu'à Lyon, nulle part le ministère public n'avait à combattre des ennemis de l'ordre plus audacieux, à défendre des intérêts plus grands et plus dangereusement menacés, et quelquefois à se mesurer avec des adversaires plus adroits et plus habiles. Le parquet a-t-il été toujours à la hauteur de sa mission sous le rapport du talent? n'a-t-il jamais été imprévoyant, maladroit et faible? l'issue de certains procès politiques répond à cette question.

Cependant on a exagéré beaucoup son indigence en capacités oratoires, il compte dans son sein des magistrats fort recommandables, dont plusieurs, deux surtout, ont un talent incontestable et d'un ordre très distingué.

M. Chegaray était substitut du procureur général, et M. Varenard, conseiller à la cour Royale au mois d'août 1832. Il fallait au ministère public, un chef habile à manier l'arme de la parole, prompt à l'action, et doué d'une volonté énergique; malgré sa jeunesse, M. Chegaray parut réunir ces qualités; les hommes influents du juste-milieu s'occupèrent du soin de le porter au poste de procureur du roi, et de placer M. Varenard à la cour Royale. Cette résolution fut délibérée et prise dans les bureaux du *Courrier de Lyon*; vivement appuyée par M. Fulchiron et par M. Prunelle, elle eût un plein succès et justifia les espérances qu'elle avait données. M. Chegaray fut installé dans ses fonctions le 7 septembre 1832, et prononça le 15, en audience solennelle, un discours d'installation où il fit une profession de foi à laquelle il a été fidèle. Depuis ce jour, M. Chegaray est constamment aux prises avec les factions, sa vie est un combat.

La direction de la police à Lyon, sa part dans les événements, et sa responsabilité devraient occuper une partie considérable de l'histoire de deux insurrections préparées de longue main par l'esprit de parti ; cependant je n'ai rien à en dire, et c'est la critique la plus forte que j'en puisse faire. Mal payée, mal conduite, tiraillée entre deux administrations qui se la disputaient, et complètement privée d'unité de pensée et d'action, elle n'a pu jouer qu'un rôle très secondaire, malgré le dévoûment et l'aptitude réelle de quelques-uns de ses officiers : deux mots la résument, *imprévoyance* et *incapacité*.

J'ai esquissé le tableau de la situation des partis, de leur tactique et de leurs moyens ; maintenant qu'ils sont en présence, voyons les agir, et reprenons le récit des faits.

# CHAPITRE IV.

État de l'opinion depuis les journées de Novembre—Attroupements dans le clos Casati. — Réorganisation de la garde nationale. — Chanteurs des cafés de la place des Célestins ; désordres à leur sujet. — Banquet des six mille offert à M. Garnier-Pagès. — Associations et coalitions d'ouvriers ; fabriques mises en interdit ; conduite des fabricants. — Affaire des crieurs publics. — Affaire de Savoie. — Coalition générale des ouvriers au mois de février 1834, semaine des dupes. — Convoi d'un mutuelliste — Loi sur les associations ; protestation des mutuellistes. — Affaire du jugement des mutuellistes prévenus de coalition illégale. — M. Pic. — M. Chegaray. — Scandale inouï. — Tout se prépare pour une collision définitive.

§ I$^{er}$. — Après le départ du duc d'Orléans et du ministre de la guerre, Lyon parut tranquille pendant quelques mois ; il y eut chez les ouvriers et les républicains un temps d'arrêt. Mais une collision si violente avait alarmé tous les intérêts et compromis toutes les positions : peu d'ateliers étaient occupés ; peu de commandes s'adressaient à la fabrique. Aucun rapprochement solide n'avait eu lieu entre les ouvriers et les industriels. Ceux-là, forts de l'impunité de la révolte, s'enorgueillissaient de leur victoire, et écoutaient avec avidité le fatal langage de quelques radicaux dont le fanatisme était d'autant plus dangereux, qu'il était de bonne foi. « Vous êtes les plus forts, leur disait un avocat ; « Juillet et Novembre vous ont appris comment se « pulvérisent les garnisons ; ce que vous avez fait, « vous le pourriez encore (1). » Et les ouvriers, peu soucieux d'insignifiants appels à leur modération, qui servaient de passeport à ces paroles empoisonnées, jetées à leurs passions et à leur orgueil, se répétaient l'un l'autre dans les ateliers : « Lyon sera à nous quand nous voudrons le reprendre ; nous pulvériserons la garnison comme nous l'avons fait déjà ; ne sommes-nous pas les plus forts ? ». Ceux-ci, craignant de se commettre encore avec les ouvriers, n'osant ni leur accorder ni leur refuser du travail, effrayés du dénoûment de Novembre, et bien plus encore de l'arrogance des travailleurs, évitaient, dans cette perplexité de donner quelque extension à leurs affaires, qui ne reprirent de l'activité qu'une année plus tard.

§ 2. — Il entrait dans la tactique du parti carliste et du parti républicain d'exciter de loin à loin

---

(1) *De la Coalition des chefs d'atelier de Lyon*, par Jules Favre, avocat, page 42.

de petites émeutes pour entretenir l'esprit d'agitation et de désordre dans la classe ouvrière. Aussi n'eurent-ils garde d'y manquer, et chaque mois, depuis le milieu de l'année 1832, vit-il une insurrection au petit pied ou une coalition. Des rassemblements tumultueux se formèrent dans les clos Casati et Bodin pendant les premiers jours du mois d'août 1832 (2); on y entendit des chants séditieux et des menaces contre les fabricants. Une patrouille qui passait auprès fut escortée jusqu'à la caserne par des sifflets et des huées; il fallut pour faire évacuer ces clos, l'arrivée d'un détachement de troupe de ligne. Les bandes en furent si peu intimidées, que l'une d'elles parcourut les rues le lendemain de grand matin, vociférant des chants républicains, vint sur le quai Saint-Benoît, insulta le poste de la Poudrière, traversa la Saône, et s'installa sur le quai Bourgneuf, où elle demeura assez long-temps pour troubler le repos de ce quartier.

Au mois de décembre suivant (1), un nommé Monnier fut surpris par la police, à Caluire, en flagrant délit de prédication républicaine dans une assemblée radicale composée de cent-soixante-cinq individus. Déjà les associations se multipliaient et enveloppaient dans un vaste réseau la classe entière des travailleurs; et quelle était la défense de l'ordre public contre les entrepreneurs d'émeute? On traduisait devant les tribunaux les auteurs du tapage

(1) 5, 6 et 7 août 1832.
(2) 10 décembre 1832.

et du délit, et le juri, trop indulgent ou intimidé, les renvoyait absous. Si Lyon eut possédé une garde nationale dévouée et disciplinée comme celle de Paris, les factieux seraient demeurés ensevelis dans leur poussière, mais Lyon n'avait plus sa milice citoyenne.

§ 3. — Deux faits ont été de notoriété publique aux journées de Novembre : le refus de plus des deux tiers de la garde nationale de se prononcer, le mardi, pour la cause de l'ordre attaqué à main armée ; la coopération ouverte d'une partie de ses membres à l'agression faite par les classes laborieuses insurgées.

Une année s'est écoulée. Le maire de Lyon demande la réorganisation de la garde nationale ; elle est accordée. On procède à la nomination des officiers ; dix-sept cent sept élections sont faites par deux mille quatre cent vingt-et-un électeurs ; ainsi moins d'un électeur et demi suffit, en moyenne, pour faire une élection. Un peu plus du cinquième des gardes nationaux concourt aux nominations ; et dans quelques compagnies, c'est à peine le vingtième des électeurs qui vote.

Un journal, le *Courrier de Lyon*, traita de telles nominations d'élections dérisoires. Sous le rapport légal, c'était un tort : les élections avaient été régulières, et faites en vertu d'une loi, mauvaise si l'on veut, mais qui n'en était pas moins la loi.

Tout ce qui a été dit de l'excellence de l'institution de la garde nationale, considérée en général, est

---

(1) Décembre 1832.

parfaitement vrai. La garde nationale est la France de juillet et la loi armée ; c'est le boulevart, c'est l'avenir du pays ; avec elle nous n'avons à craindre ni l'invasion étrangère, ni l'attaque de notre constitution par le pouvoir. Elle a sauvé deux fois l'ordre actuel à Paris ; mais Lyon était-il ou n'était-il pas dans une position exceptionelle ?

La question que je soulève est étrangère à la politique, c'est une question d'ordre ; ni la république, ni le carlisme ne peuvent avoir intérêt à la ruine de la seconde ville de l'État.

J'ai dit quelle avait été la garde nationale aux journées de Novembre ; sa réorganisation appelle sous les drapeaux les mêmes hommes qui la composaient alors ; les élections ont mis à la tête de quelques compagnies des officiers qui se font honneur de leur sympathie pour la cause des ouvriers. Rien n'est changé aux causes qui ont produit la fatale collision de novembre : mêmes préjugés, mêmes préventions, mêmes haines, même impossibilité de concilier deux intérêts qui se considèrent, et c'est là leur erreur, comme ennemis. Ce grand nombre de gardes nationaux qui sont demeurés impassibles chez eux en novembre 1831, n'auraient-ils pas, en cas de collision nouvelle, un penchant plus décidé encore pour le système commode de la neutralité et pour la cause de ceux de leurs camarades qui passèrent dans les rang des ouvriers ? Quelle garantie en faveur de l'ordre présenterait dans ces circonstances la réorganisation de la garde nationale ? Comment la monarchie de juillet pourrait-elle compter dans un jour de crise sur son concours? Le gouvernement, en armant la garde nationale, dans la situation des esprits à Lyon, aurait-il fait autre chose que de mettre de puissants moyens d'attaque et de perturbation à la disposition de deux intérêts plus irréconciliables et plus ennemis que jamais ? La question de la fabrique était essentiellement une question de temps ; il fallait laisser aux passions le temps de s'amortir, et à la raison publique, la faculté de se développer. C'est ce que le maire de Lyon avait complètement oublié : la mesure qu'il avait provoquée était intempestive ; elle ne pouvait avoir, et n'eut en effet aucun résultat.

La garde nationale reparaîtra à Lyon grande, puissante et forte : j'ai dans l'excellent esprit de mes concitoyens la foi la plus absolue; ils n'ont pas dégénéré de la valeur qu'ils déployèrent pendant le siége de Lyon ; ce n'est nullement le courage qui leur manque aux jours d'insurrection, c'est une bonne direction, c'est la discipline et l'esprit de corps des gardes nationaux de Paris. Mais ne demandez pas aux hommes plus que ne comporte leur nature ; ne précipitez rien ; laissez les passions s'amortir, les préjugés s'éteindre, et les intérêts s'apprécier et se concilier. N'étouffez point, par un rapprochement trop brusque, des germes de concorde qui ne veulent pour se développer que du repos et l'action salutaire des années. Chaque jour apporte avec lui son événement, et chaque événement modifie nécessairement les opinions et l'esprit public. En matière politique, savoir attendre est le grand art, de même que savoir se fixer en matière de révolution.

Laissons faire le temps, car c'est un grand maître et le premier des pacificateurs ; ne nous chargeons pas imprudemment d'une œuvre qu'il appartient à lui seul d'accomplir, et n'oublions jamais qu'il est un élément d'ordre, de durée et de liberté.

§ 4. — Cependant l'esprit de désordre prenait plus de consistance, et l'émeute du jour présentait régulièrement un caractère plus grave que celle de la veille. Elle n'avait plus une couleur exclusivement industrielle, on parlait à haute voix de république dans les attroupements, et ils n'étaient plus formés seulement d'ouvriers: on y voyait des étudiants, de jeunes hommes à barbe de bouc, des étrangers, des membres de clubs politiques. Le moindre incident provoquait des troubles sur la voie publique; ceux qui accompagnèrent l'affaire des chanteurs de la place des Célestins se prolongèrent plusieurs jours.

Une ordonnance de police avait été rendue contre quelques misérables troubadours qui chantaient des hymnes républicaines dans les cafés de la place des Célestins, aux grands applaudissements du public particulier à ce quartier. Des rassemblements se formèrent dans la soirée, (1), et prirent aussitôt un caractère séditieux. On entendit les cris de « Vive la république ! A bas Louis-Philippe ! Vive la guillotine ! A bas les aristocrates ! A bas les riches ! Vive

---

(1) 27, 28 avril 1833.

le bonnet rouge ! » Certains passages des chansons vociférées par les séditieux attestèrent que les sans-culottes de 1833 ne le cédaient en rien à ceux de 1793 sous le rapport du cynisme. Un dragon d'ordonnance qui traversait la place des Célestins, fut salué par le cri lyonnais « A l'eau ! au Rhône ! » Quelques furieux se jetèrent même sur lui; d'autres se détachèrent des groupes et menacèrent du poingt les soldats d'un piquet d'infanterie qui stationnait sur la place. Un individu qui n'était point un ouvrier, harangua la multitude, et lui répéta plusieurs fois ces mots : « Citoyens, nous ne voulons pas « d'émeute, nous voulons une révolution. » A onze heures plusieurs détachements de troupes de ligne arrivèrent enfin sur la place; trois sommations furent faites par les officiers civils, et la foule se retira.

L'administration prit le lendemain des mesures pour prévenir le retour de ces désordres : trois cents hommes et une compagnie de dragons se réunirent à l'Hôtel-de-Ville dont les portes avaient été fermées à sept heures. De nombreuses patrouilles circulèrent et de forts piquets d'infanterie stationnèrent sur la place des Terreaux et sur la place des Célestins. Bon nombre de groupes de curieux se formèrent comme à l'ordinaire sur les places et devant quelques cafés ; mais on ne vit aucune manifestation positivement inquiétante pour le maintien de la paix publique. Une adresse aux républicains lyonnais fut imprimée et distribuée dans la soirée ; l'émeute, avertie que l'administration était préparée à la bien recevoir, ne crut pas devoir renouveler son essai de la veille.

Une seule scène de désordre eut lieu à neuf heures et demie du soir : Quelques jeunes gens de la classe ouvrière, réunis devant l'allée de l'Argue, se mirent en marche en chantant *la Parisienne*, et quelquefois aux cris de « Vive la république! A bas Louis-Philippe! » Leur nombre n'excédait pas vingt-cinq à trente, et aucun n'était âgé de plus de vingt ans. Ce groupe suivit la rue Mercière, et s'arrêta dix minutes devant le pont de Pierre, incertain de sa direction. Quelques voix ayant dit : « Aux Terreaux ! » l'attroupement, suivi d'un petit nombre de curieux, continua sa marche le long des rues de l'Herberie et de Saint-Côme. Il fit de nouveau une station sur la place Saint-Pierre; dix-sept de ces jeunes ouvriers formèrent une ronde, et l'un d'eux, à peine âgé de seize à dix-huit ans, se mettant au milieu du cercle, chanta, d'une voix éteinte, quelques airs patriotiques ; puis ces hommes, se donnant le bras par quatre, continuèrent leur marche jusqu'aux Terreaux. Là, les chants cessèrent à l'instant, et les groupes se dispersèrent : des piquets d'infanterie garnissaient la place. Il n'y avait pas un seul ouvrier en soie dans cette bande dont l'intention unique était évidemment de faire du tapage.

§ 5. — Quelque affligeantes que fussent ces scènes de désordre, il s'en préparait une autre bien plus grave, et l'audace du parti devait aller plus loin encore.

C'était le temps des banquets patriotiques et des excursions, dans le département, de certains commis-voyageurs de la république, qui venaient y porter le mot d'ordre et y faire le dénombrement des forces du parti et des recrues. Une homme d'un haut talent parlementaire, qu'il ne faut pas confondre avec les entrepreneurs d'émeutes, M. Odilon Barrot, avait déjà fait à Lyon un voyage qu'avaient accompagné les désordres ordinaires à ces démonstrations prétendues patriotiques (1). Mais des provocations particulières avaient été le principal résultat du banquet donné à ce député, et la population

(1) Ils n'eurent pas, à proprement parler, un caractère politique. *Le Courrier de Lyon*, en rendant compte d'un banquet offert à M. Odilon Barrot (1—7 septembre 1832), avait fait mention d'une particularité de l'ordonnance du repas, qu'il tenait de personnes qui se disaient bien informées et dont l'une assurait avoir vu et entendu. Mais ce journal ne pouvait fournir la preuve matérielle de son assertion ; elle fut démentie, et il s'empressa d'insérer la dénégation dans ses colonnes. C'était tout ce que les susceptibilités les plus vives pouvaient exiger de lui. Les vingt-sept commissaires du banquet voulurent davantage ; ils demandèrent une rétractation dont ils prirent la peine de rédiger la formule. Cette prétention ne pouvait être acceptée ; au reste, dès la première réclamation, l'auteur de l'article s'était fait connaître et en avait accepté la responsabilité. Tout était dit encore, une vie jouée contre une autre vie a suffi toujours au règlement des affaires de ce genre ; mais les vingt-sept commissaires se déclarèrent personnellement engagés, refusèrent pour champion l'auteur du délit, et réclamèrent vingt-sept adversaires pris dans la commission de surveillance du *Courrier*. Cette commission, qui n'était absolument pour rien dans la querelle, ne se composait que de dix membres, dont cinq jugèrent convenable de renier toute participation à leur journal. Le duel, établi ainsi sur une impossibilité physique, finit comme il devait finir, par une guerre d'écritoire, qui fit verser abondamment de part et d'autre des flots d'encre et d'injures.

Au reste, le banquet Odilon Barrot n'était pas républicain : on y voyait beaucoup de citoyens très honorables dont l'éloignement pour les doctrines démagogiques ne saurait être contesté ; le *Courrier de Lyon* n'avait nullement eu l'intention de porter la plus légère atteinte à la moralité d'aucun des nombreux convives.

s'était fort peu émue de l'ovation décernée au défenseur du *Précurseur*; je n'ai donc pas dû m'en occuper.

Il s'agissait d'autre chose, d'un appel à six mille républicains pour fêter M. Garnier-Pagès, d'un défi en forme à la révolution de Juillet. Eh ! quel est l'homme à qui cette ovation est destinée ? c'est l'ami de M. Cabet, c'est le défenseur à la tribune nationale de tous les mouvements populaires ; c'est un avocat-député sans talent parlementaire, sans portée comme homme politique, mais turbulent, et d'autant plus dévoué à la cause des radicaux, qu'il n'a quelque existence que par elle ; c'est un républicain dont le malheur des temps a fait, en quelque sorte, le mauvais génie de Lyon, et qui ne s'occupe sans doute de nos troubles avec tant de sollicitude, que parce que soixante mille ouvriers réunis dans notre cité sous le même intérêt sont un puissant moyen d'action pour un coup de main, et la principale espérance de la république.

Le prospectus du banquet Garnier-Pagès était, sous le rapport du fond et de la forme, un véritable décret révolutionnaire ; jamais le pouvoir de Juillet n'avait été encore aussi scandaleusement bravé. M. de Gasparin, préfet du Rhône, défendit le banquet des six mille par son arrêté du 23 avril 1833, fondé sur une loi positive, celle du 3 août 1791 (1). L'acte du préfet était parfaitement légal ;

---

(1) Voici l'article 34 de la loi du 3 août 1791 :
« Les corps municipaux, les directoires de district et de département seront chargés aussi, sur leur responsabilité, de prendre

il ne parut aux journaux de l'anarchie qu'un abus d'autorité contre lequel les citoyens pouvaient et devaient protester par la force. Ces feuilles n'ont jamais manqué à l'occasion de proclamer la doctrine du droit, pour les citoyens, de réclamation préalable à coups de pavé et de fusil, lorsqu'ils se croiraient lésés par une décision du pouvoir. Est-il cependant une doctrine plus coupable et plus absurde que celle qui rend chaque individu juge de la légalité des actes du gouvernement, et lui confère le droit de les repousser par la force, s'ils ne sont pas en harmonie avec ses idées particulières sur ce qui est ou n'est pas légal ? Un citoyen, bien ou mal informé, prononcera de son autorité privée qu'une loi est inconstitutionnelle, et dès lors le droit de résister lui sera acquis ! Quand un factieux,

---

toutes les mesures de police et de *prudence* les plus capables de prévenir et de calmer les désordres ; ils seront chargés en outre d'avertir les procureurs des communes, les juges de paix, les procureurs syndics et les procureurs généraux, dans toutes les circonstances où, soit la réquisition, soit l'action de la force publique deviendra nécessaire. »

Le considérant de cette loi est ainsi conçu :

« L'assemblée nationale considérant que la liberté consiste uniquement à pouvoir faire ce qui ne nuit pas aux droits d'autrui et à la loi ; que tout citoyen appelé ou saisi en vertu de la loi, doit obéir à l'instant et se rend coupable par la résistance ; que les propriétés donnent un droit inviolable et sacré, qu'enfin la garantie des droits de l'homme et du citoyen nécessite une force publique, décrète ce qui suit touchant l'emploi et l'action de cette force dans l'intérieur du royaume. »

L'article 9 est ainsi conçu :

« Sera réputé attroupement séditieux et puni comme tel, tout rassemblement de plus de quinze personnes s'opposant à l'exécution d'une loi. »

tout en sachant bien qu'une mesure administrative est constitutionnelle, aura décidé sans appel qu'elle ne l'est point, il lui sera permis d'appeler la multitude aux armes, et il sera excusable s'il soutient que son tribunal a cassé l'acte de l'autorité ! De telles inepties ne méritent pas une réfutation sérieuse ; c'est la destruction complète du pacte social, c'est la raison du sauvage. Voilà comment le républicanisme entend l'ordre et la liberté ; c'est ainsi qu'il comprend et les lois et les droits du citoyen ! Il n'y aurait pas de plus grand châtiment pour les hommes qui professent de telles opinions que l'obligation de vivre sous un gouvernement dont elles seraient la règle. La république, si la république était possible encore, ne subsisterait pas trois mois avec des principes aussi anarchiques.

Mais le scandale de pareilles doctrines sous un gouvernement régulier, n'était rien encore auprès de celui du décret par lequel la commission du banquet Garnier-Pagès cassait l'arrêt de M. de Gasparin. Elle déclara que le banquet aurait lieu le 5 mai à l'Élysée-Lyonnais (1). Une adresse, qui portait la suscription modèle : *Liberté, égalité, fraternité ou la mort*, fut répandue dans les cafés et parmi le peuple, et insérée dans *le Courrier de Lyon*.

(1) Voici cette pièce curieuse,

### AVIS.

Un arrêté du préfet du Rhône, affiché hier, a appris aux habitants de Lyon que ce magistrat s'opposait à ce que tout banquet, bal ou réunion publique, ait lieu sans l'autorisation du maire de la commune où cette réunion devait se tenir. Il a cité à l'appui de sa

Cependant les commissaires du banquet n'en étaient pas les auteurs : ils la désavouèrent par une lettre que signèrent en leur nom, MM. J. M. Poujol, président, P. Martin, secrétaire, et Rivière cadet, *trésaurier*.

Qu'eût fait la Convention d'un appel aux royalistes conçu en pareils termes et d'un déni aussi solennel de son pouvoir ? elle eût envoyé à l'échafaud président, secrétaires, trésorier et commissaires. Mais la monarchie de Juillet ne gouverne pas comme fesait la république, et M. de Gasparin se borna à prendre toutes les mesures nécessaires pour assurer le maintien de la paix publique et le respect dû à la loi. La bonne contenance du Préfet imposa à l'anarchie ( les jours de M. Dumolart étaient passés ), et après quelques hésitations et deux renvois, le banquet, irrévocablement fixé au dimanche 12 mai, fut enfin abandonné. Ce jour-là, l'autorité crut devoir arrêter des mesures pour se mettre en garde contre une surprise ; avec de tels ennemis l'unique moyen de maintenir la paix, c'est d'être toujours prêt pour

---

détermination trois lois anciennes dont l'inapplicabilité n'est un sujet de doute pour personne.

Dans tous les cas, cet arrêté et les lois en vertu desquelles on a dit qu'il était rendu, ne pouvant aucunement se rapporter au banquet projeté pour le mois prochain, la commission de ce banquet annonce à ses nombreux souscripteurs et aux citoyens qui veulent le devenir, qu'il **AURA LIEU** le 5 mai, à l'Élysée-Lyonnais, aux Brotteaux ; qu'en outre, la commission spéciale des toasts ayant été nommée, recevra les toasts des habitants de Lyon, jusqu'au 1er mai, et ceux des citoyens étrangers à la ville jusqu'au 3 du même mois.

Poujol, *président de la commission exécutive*; P. A. Martin, *secrétaire* ; Rivière cadet, *trésaurier*.

la guerre. De forts piquets d'infanterie stationnèrent à l'une des extrémités de la place Bellecour et dans l'intérieur de l'Hôtel-de-Ville ; les dragons occupaient la cour de l'hôtel de la gendarmerie et leurs patrouilles parcouraient fréquemment les rues. Un bataillon campait aux Brotteaux. On avait fermé les portes de L'Élysée-Lyonnais ; défense était faite d'y laisser entrer personne, à l'exception du propriétaire. Graces à ces précautions, bien connues des agitateurs, aucun désordre n'eut lieu ; il n'y eut dans les rues aucun encombrement même de curieux, et la journée s'écoula sans une seule arrestation.

§. 5. — Les annales de notre malheureuse cité depuis l'insurrection de Novembre sont celles de l'anarchie. Je sens combien le récit de scènes comme celles dont le banquet Gargnier-Pagès fut accompagné, est indigne de l'histoire ; le jour n'est pas éloigné où l'on ne pourra comprendre comment un gouvernement régulier pouvait supporter, sans les réprimer à l'instant et avec énergie, des manifestations aussi insolentes et aussi dangereuses. On se demandera par quelle fatalité le pouvoir, se bornant imprudemment à la défensive, abandonnait par sa mollesse le repos et l'avenir de la seconde ville de l'État à l'audace des factieux. Les journées de Novembre auraient-elles eu lieu, si le premier acte patent de sédition eût été vigoureusement puni ? Eussions-nous eu et les émeutes et les coalitions, si la première des bandes qui ont parcouru si souvent nos rues aux cris de « Vive la République ! A bas Louis-Philippe ! A la lanterne le juste-milieu! », eût rencontré des officiers civils et un détachement de troupes de ligne déterminé à châtier énergiquement les misérables qui la composaient? L'impunité enhardissait les anarchistes : s'ils rencontraient aujourd'hui d'insurmontables obstacles à l'exécution de leurs projets; ils en étaient quitte pour attendre une occasion meilleure, et elle ne pouvait leur manquer.

Cependant les ouvriers, tantôt spectateurs de ces troubles, et tantôt acteurs, s'encourageaient à l'action et aux coalitions. Déjà, dès le mois de février, une lettre du maire de Lyon au président du conseil des prud'hommes (1), avait constaté le fait grave des associations de tisseurs pour obtenir, au moyen de la menace de la cessation du travail, une augmentation du taux des salaires, ou plutôt leur tarif, ce but caché ou avoué de tous leurs efforts. Déjà plusieurs fabriques avaient été mises en interdit, et divers négociants s'étaient crus obligés à des concessions pour échapper à leur ruine. On parlait d'injures violentes proférées contre leur classe, et de lettres anonymes menaçantes. A peine satisfaites, les exigences des ouvriers étaient suivies aussitôt d'exigences nouvelles; le commerce s'alarmait, une profonde préoccupation s'emparait de l'esprit des fabricants; ils se demandaient l'un l'autre si des jours de fatale mémoire allaient recommencer pour eux.

L'orage grossit et éclata enfin au mois de juillet (2).

---

(1) 14 février 1833.
(2) 11-20 juillet 1833.

Cependant pendant les six premiers mois de cette année (ce fait a une haute importance), la fabrique, bien loin de souffrir, avait pris le plus grand développement. Son activité était immense, une augmentation considérable du prix de la main-d'œuvre avait suivi le grand nombre de commandes, et, dans ces circonstances prospères, il dépendait aux ouvriers et aux fabricants de vivre ensemble de la meilleure intelligence sous la loi commune et sacrée de la liberté des transactions commerciales et de l'indépendance de leurs rapports.

Au mois de juillet, cet ordre heureux de choses n'a point changé, les métiers ne chôment point ; un grand mouvement existe toujours dans la fabrique de soieries ; les ventes se sont peu ralenties ; et cependant voici qu'on parle de nouveau de coalitions illégales de chefs d'ateliers, de croisades contre des fabricants, de métiers frappés d'inaction et cachetés par des ouvriers. Voici les mêmes prétentions, les mêmes abus, les mêmes dangers pour notre belle industrie.

Grand nombre de métiers d'*unis* ont été arrêtés par des coalitions d'ouvriers depuis huit jours ; dans les journées du 12 et du 13, six maisons importantes du commerce de *façonnés* ont reçu la visite d'ouvriers se disant hautement chefs de section, et enjoignant aux fabricants d'augmenter le prix des salaires.

Ce prix avait été débattu et réglé entre les deux ordres d'intéressés ; c'est au mépris d'une convention librement consentie que les prétendus mandataires des sections viennent imposer, au nom de ces sections, une augmentation des salaires. Elle a été réclamée non seulement pour les étoffes à fabriquer, mais aussi pour les pièces qui se trouvent encore sur les métiers. La peine dénoncée aux fabricants récalcitrants, c'est le refus absolu de travail de tous leurs ouvriers.

Il convient de remarquer que les ouvriers des maisons de commerce ainsi menacées gagnent cinq francs par métier, c'est-à-dire un tiers de plus que ne portait le tarif si ardemment désiré en 1831; depuis nombre d'années les salaires n'ont pas atteint un taux aussi élevé.

Le commerce, pour vivre, a besoin de repos, il s'alarme facilement, et ses craintes ne sont que trop justifiées par le passé. Une solidarité nécessaire lie entre elles les maisons de fabrique; ce qui arrive aujourd'hui à l'une peut et doit arriver demain à l'autre. Une coalition d'ouvriers contre un seul fabricant cause un mal incalculable à la fabrique en masse, jette de graves inquiétudes sur notre place, et compromet tous les intérêts. En matière semblable, il n'y a point de fait individuel.

Une circonstance remarquable doit fixer l'attention publique sur cette situation de notre industrie: ce n'est point dans les temps de stagnation du commerce et de souffrances des classes laborieuses que les coalitions d'ouvriers ont lieu; elles se forment lorsque l'ouvrier travaille et gagne. Qu'on se rappelle la position de la fabrique à l'époque de l'insurrection de Novembre.

En droit, un industriel peut cesser de faire fabriquer, si l'élévation des salaires ne lui permet d'espérer aucun bénéfice, on lui interdit des bénéfices proportionnés à sa peine et à ses capitaux. Un ouvrier est parfaitement maître de refuser son travail, s'il trouve son salaire insuffisant.

Mais si les fabricants forment une coalition pour mettre à leur disposition les classes laborieuses, et réduire arbitrairement le prix de la main-d'œuvre, ils se rendent coupables d'un fait prévu par le Code, et sévèrement puni. Si des ouvriers mécontents se liguent entre eux, dans le dessein de frapper d'interdit l'industrie d'une maison de commerce, et par des menaces ou des violences contraignent leurs camarades à les imiter, ils commettent un délit grave et sont condamnés par la loi. Ce que la loi punit dans l'un et l'autre cas, c'est la coalition et l'intention qui l'a formée ; elle traite avec une égale sévérité le fabricant et l'ouvrier.

Qu'un ouvrier, après avoir terminé et rendu une pièce d'étoffe de soie, refuse d'en confectionner une autre si le prix de la main-d'œuvre n'est pas augmenté, il est parfaitement dans son droit; mais qu'après être convenu d'un prix pour le tissage d'une pièce d'étoffe, et avoir commencé à la fabriquer, il réclame un salaire plus élevé, et exécute la menace de suspendre son travail si sa demande est repoussée, c'est une violation d'un engagement d'honneur, c'est un délit. Un fabricant qui agirait ainsi, serait très punissable : une même loi régit l'industriel et l'ouvrier, et leurs rapports sont réglés par un droit commun.

Depuis les journées de Novembre l'esprit des ouvriers tend ouvertement à ces coalitions funestes ; on n'a pu leur faire comprendre encore que la liberté du commerce est sacrée comme la liberté de conscience ; qu'il n'y a plus d'industrie possible et par conséquent de pain pour eux, si l'indépendance des parties contractantes n'est pas absolue. Ils se laissent égarer par de misérables pamphlétaires sans position sociale, sans talent, sans avenir, qui font des passions et de l'ignorance des classes laborieuses un instrument politique. Ils écoutent de faux amis qui certainement ne leur donneront pas du travail lorsque leurs détestables conseils auront consommé la ruine de notre fabrique de soieries. Quelle a été depuis quarante années la cause directe de la décadence de plusieurs des branches les plus précieuses de l'industrie française? Est-ce l'avidité du négociant? non, c'est l'indiscipline, c'est l'ignorance de l'ouvrier.

Nul doute que les embarras de la situation ne fussent beaucoup moindres, si les fabricants, au lieu de former une agglomération incohérente d'unités sans idées, sans vues communes, sans esprit d'ensemble, sans volonté intelligente et ferme composaient une société délibérant en commun sur les intérêts de tous, et sur les demandes quelquefois fort justes des ouvriers, sans toutefois s'organiser en coalitions dont l'abaissement des salaires serait la pensée. Une augmentation du prix des façons convenue et accordée comme mesure générale, produirait un aussi excellent effet qu'elle en fait un mauvais, lorsqu'elle est arrachée à un industriel par la tyrannie de ses ouvriers. Ce qui perd les fabricants, c'est l'égoïsme, c'est surtout la peur. Ils déplorent l'inertie de l'autorité; mais elle ne peut rien sans leur concours. Son intervention d'office aurait les inconvénients les plus graves ; son action suppose la dénonciation à sa justice dans les formes légales de faits précis et prouvés. Tel chef de commerce qui n'a point hésité à jouer sa vie contre la révolte pendant nos journées de Novembre, pour la défense de l'ordre attaqué à main armée ; ne consentira point à signer une plainte contre ses ouvriers coalisés. Interpellé par l'administration, il se taira, et par son silence privera le pouvoir de tout moyen de faire respecter la loi. Tant que le commerce de Lyon saura si peu s'aider lui-même, l'autorité pourra peu de chose pour lui.

Il lui était difficile d'intervenir : aucune plainte ne s'adressait à elle dans les formes juridiques ; nul témoin ne déposait. Cependant rien n'était plus notoire que le fait des coalitions : les tisseurs qui les composaient ne le niaient point ; les membres des sections avouaient hautement et leur organisation en société délibérante, et le lieu de leurs réunions, et leurs projets. C'était une conspiration industrielle à découvert.

Les chefs d'atelier ne furent point intimidés par le soulèvement que les coalitions avait excité et par la crainte de l'action du pouvoir. On ne vit jamais plus de régularité dans le désordre : les décrets rendus par leur association étaient connus et dénoncés plusieurs jours avant d'être exécutoires ; et, chaque semaine, le comité dirigeant désignait les fabriques dont les métiers devaient être frappés du cachet suspensif la semaine suivante. Un homme annonçait l'intention de prononcer, dans la journée, l'interdiction de quatorze cents métiers. Quatre fabriques d'*unis* furent relevées le 15 juillet de la condamnation décretée contre elles ; cinq restèrent sous le scellé, et treize fabriques de *façonnés* virent toutes leurs opérations suspendues, et leurs capitaux compromis, par le refus systématique de travail de leurs ouvriers.

Cependant l'excès du mal amena les fabricants à se concerter sur l'intérêt commun; plusieurs d'entre eux, occupant plus de trois mille métiers, prirent et signèrent l'engagement suivant :

« 1° Ils n'admettront à discuter sur les rapports
« entre eux et les ouvriers qu'ils occupent, aucun
« prétendu mandataire de section ; de plus ils ne
« consentiront aucune augmentation, durant la con-
« fection d'une pièce dont la façon aurait été con-
« venue, et fixée d'un commun accord entre le fa-
« bricant et le chef d'atelier ;

« 2° Dans le cas où un ou plusieurs métiers se-
« raient arrêtés dans un atelier, par suite de coa-
« lition, ils cesseront de donner de l'ouvrage au
« chef dudit atelier, *sur aucun de ses métiers*,
« tant que l'interdiction durera ».

L'avis qui suit, plus explicite encore, parut dans un journal :

« Un grand nombre de fabricants ayant considéré

« que donner de l'ouvrage à un ouvrier qui refuse,
« par suite de coalition illégale, de travailler pour
« une maison de fabrique, serait se rendre com-
« plice de la coalition et responsable du dommage
« matériel causé à ladite maison, portent à la con-
« naissance de ceux de leurs confrères qui pour-
« raient l'ignorer, qu'ils ont pris entre eux l'enga-
« gement d'honneur de n'occuper aucun métier
« venant de travailler pour une fabrique mise en
« interdit ».

Quelques arrestations de meneurs furent faites ;
et grace à la contenance de l'autorité, il y eut une
trêve courte : la fabrique put respirer pendant quelques instants ; mais l'anarchie veillait.

Conduit, par lassitude et dégoût, à ne raconter
que les principales scènes de désordre qu'elle pré-
para et mit à exécution, je ne dirai rien et des procès de *La Glaneuse*, et des poursuites du *Précurseur*, et des attroupements de la scène des Terreaux,
et des profanations républicaines faites au cimetière
de Loyasse, auprès de la tombe de Mouton-Duvernet,
général de l'Empire, auquel les radicaux s'avisèrent
de décerner une ovation ; et des insultes adressées
à la force publique par une multitude, aux ordres
de meneurs toujours les mêmes, chaque fois qu'un
désordre flagrant l'obligea à intervenir. Mais une affaire qui avait plus de gravité, celle des crieurs
publics, mérite une mention spéciale.

§ 6. — Le parti républicain essaya à Lyon (janvier
1834, le mode de publication à l'usage du peuple
dont *La Tribune* avait donné l'exemple à Paris.

Les crieurs publics firent leur apparition à la même époque, et presque le même jour, dans plusieurs grandes villes manufacturières, à Rouen et à Lyon, par exemple ; c'était de Paris que l'ordre de les faire descendre dans la rue était parti. Les républicains de province n'ont, sur aucune chose, les honneurs de l'invention ; ils attendent leurs instructions du comité des entrepreneurs d'émeutes, et en reçoivent tout faits les articles dont la propagation parmi les ouvriers peut servir le parti. Il s'agissait à Lyon de déterminer s'il convenait mieux de souffrir cette démonstration en la surveillant, dans l'absence d'une loi positive et lorsque la cour suprême n'avait pas prononcé, ou si la situation exceptionnelle dans laquelle se trouvait notre ville, commandait l'usage du droit de saisie préventive dont l'autorité judiciaire est investie. Beaucoup de citoyens éclairés partageaient la première opinion ; d'autres, alarmés chaque jour de plus en plus par l'audace du parti, adoptaient la seconde. Nous eûmes une seconde édition des scènes ridicules de la place de la Bourse : des rédacteurs de journaux radicaux menacèrent de descendre armés dans la rue, et de repousser par la force l'intervention de la police. Il était impossible de porter plus loin la déraison et l'oubli des premiers principes sur lesquels tout gouvernement régulier est assis. La paix publique n'avait rien à craindre sans doute de leur absurde colère ; mais, puisque l'autorité s'était prononcée, il lui importait de persister dans le même système.

Le dimanche (13 janvier), de neuf à dix heures

du matin, deux hommes revêtus d'un costume particulier, le chapeau ciré et l'écriteau sur la tête, escortés d'environ une trentaine d'individus, en partie armés de cannes à dard, et réunis pour prêter main forte aux crieurs, paraissent sur la place des Jacobins, et se disposent à distribuer l'écrit patriotique. Soudain un commissaire de police se présente escorté de deux agents, et enjoint à ces deux individus de lui livrer les numéros dont ils sont porteurs. Intimidés par le langage ferme de ce fonctionnaire, malgré leur formidable entourage, ils s'empressent d'obtempérer à l'invitation du commissaire de police, lorsqu'un de ceux qui les accompagnent, s'empare de l'écrit et se met à le distribuer lui-même aux assistants. Il est immédiatement arrêté, malgré les réclamations et les menaces de ses amis, et emmené à l'Hôtel-de-Ville, où il est écroué. Cette première tentative échoue complètement.

Mais les républicains ne se découragent point, et ils se déterminent à une manifestation décisive pour le dimanche suivant. Les sections de la société des Droits de l'Homme arrêtent qu'on repoussera, au besoin, la force par la force. Le samedi suivant, veille du jour fixé pour le conflit, le maire de Lyon fait placarder une affiche dans laquelle le point de droit sur les publications vendues par les crieurs est ainsi posé:

« Si, dit M. Prunelle, l'autorité judiciaire a pres-
« crit à Lyon la saisie de ces écrits, quelles que
« soient les décisions prises ailleurs, le mandat des
« officiers de police judiciaire demeure le même

« et ne cesse pas d'être obligatoire ; ce mandat sera
« rempli.

« Si, au contraire, les écrits colportés n'ont été
« l'objet d'aucune décision de la part de M. le juge
« d'instruction, aucun obstacle ne peut être opposé
« ni à leur vente, ni à leur distribution ; seulement
« la reconnaissance des écrits sera faite : rien n'en
« dispense.

La mairie se désarmait elle-même. Que firent les crieurs républicains ? ils mirent en vente sur la voie publique des écrits insaisissables, des discours de tribune, le récit de procès de presse ; et, liée par son arrêté, l'autorité municipale se vit réduite à ne demander que la vérification de la boîte des crieurs. Elle aurait eu pour elle le droit et la force, si elle eût suivi l'avis que lui donnait le préfet : M. de Gasparin lui avait conseillé de motiver l'interdiction des crieurs sur les lois qui remettent au maire le soin du maintien de l'ordre et de la sûreté sur la voie publique.

L'autorité ne s'opposait pas précisément, je le sais, au libre exercice de l'industrie des crieurs ; ce qu'elle exigeait, c'est qu'ils ne vendissent que des écrits préalablement soumis au dépôt et au visa; mais le public, qui vit paraître les crieurs le jour et à l'heure désignés, ne fit pas cette différence, et les républicains s'applaudirent comme d'une victoire de la tolérance de l'administration. Il y eut dans la conduite du pouvoir défaut d'unité et de suite ; il fit un pas rétrograde, et l'opinion ne s'y trompa point. Il fallait, ou persister dans le systême de la saisie préventive, ou abandonner les crieurs à l'indifférence et au bon sens public, ce qui était et plus sage et plus légal. Lorsque rien ne gêna les crieurs, leur métier ne fut bon à rien, et le débit de leurs pamphlets cessa; ils en vendirent jusqu'à douze mille exemplaires par jour tant que la police menaça de saisir. Ce qui resta de cette affaire, ce fut, parmi le peuple, l'opinion que l'autorité avait faibli, et rien ne pouvait être plus fâcheux. Quelque jours plus tard, il fut réellement question d'affubler les crieurs du bonnet rouge ; mais un arrêté du préfet parfaitement motivé y mit bon ordre ; le parti recula comme il avait reculé dans l'affaire du banquet aux six mille convives. Voici une autre conséquence de l'usage imprudent, à Lyon, du droit de saisie préventive en matière de crieurs publics : les meneurs colportèrent des petitions en faveur de la liberté de la presse menacée d'une ruine complète par le tyrannique juste-milieu d'atelier en atelier; elles furent couvertes de signatures d'ouvriers, et la république eut une occasion nouvelle de faire de nos tisseurs des hommes politiques.

§ 7. — Pendant les derniers mois de l'hiver, la fabrique de Lyon travaillait et gagnait encore, quoiqu'il y eût un ralentissement sensible dans l'exercice de son industrie, expliqué fort naturellement par l'excès même d'activité de la production depuis deux années. Le carnaval avait été fort gai : jamais il n'y avait eu dans notre cité plus de soirées, de bals, de fêtes brillantes ; les légitimistes eux-mêmes avaient pris part à l'élan général ; on avait vu la fidélité cesser enfin de bouder, et se livrer à tout l'entraînement de la saison. Ces fêtes et ces bals alimentent un grand nombre d'industries; ils mettent beaucoup d'argent en circulation, et concourent ainsi directement à l'amélioration de la condition matérielle des classes inférieures. Si l'on calculait la quotité des sommes dépensées cet hiver pour cet objet, on serait étonné du chiffre. L'industrie de Lyon est, au reste, essentiellement une industrie de luxe: nos brillantes étoffes, nos riches velours, nos satins façonnés à 30 ou 40 fr. l'aune, ne peuvent être portés que par des femmes riches. Déclamer contre le luxe, c'est donc déclamer contre le gagne-pain de l'ouvrier; c'était cependant ce que fesaient sans cesse nos journaux républicains. Ils dénonçaient à la colère du peuple ces bals et ces fêtes qui donnent du pain à tant de pauvres familles; ils tonnaient contre le luxe, en s'adressant à des ouvriers qu'une industrie exclusivement de luxe fesait vivre. Le radicalisme ne s'arrêta pas là, il travailla à convertir ses théories en faits. Un de nos banquiers avait annoncé un bal travesti magnifique; il reçut une lettre menaçante d'un nommé Mollard-Lefèvre, qui le sommait, au nom de la misère du peuple, d'ouvrir largement sa caisse aux indigents, en expiation du scandale de la fête promise. Elle eut lieu et fut très belle. Des groupes de femmes et d'individus du bas peuple encombraient les avenues de la porte-cochère devant laquelle les voitures s'arrêtaient, et accueillaient les invités par d'ignobles quolibets et des injures. Cependant la situation de Lyon était prospère et la condition de la classe ouvrière satisfesante ; mais la grande plaie de notre industrie devenait toujours saignante, et tous les partis travaillaient à l'envenimer.

§ 8. — L'affaire de Savoie, qui éclata sur ces entrefaites, avait, avec celle des crieurs publics, une intime connexion : pendant que les républicains auraient envahi les états sardes, des soulèvements auraient éclaté à Lyon et à Paris. C'était le 10 février que le mouvement des réfugiés italiens et polonais devait s'exécuter ; c'eût été à la même époque que vingt mille ouvriers en soie auraient été jetés dans nos rues et sur nos places, et la double insurrection se prêtant un mutuel appui, aurait marché plus sûrement à son but. Un contre-temps grave, et la crainte très fondée de l'intervention de la France, força les réfugiés italiens et sardes de devancer de dix jours l'exécution de leur dessein.

Les républicains de Lyon perdirent un point d'appui et une chance ; mais un moyen de désordre bien autrement important restait à leur disposition ; et, forts des coalitions d'ouvriers en soie, ils se déterminèrent bientôt à une affaire générale et décisive : quelques jours encore, et cette grande bataille, dénoncée au pouvoir national par M. Deludre, au nom de la société des Droits de l'Homme, se livrera dans l'enceinte de notre cité.

§ 9. — La coalition générale des ouvriers en soie au mois de février 1834 présente un caractère que n'avait encore montré aucune des manifestations de cette espèce : une solidarité systématique entre tous les genres, de fabrication des étoffes de soie. Pour obtenir le redressement des griefs de l'un. d'eux, tous abandonneront en masse les ateliers; ce principe ainsi posé, l'occasion d'en faire l'application ne pourra tarder.

La société des Mutuellistes est convoquée extraordinairement le mercredi 12 février pour délibérer sur la question de l'interdiction générale des métiers; elle reste en permanence toute la journée. Deux mille trois cent quarante-et-un chefs d'atelier sont présents; il y a douze cent quatre-vingt-dix-sept voix pour la cessation en masse du travail, et mille quarante-quatre pour la négative! A dix heures et demie du soir, la commission exécutive décrète la suspension du travail dans tous les ateliers à partir du vendredi 14 février. Le lendemain, tous les ouvriers qui ont à recevoir le salaire de leurs façons, viennent le réclamer; plusieurs avertissent les fabricants de ce qui se passe, et déplorent vivement l'obligation où ils se trouvent d'obéir à la majorité.

Quelle est la cause ou le prétexte de cette grande mesure? c'est une diminution de vingt-cinq centimes sur le prix de fabrication de l'aune de peluche; réduction apparente, et non réelle, comme une enquête ordonnée par le conseil des Prud'hommes le démontre peu de jours après.

Plus de vingt mille métiers cessent de battre dans tous les quartiers de la ville, et presqu'à la même heure, le vendredi 14 février. Quelques ouvriers veulent continuer de travailler; mais des députés des sections parcourent tous les ateliers, et, lorsqu'ils trouvent des récalcitrants, ils menacent de briser les métiers et de couper les pièces. La commission exécutive des mutuellistes veille avec un soin extrême à l'exécution de son décret : des menaces, des violences, de graves voies de fait sont employées contre les tisseurs qui manifestent l'intention de reprendre leur ouvrage; on les surveille, on les garde à vue, et la force opère ce que la persuasion n'a pu faire. Beaucoup d'ouvriers obéissent en gémissant, mais ils obéissent; plusieurs quittent la ville, et vont attendre à la campagne le dénoûment de cette démonstration.

L'enterrement d'un ouvrier donne lieu à une sorte de revue des forces des tisseurs en soie. Mille à douze cents de ces artisans composent le cortége ; ils marchent par quatre, deux férandiniers d'un côté, et deux mutuellistes de l'autre. Un commissaire de police, M. Menouillard, suivi de quelques soldats, prescrit à quelques-uns des hommes du convoi de déposer les insignes du compagnonage dont ils sont revêtus, et dont le port est défendu par une ordonnance; ses injonctions sont méprisées, le cortége n'en tient compte (1), et poursuit son trajet.

Cependant une vive inquiétude règne dans la ville : on se rappelle, en voyant se déployer l'immense file des ouvriers du centre de la ville au cimetière, leur promenade sur les places de Bellecour et de la Préfecture, peu de temps avant l'insurrection de Novembre. Un grand nombre de fa-

---

(1) 30 mars 1834.

milles quittent la ville, et la terreur est chez les fabricants. La plupart cachent leurs marchandises, ou les emballent et les exportent, demandent des passeports, et se hâtent de s'éloigner. Des capitaux considérables sortent de Lyon ; quelques-unes des maisons des Capucins et du Griffon, la maison Lenoir, entre autres, sont abandonnées : on prévoit les plus grands malheurs.

M. Prunelle adresse aux ouvriers une proclamation très mesurée (1). On y lit ces passages :

« L'interdiction dans les travaux de tissage ne
« porte pas seulement sur les étoffes dont les prix
« de façons ont été baissés ; l'interdiction a été ap-
« pliquée aux ateliers dans lesquels l'ouvrage était
« le mieux rétribué et où les ouvriers ne deman-
« daient plus rien.

« Il ne s'agit donc pas ici d'une de ces coalitions
« d'ouvriers, prévues par l'article 115 du Code pénal
« rapporté plus bas. On attaque violemment l'in-
« dustrie de la première ville manufacturière de
« France ; on veut arrêter ainsi les demandes du
« commerce, éloigner les acheteurs, forcer les
« capitaux à se porter ailleurs, et amener la misère
« parmi les ouvriers, afin de les pousser à la ré-
« volte.

« Ce ne sont pas des Lyonnais, ce ne sont pas
« des Français qui ont pu concevoir de pareils des-
« seins !

« Ces hommes veulent troubler l'État par la

---

(1) 15 février 1834.

« guerre civile ; ils rêvent la dévastation et le pil-
« lage ; ils méditent des crimes que les articles 91,
« 92 et 96 du Code Pénal punissent de mort. »

Mais les ouvriers coalisés ne tiennent aucun compte
des articles 91, 92, 96 et 415 du Code Pénal que
leur cite la proclamation du maire ; cet état exceptionnel et violent persiste pendant plusieurs jours.
Qui cédera ?

Ceux des fabricants qui n'ont pas quitté la ville,
comprennent leur position : la loi et le droit sont
pour eux ; un système d'inertie est celui qu'ils doivent suivre. Ce qu'ils ont à faire, c'est d'attendre
en paix dans leur magasin le retour de l'ordre ;
c'est de se refuser à toute concession, à toute transaction individuelle, c'est d'être fermes pour tout
sauver. Beaucoup sont rentrés chez eux.

Cependant une députation de chefs d'atelier se
rend auprès du préfet, et le prie d'intervenir comme
médiateur dans ce débat. M. de Gasparin s'y refuse
formellement : il déclare aux délégués que l'administration n'a rien à voir dans une question tout industrielle ; que les ouvriers sont libres de travailler
ou de se reposer ; et que tant qu'il n'y aura de leur
part nulle tentative de désordre, nul acte qualifié
de délit, il n'a pas à s'occuper de cette affaire.
« Si, dit-il, les lois sont violées, l'autorité fera son
« devoir. » Par cette conduite mesurée, l'administration évite de se compromettre, et de sortir
du cercle de ses attributions ; mais des troubles
peuvent faire explosion d'un moment à l'autre,
le général Buchet prend de bonnes mesures pour

les réprimer ; il ne sera pas pris au dépourvu.

Quelques conciliateurs, au moins maladroits, s'avisent d'un expédient : ils rédigent, en termes très soumis, une lettre ou pétition, adressée *à Messieurs les Membres du Conseil exécutif de la Société des Mutuellistes*, pour solliciter une sorte de capitulation. Des signatures leur sont nécessaires ; ils en surprennent quelques-unes ; les autres sont des noms républicains. Une signature donnée de très bonne grace à l'humble requête, est celle de M. Charles Depouilly, dont l'associé, M. Schirmer, a été tué aux journées de Novembre par *Messieurs les Ouvriers* ! Cette lettre, si hautement inconvenante à tant de titres, reconnaît en fait le pouvoir illégal de la commission exécutive des chefs d'atelier.

Une sorte de mercuriale est proposée aux fabricants par des délégués des ouvriers, comme transaction et pour sauver l'honneur de l'association. Elle est repoussée avec fermeté par ces industriels : ils savent que leur rôle est entièrement passif ; qu'on n'a rien à leur demander, puisque aucun deux n'a diminué le taux des salaires et qu'une concession individuelle compromettrait l'intérêt de tous. Des députés-ouvriers ont porté l'office de plusieurs maisons de commerce sur une liste de prétendus adhérents à la *mercuriale*, elles réclament avec énergie. Les fabricants ne céderont pas ; car rien n'est en litige ; d'ailleurs, d'une concession de vingt-cinq centimes à l'inexécutable tarif, il n'y a qu'un pas.

Cependant, plusieurs chefs d'atelier voudraient

continuer leur travail ; ils réclament le secours de l'autorité. La tyrannie qu'on exerce sur eux est insupportable ; il s'agit du pain de leur famille, de leur liberté, de leur avenir ; et la loi qui régit le pays ne permet ni les violences, ni les voies de fait, ni le bris des métiers, ni les visites domiciliaires. M. Prunelle fait annoncer que des piquets d'infanterie seront placés dans les rues principalement occupées par les ateliers de fabrication de soierie, et que les individus qui présenteraient encore pour interdire les métiers, seraient arrêtés immédiatement et livrés aux tribunaux. Cette mesure est exécutée. Elle manque entièrement son but ; ces mêmes chefs d'atelier qui l'avaient réclamée, n'osent se fier à la loi : « l'autorité ne sera pas toujours là, disent-ils, « et nous nous trouverons toute l'année exposés aux « dénonciations de nos voisins et aux vengeances « de nos camarades », tant est grande la terreur qu'inspire aux ouvriers la commission mutuelliste !

Pendant cet interdit de huit jours, la situation de la ville est inquiétante. Dès six heures du soir les magasins des rues qui entourent la place des Terreaux sont fermés, le Grand-Théâtre est désert, tous les bals, toutes les fêtes qui étaient annoncés sont ajournés indéfiniment. Cette population sans aveu et avide de désordres dont toutes les grandes cités, et particulièrement la nôtre, sont le refuge, s'exerce chaque soir sur la place des Terreaux à organiser une petite émeute. Le 19 et le 20, des sommations ont été nécessaires ; au premier roulement du tambour l'attroupement s'est évanoui ;

quatorze individus qui résistaient ont été arrêtés.

L'autorité persiste dans la ligne de conduite très sage qu'elle s'est tracée ; elle n'intervient pas dans une question où elle n'a point à intervenir, et se borne à multiplier et à organiser les moyens d'assurer le maintien du respect dû aux lois ; ce qu'elle fait avec autant d'activité que d'intelligence.

Enfin, le 21 février, tout semble s'acheminer vers une solution prochaine de ce débat industriel. Un grand nombre d'ouvriers commencent à travailler ; mais le plateau de La Croix-Rousse, véritable quartier-général de la population ouvrière, a persisté dans son inaction. Cependant, dans la matinée, quelques métiers s'étaient mis à battre ; des pierres ont été bientôt lancées contre les fenêtres, et le travail a été suspendu.

Dans la journée, les germes de collision qui existaient entre les ouvriers se sont développés et ont amené le résultat que tout le monde prévoyait depuis quelques jours. Des rixes, accompagnées de voies de fait, ont lieu sur la grande place de La Croix-Rousse, entre les partisans de la reprise des travaux et leurs adversaires. Un détachement d'infanterie est arrivé avec un commissaire de police pour y mettre un terme ; plusieurs arrestations ont été faites.

La mésintelligence la plus complète existe entre les associations d'ouvriers. Les mutuellistes, qui ont prononcé l'interdit et ordonné la suspension des métiers, sont maintenant ceux qui voudraient reprendre le travail. Ceux qui y mettent obstacle sont les ferrandiniers ou compagnons; ces derniers, demandent aux mutuellistes ou chefs d'atelier une indemnité pour les journées perdues. Ils ont le projet d'intenter contre eux une action en dommages-intérêts.

La veille, une discussion fort orageuse a eu lieu au sein du conseil exécutif de l'association mutuelliste. Le président est accusé de s'être vendu aux carlistes ou aux républicains, et d'avoir trahi la cause des ouvriers. Il est question de le mettre en accusation. Celui-ci traite fort cavalièrement l'assemblée et donne sa démission. Le 22, la reprise des travaux a été à peu près générale; le lendemain, sans transactions avec les fabricants, et sans concession aux ouvriers en peluche, tous les métiers ont recommencé à battre (1).

(1) Pendant que ces événements se passaient, une émeute éclatait à Saint-Étienne, le jeudi 20; elle se termina par l'assassinat d'un agent de police, père de sept enfants, nommé Heyraud. Une main républicaine porta ce coup par derrière à Heyraud, qui tomba mort; ce crime fut commis dans l'absence de toute provocation, sans l'excuse de l'ardeur du combat, sans prétexte et surtout avec la plus insigne lâcheté. Je n'ai rien à dire des républicains qui figurèrent dans ce déplorable épisode; les tribunaux n'ont pas encore prononcé. Beaucoup d'arrestations eurent lieu à Saint-Étienne; elles donnèrent la preuve de l'existence d'un complot qui avait son foyer à Lyon. Des visites domiciliaires furent faites chez quelques membres de la société des Droits de l'Homme et au bureau de *la Glaneuse*. Voici la singulière défense des prévenus que fit *le Précurseur* (27 février):

« Que quelques membres de la société des Droits de l'Homme, voyant l'autorité décupler ses régiments et pousser les fabricants à une résistance obstinée, dans le but de donner une vigoureuse leçon aux ouvriers, aient pensé que, malgré les bonnes intentions des ouvriers, un conflit pourrait bien s'engager; qu'ils aient cru qu'en ce cas, leur devoir serait d'adopter la cause des travailleurs et de

Quels ont été les résultats définitifs de cet interdit en masse lancé sur la fabrique? M. Charles Dupin les indique dans une lettre fort remarquable qu'il adresse aux mutuellistes.

Non seulement l'interdit lancé sur les ateliers en masse a causé, pendant les huit jours de sa durée, une perte de plus d'un million, il a de plus compromis tous les intérêts, fait sortir de Lyon de grands capitaux, et laissé les germes de nouvelles journées de Novembre. Six mutuellistes ont été arrêtés comme chefs de la coalition; leur procès servira de prétexte à la révolte, et vingt chefs d'atelier oseront adresser au procureur du roi une lettre dans laquelle ils se déclareront membres, comme eux, du conseil exécutif, et réclameront à ce titre leur part de solidarité, en le dispensant de toute formalité judiciaire.

§ 10. — La loi sur les associations avait été votée, son application à la société des Mutuellistes était inévitable; elle devait frapper la coalition au cœur. Nulle part ce désordre moral qu'avait signalé le *Journal des Débats* n'existait à un aussi haut degré qu'à Lyon : on y voyait un État dans l'État, et un

---

les défendre, s'ils étaient attaqués; qu'ils aient en conséquence écrit à leurs amis de Saint-Étienne pour les instruire de l'état des choses et les inviter à se mettre en mesure de seconder pour leur part la résistance du peuple : nous ne voyons là qu'une chose assez simple, fort souvent et très hautement proclamée dans tous les journaux de l'opposition, et qui n'acquiert, ce nous semble, aucune gravité pour avoir été écrite sous le sceau du secret d'une lettre particulière. »

Quand un parti ose avouer de coupables projets avec une aussi naïve effronterie, une insurrection est proche.

pouvoir illégal assez hardi pour se mettre en rebellion ouverte et déclarée contre la loi, et défier le pouvoir national. Un journal républicain appelait audacieusement le combat : « Maintenant, disait-il, les ministres ne peuvent plus reculer; ils doivent, et c'est une obligation qu'ils ont contractée solennellement envers la majorité de la chambre, ils doivent faire disparaître les associations de la surface de la France ; et, en conscience, nous n'imaginons pas de quelle manière ils peuvent seulement l'essayer. »

La société des Mutuellistes l'entendait bien ainsi : elle se constitua en permanence, et mit en délibération l'obéissance à la loi; ce qui était annoncer déjà une intention arrêtée de ne point s'y soumettre. Aussi l'assemblée prit-elle la résolution de résister ; elle formula une protestation qui est un modèle de déraison et d'impertinence radicale. Des ouvriers qui n'avaient fait usage de leurs facultés intellectuelles que pour pousser avec égalité leur navette de gauche à droite et de droite à gauche (1), discutaient, calomniaient l'œuvre des trois pouvoirs, et décrétaient la révolte ! « Les mutuellistes, disaient-ils, ont dû examiner et délibérer. » Les conséquences terribles de l'aberration mentale des travailleurs ne sauraient faire méconnaître le ridicule des considérants de leur protestation (2).

(1) Expressions de M. Ch. Dupin, lettre aux mutuellistes.
(2)     PROTESTATION DES MUTUELLISTES.
La société des Mutuellistes de Lyon, placée par le seul fait de sa

§ 11. — Cependant le procès des six mutuellistes doit avoir lieu samedi (5 avril), au tribunal de Police Correctionnelle. Il est évident qu'il sera l'occasion de graves désordres ; que doit faire l'autorité ? elle met en délibération les mesures de sûreté à prendre : fera-t-on occuper par des détachements de troupes de ligne la place et la rue Saint-Jean, la place de

volonté en dehors du cercle politique, croyait n'avoir à redouter aucune agression de la part des hommes du pouvoir, lorsque la loi contre les associations est venue lui révéler son erreur ; cette loi monstrueuse, œuvre du vandalisme le plus sauvage, violant les droits les plus sacrés, ordonne aux membres de cette société de briser les liens qui les unissent et de se séparer !..... Les mutuellistes ont dû examiner et délibérer.

Considérant en thèse générale que l'association est le droit naturel de tous les hommes, qu'il est la source de tout progrès, de toute civilisation ; que ce droit n'est point une concession des lois humaines, mais le résultat des vœux et des besoins de l'humanité écrits dans le code providentiel ;

Considérant en particulier que l'association des travailleurs est une nécessité de notre époque, qu'il est pour eux une condition d'existence, que toutes les lois qui y porteraient atteinte auraient pour effet immédiat de les livrer sans défense à l'égoïsme et à la rapacité de ceux qui les exploitent ;

En conséquence, les mutuellistes protestent contre la loi liberticide des associations, et déclarent qu'ils ne courberont jamais la tête sous un joug aussi abrutissant, que leurs réunions ne seront point suspendues ; et, s'appuyant sur le droit le plus inviolable, celui de vivre en travaillant, ils sauront résister, avec toute l'énergie qui caractérise des hommes libres, à toute tentative brutale, et ne reculeront devant aucun sacrifice pour la défense d'un droit qu'aucune puissance humaine ne saurait leur ravir.

Dumont, président de section ; Sabattier, Guétard, chef de loge centrale ; Drevet, Fulquet fils aîné, Aufran, Audelle, Michallon, Perreg, Bonnard, Bossu, Villiaz, Baudit.

(Suivent deux mille cinq cent quarante-quatre autres signatures, que le défaut d'espace ne nous permet pas de rapporter.)

Bellecour et les deux rives de la Saône? mais d'autres procès de coalition ont été jugés et se sont passés sans troubles, et, dans les affaires les plus graves et qui remuaient les passions les plus vives, quatre fusiliers placés à la barre avaient suffi toujours pour maintenir la police de l'audience (1); une foule n'est pas une émeute. Mus par un sentiment généreux, M. Pic, président du tribunal, les juges et le parquet désirent que le jugement des mutuellistes ne soit environné d'aucun appareil militaire. Ils croient que le respect pour la justice doit provenir de sa propre dignité, et non d'un déploiement de forces qui semblerait être la première atteinte portée par elle-même à la majesté de ses fonctions. Noble erreur ; mais qui devait avoir les conséquences les plus fatales. L'autorité ignorait-elle les projets des meneurs, l'irritation des ouvriers, leur mépris de la loi, et l'extrême facilité avec laquelle le moindre incident pouvait, dans de telles circonstances, pousser à l'insurrection une multitude si passionée?

La société des Mutuellistes fit ses dispositions. Un ordre de sa commission exécutive répartit ainsi les vingt hommes dont chaque section était composée : cinq hommes dans la salle d'audience ou dans la cour du palais de Justice; cinq sur la place Saint-Jean ou dans les rues adjacentes, et les dix autres dans le local ordinaire de leur loge, où ils attendront des instructions.

---

(1) Lettre du préfet du Rhône au *Courrier de Lyon* (6 avril).

Le jour du procès est venu (1), et les débats de l'affaire commencent. Une multitude immense remplit l'étroite enceinte du tribunal de Police Correctionnelle, la cour de l'hôtel Chevrières et la place Saint-Jean; tous les ouvriers sont à leur poste. Cette foule n'est point positivement malveillante, mais on y remarque une vive agitation. Après un long interrogatoire des prévenus et l'audition des témoins, le tribunal, fatigué du bruit, déclare, par l'organe de M. Pic, son président, que si le silence ne s'établit point il fera évacuer la salle et jugera à huis-clos. La cause est renvoyée au mercredi suivant. Cette décision est mal comprise par l'auditoire mutuelliste qui croit y voir l'intention d'éviter la publicité des débats. Des murmures bruyants l'accueillent : *Le jugement de suite ! Point de huis-clos ! La liberté de nos frères !* tels sont les cris qui se font entendre de toute part; mais la séance est levée.

Un témoin à charge sort en ce moment de l'auditoire. Il a déposé avec beaucoup de modération de quelques menaces qui lui ont été faites par l'association pour le forcer à cesser son travail. A peine a-t-il paru qu'il est reconnu, signalé et assailli par un groupe de forcenés; on l'accable d'injures et de coups, et sa vie est dans un péril imminent. Quelques avocats en robe viennent au secours de ce malheureux; le procureur du roi, M. Chégaray, indigné de ces actes de honteuse brutalité, se jette au travers de la foule furieuse pour protéger la

---

(1) Samedi, 5 avril.

vie de son témoin, arrive jusqu'à lui, le dégage, et saisissant de sa main un des perturbateurs, lui dit : « Je suis le procureur du roi, au nom de la loi « je vous arrête (1) ». Ce magistrat est aussitôt injurié, menacé et frappé, et ce n'est qu'avec une peine extrême que quelques personnes parviennent à l'arracher des mains des ouvriers dont il est entouré.

Un incident fortuit vient compliquer la situation. Le président du tribunal a réclamé un détachement pour faire évacuer une cour où se fait un tumulte qui trouble l'audience. Soixante hommes environ d'infanterie du 7<sup>e</sup> léger, commandés par le capitaine Paquette, se présentent; à leur aspect la multitude devient furieuse, une explosion de vociférations a lieu à l'instant; les dispositions de la foule sont séditieuses, et le désordre est porté au comble. Une section du détachement est placée au travers de la porte, l'autre reste dans la cour; mais elles ne peuvent contenir les ouvriers : la section de garde à la porte est enfoncée par un mouvement soudain et irrésistible de la multitude ; quelques hommes sont désarmés, le capitaine Paquette se précipite en avant et ressaisit les fusils; mais tous ses efforts sont bientôt inutiles.

---

(1) Un journal légitimiste appela à cette occasion M. Chégaray « le procureur du roi gendarme ». L'auteur de l'article, s'il eût été dans la position de ce magistrat ne se serait probablement pas exposé à une qualification semblable : tous les hommes ne sont pas capables d'une action aussi courageuse, et il est un parti politique surtout chez lequel de si nobles mouvements ont été toujours assez rares.

D'autres journaux ont dit que M. Chégaray avait été nommé chevalier de la Légion-d'Honneur à l'occasion de ses poursuites contre les mutuellistes au mois de février; c'est une erreur : l'ordonnance est du 9 janvier 1834.

M. Chégaray, s'emparant de l'écharpe du commissaire central, accourt au devant des groupes, et fait lui-même les trois sommations. Les soldats se portent en avant pour refouler les perturbateurs jusqu'au dehors de la cour; mais pressés et étouffés qu'ils sont par une masse énorme, que peut leur petit nombre ? Ils s'arrêtent; les ouvriers les menacent, et veulent savoir si les fusils sont chargés; quelques soldats obéissent, et le son aigu de la chute de la baguette de fer au fond du canon du fusil annonce à la multitude qu'elle n'a rien à redouter. « Otez vos baïonnettes ! A bas les baïonnettes ! » s'écrient les ouvriers; le détachement se rend à cette sommation. Quelques soldats boivent avec des mutuellistes dans la cour du palais et sur la place Saint-Jean.

Un brigadier de gendarmerie a montré beaucoup de résolution : il s'est jeté au travers de la foule pour dégager M. Chégaray; un ouvrier tailleur dit à ceux qui l'entourent : « Voilà le brigadier de gendarmerie qu'on a vu dans les événements de Novembre, il faut le tuer ! allons mes camarades, un coup de main, vous savez que nous vous aidons. »

Aussitôt ce gendarme est assailli de toute part; son épée est brisée; on lui arrache sa croix d'honneur, dont un groupe se fait un trophée, et qu'il court jeter dans la Saône avec une sorte de solennité. Ce brigadier, dégagé par quelques braves gens, ne parvient à échapper à la mort que par la fuite; il est vivement poursuivi, et la maison dans laquelle il s'est réfugié, est dévastée. Un autre gendarme a éprouvé les plus mauvais traitements ; son sabre lui a été arraché. La multitude est maîtresse du champ de bataille, et dans l'horrible mêlée, les plus grands excès sont à craindre.

Les juges, le procureur du roi, le commissaire central Prat, et le commissaire de police Arnault, courent de très grands dangers ; mais une porte dérobée permet aux magistrats de s'enfuir ; c'est par une petite fenêtre donnant sur un fenil, que les deux commissaires ont cherché leur salut. M. Arnaud a eu la paume de l'une de ses mains coupée d'un coup de poignard ou de couteau ; sa blessure n'a rien de dangereux.

Toute résistance serait vaine ; le capitaine Paquette, dont les efforts pour rétablir l'ordre ont été inutiles, se retire avec ses hommes au moment où le procureur du roi va lui en faire l'invitation (1).

Rien de plus naturel que la conduite des soldats pendant cette scène : que pouvaient-ils en si petit nombre, contre une multitude exaspérée? Il n'y a eu ni connivence ni faiblesse chez eux et chez l'officier qui les commandait ; mais cet épisode n'en à pas moins eu une très grande portée, et il exercera une influence morale fatale. Déja le peuple était persuadé que la garnison était déterminée à ne pas faire usage de ses armes contre lui, et ce qui s'est passé est devenu en quelque sorte la démonstration officielle de cette fatale opinion.

(1) Traduit devant un conseil de guerre, le capitaine Paquette a été acquitté à l'unanimité.

Le lendemain, l'enterrement d'un chef d'atelier mutuelliste fut, pour l'association, l'occasion d'un déploiment de forces, et une menace indirecte adressée au pouvoir. Huit mille ouvriers ferrandiniers ou mutuellistes composaient le cortége funèbre ; on remarquait parmi eux un certain nombre de membres de la société des Droits de l'Homme (1). A huit heures du soir, des bandes qui paraissaient être un démembrement du convoi parcoururent quelques-unes des rues principales de la cité, vociférant *la Marseillaise* et *le Chant du Départ*, et proférant des cris de « Vive la république ! A bas les tyrans ! A bas le juste-milieu ! » Il n'y avait plus à se méprendre sur les projets des perturbateurs, et de nouvelles journées de Novembre étaient inévitables et prochaines.

(1) Quatre hommes marchaient de front et beaucoup de files en comptaient cinq : le cortége allant au pas accéléré mit vingt-sept minutes à passer, et soixante-et-dix rangs défilaient par minute ; ainsi mon calcul approximatif est exact.

# CHAPITRE V.

**INSURRECTION D'AVRIL.**

§ 1er. — Préludes de l'insurrection. — Etat de l'opinion. — Préparatifs faits par l'autorité et par les républicains.

Appelé à raconter de nouvelles scènes de désolation et de sang, je m'arrêterai un instant, avant de commencer cette tâche déplorable, pour caractériser la situation, et la comparer à celle de Lyon au jour qui précéda immédiatement la lutte de Novembre.

Il est un fait qu'il faut poser d'abord pour bien comprendre les événements : la question des salaires n'est plus rien depuis long-temps dans les déplorables désordres de notre cité. Ce que l'ouvrier demande, ce n'est pas une augmentation de deux ou trois sous par aune de peluche, de taffetas ou de velours, le prix de la main-d'œuvre ne sert plus même de prétexte ; ce qu'il appelle de tous ses vœux, le but de la coalition des ferrandiniers et des mutuellistes, ce n'est pas seulement la conquête d'un tarif, c'est encore autre chose : il veut une part dans les bénéfices des fabricants, il exige une représentation plus large dans les jouissances de la vie sociale, il s'indigne de l'obligation du travail et de l'économie, et dit aux riches, comme Figaro aux grands seigneurs de son temps : « Qu'avez-vous fait pour devenir ce que vous êtes ? Vous vous êtes donné la peine de naître ! » Les ouvriers, ou du moins un grand nombre parmi eux, sont bien déterminés à ne pas entendre la voix de la raison et de l'expérience, et c'est bien en vain qu'on essaierait encore de leur parler de la liberté du commerce, et des conditions sans lesquelles il n'est pas d'avenir prospère pour leur belle industrie. Ce n'est pas leur intelligence qu'il faut accuser de cette fatale situation : elle a beaucoup grandi depuis la révolution de Juillet et les journées de Novembre; c'est l'aberration déplorable d'esprit à laquelle ils se sont laissés conduire.

Les ouvriers étaient intimement persuadés que les troupes assisteraient l'arme au bras aux événements. Telle était aussi l'opinion des républicains et des membres de la société des Droits de l'Homme : ils croyaient avoir de nombreux partisans chez les sous-officiers et dans l'arme de l'artillerie. « L'armée, disaient-ils, est mécontente, et nous pouvons compter sur elle. »

Rien n'égalait l'audace et l'insolence de l'association mutuelliste ; elle avait l'idée la plus haute de sa puissance : l'avocat des coalitions n'avait-il pas dit aux ouvriers : « Vous êtes les plus forts ; ce
« serait le comble de l'ineptie que de prétendre

« vous effrayer par la menace continuelle d'une ré-
« pression brutale. » L'association était convaincue
de la connivence, ou du moins de la neutralité des
troupes.

Cependant une vive inquiétude affecte tous les
esprits : dans les journées du lundi et du mardi,
un grand nombre de fabricants commencent à em-
baller leurs marchandises et leurs effets les plus
précieux ; leur terreur est grande : plusieurs ont
quitté la ville. Ils croient que si une collision a lieu,
l'autorité sacrifiera les rues qu'ils habitent, et con-
centrera sur les forts détachés tous les moyens militaires dont elle dispose : « Elle ne voudra pas, disent-ils, commettre les troupes de la garnison dans
les rues, et nous serons victimes. » Tous les raisonnements possibles ne peuvent leur faire perdre cette
opinion. Quelques-uns savent que l'orage ne les menace point, et paraissent étonnés de n'être pour rien
cette fois dans un mouvement d'ouvriers. Depuis
six semaines, beaucoup se sont vus obligés de faire
cesser le travail : le haut prix de la main-d'œuvre
ne leur permettait pas de continuer à faire battre
les métiers, et l'expérience du passé leur avait appris
le danger d'abaisser les salaires. Ainsi l'absurde tactique des meneurs des ouvriers a tourné contre eux
sous ce rapport encore.

Il n'y a pas dans les conseils des républicains et
d'ouvriers unanimité d'opinion sur le moment le
plus convenable pour lever le drapeau de l'insurrection : beaucoup voudraient attendre jusqu'au jour
de la promulgation de la loi sur les associations,

et proposent de fixer au 14 l'attaque du gouvernement. Un plus grand nombre sont d'avis qu'il faut profiter de l'occasion du procès des six mutuellistes. Ils font observer que tout délai servira au pouvoir; que le gouvernement pourra changer la garnison dans l'intervalle ou appeler à Lyon des forces nouvelles; qu'il faut profiter des bonnes dispositions des troupes, et qu'un ajournement d'une semaine peut tout mettre en question et tout perdre. » L'anarchie est, au reste, dans le complot : ceux des conjurés qui ont quelque capacité sont déclarés suspects; on appelle traîtres ceux qui veulent attendre; il n'y a aucune unité de plan. Enfin, après de longs débats, il est décidé qu'on agira ; cette opinion n'est adoptée cependant qu'à une assez faible majorité.

Mais l'autorité est en mesure depuis long-temps, et rien ne ressemble moins, sous ce rapport décisif, à Novembre que la situation d'Avril. Tout a été prévu, calculé, arrêté d'avance; un plan de campagne, longuement délibéré, a déterminé les opérations militaires à suivre. Les journées de Novembre ont été interrogées par des militaires habiles; et leur souvenir a présidé aux constructions des forts et des casernes de La Croix-Rousse, de La Guillotière et des Brotteaux. Lorsque la révolte se produit avec tant d'audace, le pouvoir, dans son intérêt et dans celui de la société, doit tirer l'épée et jeter le fourreau : l'autorité militaire a reçu l'ordre d'agir avec la plus grande énergie si elle est attaquée, et elle est très disposée à l'exécuter.

Dans la soirée du mardi, le lieutenant-général

Aymard réunit chez lui M. de Gasparin, préfet; M. Vachon, adjoint; les conseillers de préfecture, les conseillers municipaux et les officiers de l'état major. Il est décidé dans cette assemblée que, pour ne laisser aucun prétexte à la révolte, les abords du tribunal de Police Correctionnelle resteront parfaitement libres; le conseil se sépare assez tard après avoir arrêté toutes les mesures pour le lendemain (1).

§. 2. — Les républicains commencent l'attaque. — Barricades. — Récit des événements.

PREMIÈRE JOURNÉE. — *Mercredi 9 avril.*

A sept heures du matin, toutes les troupes sont à leur poste, armes chargées, gibernes munies, sac au dos, et des vivres pour deux jours : l'ordre

---

(1) Voici l'état des forces dont l'autorité dispose : sixième de ligne, trois bataillons ; vingt-septième de ligne, trois bataillons ; vingt-huitième de ligne, deux bataillons ; quinzième de ligne, un bataillon (il arrive le 10); vingt-unième de ligne, un bataillon (il sera à Lyon le 9 au soir); septième léger, deux bataillons ; quinzième léger, deux bataillons et quatre compagnies; seizième léger, un bataillon (il sera à la disposition du général le 9 au soir) : total de l'infanterie, quinze bataillons et quatre compagnies.— Cavalerie: le septième dragons, cinq escadrons ; le huitième dragons, deux escadrons (ils arriveront le 13) ; artillerie, le treizième régiment, dix batteries ; génie, deux compagnies. — Total environ dix mille cinq cents hommes. Mais il faut déduire de ce chiffre les malades, les conscrits qui ne sont pas armés, et les soldats commis pour garder les forts ; six mille cinq cents hommes composent tout l'effectif disponible de la garnison.

a été donné pour que l'approvisionnement s'étende aux besoins de quatre jours ; mais un contre-temps n'a pas permis qu'il arrive à temps à l'intendance. La garnison est partagée en quatre grands commandements, subdivisés, suivant les circonstances, en commandements d'une importance moindre, et ainsi disposés : le général Fleury, à La Croix-Rousse ; le lieutenant-colonel Diettmann, commandant de place par intérim, à l'Hôtel-de-Ville ; le général Buchet, à l'Archevêché ; le lieutenant-général Aymard, commandant la division, à Bellecour, avec la réserve. Le général Aymard est assisté du général Dejean, qui, de passage à Lyon pour aller prendre le commandement du département d'Indre-et-Loire, n'a pas voulu laisser échapper l'occasion d'être utile à son pays.

Voici la répartition de la garnison : place Saint-Jean, une colonne d'élite du $7^e$ léger, sous les ordres d'un chef de bataillon ; à l'Archevêché, dans la cour, et à la tête du pont Tilsitt, ce qui reste du $7^e$ ; sur la rive gauche de la Saône, un demi-bataillon du $6^e$, adossé à l'hôtel du Palais-Royal et détaché de la réserve, et un peu plus bas, auprès du corps-de-garde des Célestins, un demi-bataillon du $28^e$ ; sur la place Bellecour, la réserve, composée de deux bataillons du $6^e$, d'un bataillon du $15^e$ léger, de quatre escadrons du $7^e$ dragons, de deux batteries à cheval du $13^e$ avec le matériel d'une batterie ; à l'Arsenal, une batterie à pied du $13^e$, venant de Pierre-Bénite ; sur la place de Louis XVIII, trois bataillons du $13^e$ et le matériel d'une batterie ;

à La Guillotière, un bataillon du 6e et un escadron du 7e dragons; au fort Lamotte, cent hommes du 6e; sur la place Louis XVI (Brotteaux), un bataillon du 15e léger; à l'Hôtel-de-Ville, un bataillon venant des Collinettes. Les ponts sont occupés, les forts armés, des pièces de canon placées sur différents points; un fort détachement du 7e, qui doit garder l'intérieur du tribunal, y est entré de nuit; quelques gendarmes se rendront au même lieu.

A huit heures du matin, M. B*** vient à l'Archevêché donner avis à M. de Gasparin que les chefs de section de la Société des Droits de l'Homme se sont réunis dans une maison de la rue Bourgchanin; il apporte une masse de proclamation encore humide de la presse. Un membre de l'administration municipale, conseille l'arrestation immédiate d'hommes dont les mauvaises dispositions ne sont pas douteuses, et qu'on saisira en état de conspiration flagrante. Un autre fait remarquer les inconvénients de ce premier acte de l'autorité, avant le commencement des hostilités sur la voie publique, et dit avec beaucoup de raison que l'opposition ne manquera pas de le dénaturer, et d'affirmer que le pouvoir, seul agresseur, a provoqué lui-même l'insurrection. Ce n'est pas d'ailleurs chose si facile que d'arrêter les chefs sectionnaires au lieu de leur réunion; ne prendront-ils pas la fuite, aussitôt qu'ils verront approcher les agents de la force publique? On laissera faire.

Il est neuf heures et demie; la foule commence à garnir la place Saint-Jean et les cours de l'hôtel de Chevrières. La plupart des hauts fonctionnaires, sont à l'Archevêché, près du théâtre des événements. Quelques-uns des chefs principaux des diverses associations paraissent sur la place Saint-Jean; on se demande encore si on les fera arrêter? non, ils n'ont commis aucun désordre, et, avant tout, l'autorité doit éviter jusqu'à l'apparence de l'agression; elle se laissera attaquer. Des rassemblements, assez peu considérables, se forment sur la place Saint-Jean; on y remarque peu d'agitation encore. Un homme se place au milieu du groupe le plus nombreux, et lit une proclamation républicaine adressée aux soldats et aux ouvriers. Dans ce moment même, le colonel de gendarmerie passe auprès, lui arrache sa feuille humide encore de la presse, et l'arrête (1). L'affluence augmente; mais

(1) Voici cette proclamation :

Citoyens,

L'audace de nos gouvernants est loin de se ralentir : ils espèrent par là cacher leur faiblesse, mais ils se trompent : le peuple est trop clairvoyant aujourd'hui. Ne sait-il pas d'ailleurs que toute la France les abandonne, et qu'il n'est pas un homme de conscience, dans quelque position qu'il soit, manufacturier ou prolétaire, citoyen ou soldat, qui ose se proclamer leur défenseur!....

Citoyens, voici ce que le gouvernement de Louis-Philippe vient encore de faire..... — Par des ordonnances du 7 de ce mois, il a nommé plusieurs courtisans, ennemis du peuple, à des fonctions très lucratives. Ce sont des sangsues de plus qui vont se gorger de l'or que nous avons tant de peine à amasser pour payer d'écrasants impôts. Parmi eux se trouve Barthe le renégat, qui est aussi nommé pair de France!..... Ainsi l'on récompense les hommes sans honneur, sans conscience, et on laisse souffrir de misère tous ceux qui sont utiles au pays : les ouvriers, par exemple, et les vieux soldats. Pourquoi nous en étonner!.... Ceux-ci sont purs et braves,; ils ne chérissent l'existence que parce qu'elle leur donne la faculté d'aimer

tout-à-coup la place Saint-Jean est entièrement évacuée ; pas un républicain, pas un ouvrier ne paraissent devant la cathédrale : c'est la solitude la plus absolue et un silence complet.

Les barricades sont commencées à la tête de la

et de servir leur patrie ; c'est pourquoi aussi on les emprisonne, on les assomme dans les rues, ou ou les envoie à Alger !.... Ce n'est pas là ce que ferait un gouvernement national, un gouvernement républicain.

Mais l'acte le plus significatif de la royauté, c'est la nomination de Persil au ministère de la justice !.... Persil, Citoyens, c'est un pourvoyeur d'échafauds !.... C'est Persil qui a voulu faire rouler les têtes des hommes les plus patriotes de la France, et si les jurés les lui ont refusées, ce n'est pas faute d'insistance de sa part !.... C'est Persil qui a eu l'infamie de dire le premier qu'il fallait détruire les associations et abolir le juri !!! —En le prenant pour ministre, la royauté a donc adopté toutes les pensées, toutes les haines de cet homme ! Elle va donc leur laisser un libre cours !... Pauvre France, descendras-tu au degré d'esclavage et de honte auquel on te conduit ?...

La loi contre les associations est discutée dans ce moment à la chambre des pairs. Nous savons tous qu'elle y sera immédiatement adoptée. Nous la verrons donc très incessamment placardée dans nos rues !.... Vous le voyez, Citoyens, ce n'est pas seulement notre honneur national et notre liberté qu'ils veulent détruire, c'est notre vie à tous, notre existence qu'ils viennent attaquer. En abolissant les sociétés, ils veulent empêcher aux ouvriers de se soutenir dans leurs besoins, dans leurs maladies ; de s'entr'aider surtout pour obtenir l'amélioration de leur malheureux sort !... Le peuple est *juste*, le peuple est *bon* ; ceux qui lui attribuent des pensées de dévastation et de sang, sont d'infames calomniateurs : mais ceux qui lui refusent des droits et du pain sont infiniment coupables.

Ouvriers, Soldats, vous tous enfants de l'héroïque France, souffrirez-vous les maux dont on vous menace, consentirez-vous à courber vos têtes sous le joug honteux qu'on prépare à votre patrie ! Non, c'est du sang français qui coule dans vos veines, ce sont des cœurs français qui battent dans vos poitrines, vous ne pouvez donc être assimilés à de vils esclaves. Vous vous entendrez tous pour sauver la France, et lui rendre son titre de première des nations !... »

8 avril 1834.

rue Saint-Jean et aux débouchés des rues qui s'ouvrent sur la place : quelques maisons en construction fournissent abondamment des matériaux; des tonneaux, des poutres sont entassés, et les rues, dépavées, fournissent de nombreux projectiles; on barricade tous les alentours de la place. Ainsi la tactique des perturbateurs, dans cette première scène de l'insurrection, est d'isoler le général Buchet, de l'entourer sur tous les points, de l'acculer dans un espace resserré, et de le mettre dans l'impossibilité d'agir; mais il ne se laissera point priver de ses communications. Instruit qu'on élève une seconde, une troisième, puis une quatrième barricade, il donne l'ordre à un demi-bataillon du $7^e$ léger, et à un peloton de gendarmes, de déblayer la voie publique en commençant par la rue Saint-Jean, mais de s'abstenir de faire feu si nul acte d'hostilité n'est commis. Ce détachement arrive sur la place, toujours entièrement déserte; le colonel de gendarmerie Canuet et le colonel Lalande sont sur le perron de la cathédrale. Quelques soldats et des agents de police se précipitent sur la barricade, et s'efforcent de la renverser; ils sont assaillis à l'instant par une grêle de pierres que lancent des hommes embusqués derrière des portes d'allée, des pans de muraille ou des cheminées. Il y a, non seulement résistance, mais encore agression; un coup de carabine part du détachement : les gendarmes ont commencé le feu.

Pendant ce temps, le procès des mutuellistes commençait; au bruit de la première détonation l'avocat des prévenus, M. Jules Favre, s'arrête : il ne peut continuer son plaidoyer pendant que les citoyens s'égorgent. Une vive préoccupation affecte l'auditoire; M. Pic, président du tribunal, lève la séance. Aussitôt magistrats, avocats, procureur du roi, mutuellistes présents à l'audience, et curieux amenés par ce spectacle, descendent pêle-mêle dans la cour de l'hôtel de Chevrières, et cherchent à regagner leur domicile avant que les hostilités se soient étendues (1). Un agent de police, Faivre,

(1) La première scène des journées d'avril, celle du commencement des hostilités, a été racontée avec fort peu d'exactitude par les journaux de Lyon, qui ont été, en général, mal informés sur le plus grand nombre des faits relatifs aux derniers troubles. Je puis parler de ce point important comme témoin oculaire, et témoin unique ; aucun autre citoyen, si je ne me trompe, ne s'est trouvé présent à la formation et à l'attaque des premières barricades.
Je passais le mercredi matin, à dix heures et demie, dans la rue Saint-Georges, en me dirigeant sur la place Saint-Jean. Ce quartier populeux était fort paisible ; mais je vis, près des abords de la place, quelques individus commencer, sans opposition, à barricader la rue Saint-Pierre-le-Vieux et d'autres petites rues voisines ; quelques femmes fermaient leur boutique ; des conversations s'engageaient de fenêtre à fenêtre, des ouvriers causaient sur la porte d'allée, et regardaient, mais sans manifester aucune émotion. J'entrai sur la place Saint-Jean, elle venait d'être évacuée tout-à-coup par la foule et était absolument déserte. Une barricade avait été construite à la tête de la rue Saint-Jean ; et d'autres s'achevaient dans les rues latérales ; quelques soldats et quelques gendarmes paraissaient devant le portail de l'hôtel de Chevrières et sur la plate-forme qui le couronne, mais, du reste, aucun bruit, aucun cri ne se fesait entendre. J'allai me placer sur une banquette de pierre, devant les portes de la cathédrale, qui toutes étaient fermées, et j'attendis. A onze heures, un détachement considérable de troupes de ligne déboucha sur la place ; quelques soldats, précédés d'officiers de police se dirigèrent vers la rue Saint-Jean ; je me levai, et me réunis au groupe. A peine les soldats avaient-ils porté la main sur la barricade pour la détruire, que des pierres énormes leur furent lancées des croisées, des portes d'allées et des toits : on ne voyait

mortellemsnt blessé par un soldat au moment où il s'élançait sur la barricade, est apporté chez le concierge de l'hôtel de Chevrières. Son sang qui coule en abondance, annonce quels événements vont s'accomplir.

M. de Gasparin, sans uniforme, à pied, et accom-

pas de rassemblement. Un coup de feu se fit entendre ; le commissaire de police Arnaud, me saisissant le bras, me dit : « On vient « de me tirer un coup de pistolet à bout portant. » La grêle de projectiles continua, et l'ordre de faire feu fut donné au détachement. Cette première décharge eut lieu sur la barricade et sur les fenêtres ; aucun insurgé ne fut certainement atteint ; mais je vis tomber à quatre pas de moi l'agent de police Faivre, qui s'était précipité l'un des premiers sur la barricade et à qui une balle, lancée par le fusil d'un soldat, avait traversé le ventre de part en part. On transporta ce malheureux à l'hôtel de Chevrières ; je l'y accompagnai. Un chirurgien-major de la ligne pansa la blessure, et se servit de la ceinture de l'agent, comme d'un bandage, pour contenir les viscères qui s'échappaient à travers la plaie. Tous les soins furent prodigués à Faivre ; M. Chégaray surtout s'empressa de lui faire donner les secours dont il pouvait disposer. On essaya, mais en vain, de faire conduire le blessé à l'Hôtel-Dieu : déja la circulation dans les rues était difficile. Faivre mourut dans la soirée.

L'affaire s'engagea de la même manière aux alentours de la rue Saint-Jean ; partout des pierres furent lancées sur les soldats qui se présentèrent pour renverser les barricades, et sur tous les points la troupe ne commença le feu qu'après cet acte d'agression. Il n'y eut nulle part d'engagement au début des hostilités ; nulle part les soldats n'eurent occasion de tirer sur des groupes ou sur des attroupements.

Il est un fait digne de remarque, et qui servirait seul à constater le complot : les barricades commencèrent dans toutes les rues précisément à la même heure; celle du pont de la Feuillée était achevée avant qu'on ne commençât celle de la rue Saint-Jean. On barricadait en même temps la Grand'Côte.

Je quittai l'hôtel de Chevrières à midi, après m'être entretenu de l'insurrection avec quelques chefs d'atelier, qui avaient fait partie de l'auditoire, et qui me parurent déplorer cette collision, en ne me déguisant cependant pas leurs sympathies.

pagné d'un conseiller de préfecture, est à la tête du pont Tilsitt, près de l'église Saint-Jean, au moment où la lutte s'engage; bientôt après, il marche, avec une compagnie de voltigeurs à l'attaque de la barricade de la rue des Prêtres, et l'enlève sous une grêle de pavés.

Cependant d'autres lieux ont vu se renouveler les actes d'agression des perturbateurs; partout, aux environs de la place, la fusillade s'est engagée entre les insurgés et les soldats, pour qui sont tous les désavantages, et en première ligne celui d'être à découvert. Un quart d'heure s'est écoulé à peine, que, sur une multitude de points divers, des barricades se sont élevées; elles cernent la place de la Préfecture, et coupent les rues Mercière, de l'Hôpital et Grolée. Des hommes, en petit nombre et la plupart sans armes, les forment tranquillement en présence d'une population étonnée; ils s'emparent pour les construire de fagots, de tonneaux vides, de portes, de pièces de bois de toute espèce; renversent des charrettes, dételent les voitures, et donnent quelquefois à ces travaux une sorte de régularité. La rive droite du Rhône est bientôt partagée ainsi en plusieurs sections.

Le lieutenant-général envoie une pièce de canon sur la rive gauche de la Saône, près du pont suspendu, et dans le prolongement de la rue de la Préfecture, pour enfiler cette rue et déloger les ouvriers républicains de la position qu'ils ont prise dans le nouveau théâtre sur la place des Jacobins. Il est midi à peine et déjà l'insurrection est générale;

partout on achève ou l'on commence des barricades; partout elles sont assaillies par les soldats. Celles-là ne sont pas défendues (1); celles-ci sont le théâtre d'une vive résistance : d'invisibles ennemis accablent les soldats d'une grêle de pierres, de tuiles, de projectiles d'espèce diverse, et, sur quelques points, font un feu très bien nourri. Des insurgés ont barricadé le pont du Change; aussitôt quatre compagnies sont envoyées sur ce point par le générabl Buchet, pour rétablir les communications de la rive droite de la Saône avec la rive gauche. Elles rencontrent une vive résistance, ne peuvent remplir leur mission, et viennent prendre position sur la place de Roanne et couvrir la prison. Le 7$^e$ léger occupe tout l'espace compris entre la rue des Prêtres et le pont du Change. Une maison, dans la rue de Saint-Pierre-le-Vieux, inquiète beaucoup les soldats par son feu; un pétard en fait sauter la porte; les insurgés qui s'y sont renfermés jettent leurs armes et demandent la vie à genoux : ils sont faits prisonniers.

Le tocsin sonne et de nombreuses décharges se font entendre. Une pièce de canon, placée sur le pont du Concert, tire sur les Brotteaux; des pièces d'artillerie roulent sur le pavé. Un silence de mort succède d'intervalle en intervalle au fracas de l'artillerie. Cette lutte, que la société des Droits de

---

(1) Le quai de Retz est déblayé en un instant. Une charrette pesamment chargée de ballots de soie embarrassait le quai Bon-Rencontre; des soldats la jettent dans le Rhône avec son riche fardeau; elle est entraînée par les eaux et vient s'échouer devant la rue Maurico. On ne put la retirer du fleuve que six jours après.

l'Homme avait promise, et qu'on a osé dénoncer au pouvoir a commencé !

On n'entend rien, absolument rien : les rues, les places, les quais sont déserts ; personne ne se montre aux fenêtres ; tous les magasins sont fermés. Bloqués dans leurs appartements, les citoyens ignorent absolument ce qui se passe. Les troupes montrent la plus grande résolution, et mettent dans leurs opérations un ensemble et une intelligence qui leur présagent un succès complet ; mais on sait comment ces journées commencent, et il est impossible de prévoir comment elles doivent finir. Un vent du nord violent ajoute encore à l'horreur de cette scène.

Les ponts Morand, du Concert et de La Guillotière sont au pouvoir des troupes de la garnison qui tirent dans la direction des rues. Tantôt les cloches se taisent, tantôt le tocsin retentit. Il n'y a plus de barricades le long du quai de Retz, depuis le faubourg de Bresse jusqu'à Perrache ; pas un homme ne se montre le long des deux rives du Rhône. Quelquefois, mais rarement, quelques pelotons de soldats courent le long du quai, et font feu en passant sur les rues qui s'y ouvrent

Un long combat s'est engagé sur la place de la Préfecture.

Dès onze heures et demie du matin, cette place a été entourée de barricades : on en voit à l'entrée de la rue Saint-Dominique, et des rues Mercière, de la Préfecture, et Confort. Un parti considérable d'insurgés s'est embusqué dans le théâtre provisoire ; il est en force sur ce point. Toutes ses attaques se dirigent sur l'hôtel de la Préfecture qu'il veut enlever et dont il ne peut forcer les grilles; la garde s'est retranchée dans la cour, et n'oppose aux assaillants qu'une résistance passive. Après de vains essais pour renverser la barrière, les républicains songent à l'escalader, et se munissent d'échelles. Un groupe nombreux se précipite dans la rue de la Préfecture où il espère surprendre des tirailleurs de la ligne; mais les boulets de la pièce de canon placée près du pont suspendu balaient les insurgés, qui refluent sur la place, et continuent le siége de l'hôtel.

Cependant le général Buchet a pris ses mesures pour nettoyer la place, et a donné le signal; elle sera attaquée de deux côtés; par la rue Saint-Dominique, et par la rue de la Préfecture. Déja des tirailleurs de la ligne ont gagné du terrain, et de la rue de la Monnaie sont arrivés sur la rue Mercière. Les grenadiers du premier bataillon du 6e de ligne, conduits par le commandant Alessandrini, accourent le long de la rue Saint-Dominique au pas de course, enlèvent la barricade, pénètrent sur la place, et se précipitent sur les insurgés, qui s'enfuient de toute part. Un grenadier s'empare du fusil d'un ouvrier qui escaladait la grille de l'hôtel; un autre saisit au corps un républicain, et le tue. Une compagnie du 6e débouche sur la place; un groupe de républicains se précipite au devant d'elle, et l'invite à faire cause commune avec le peuple; elle répond par un feu de peloton bien entretenu. Pendant ce temps, le lieutenant-général a dirigé le demi-bataillon n° 3 du 28e sur la rue de la Préfecture. Là, de fortes barricades ont été construites avec les matériaux du théâtre provisoire; le tonnerre de deux pièces d'artillerie qui étaient au pont Tilsitt les fait sauter, et ouvre un large passage aux soldats. On tire de quelques maisons; elles sont fouillées, et des soldats y sont placés; les tirailleurs enfilent de leur feu les rues Tupin et Ferrandière. Une plus longue lutte serait impossible ; les républicains fuient dans toutes les directions, et surtout par la galerie de l'Argue, dont ils ferment la grille sur eux.

Cette position ne leur sera pas laissée : un détachement de la ligne s'efforce d'aller jusqu'à eux, au travers du magasin de quincaillerie, qui est placé à l'extrémité du passage, et ne peut y parvenir. Mais deux coups de canon font voler la grille en éclats, et aussitôt un détachement de la quatrième compagnie du deuxième bataillon du 6e se jette dans l'étroit passage; il est reçu par une vive fusillade, et vient prendre position à l'entrée. Le général Buchet lance aussitôt sur les républicains la première compagnie de fusiliers du 6e et un détachement de la deuxième compagnie du deuxième bataillon. Les soldats entraînent ou culbutent tout ce qui leur fait obstacle, chassent les insurgés et leur font une trentaine de prisonniers. Deux fusiliers ont été tués dans cette impétueuse attaque; plusieurs sont blessés. Trente grenadiers du 6e se sont emparés de la barricade de la rue Confort; l'hôtel de la Préfecture est libre; le théâtre provisoire est occupé par la troupe; toute la place et ses alentours sont au pouvoir de la garnison.

Des rues étroites, tortueuses, et garnies d'assaillants, sont voisines des abords de la place de la Préfecture. Une forte barricade a été construite à l'extrémité de la rue Raisin, du côté de la rue de l'Hôpital; là, sont des maisons dont les toits donnent un abri à d'invisibles tirailleurs. Le général Buchet envoie une compagnie de voltigeurs du 28° sur ce point dangereux; ces braves se précipitent sur la barricade, cinq tombent morts; mais l'obstacle est forcé. Un feu meurtrier a été dirigé sur eux de l'une des maisons de la rue de l'Hôpital; un petard fait sauter la porte, mais il allume un violent incendie. Bientôt la maison est en flammes; elle embrase les maisons voisines, et tout ce quartier populeux est menacé d'une destruction entière. La nuit s'approche; on peut difficilement porter secours aux maisons en flammes; personne cependant ne périt; mais plus de vingt ménages sont privés de toutes leurs ressources. On conduit, dans une des salles de l'Hôtel-Dieu, les malheureux incendiés, parmi lesquelles se trouvent plusieurs jeunes femmes enceintes, et tous les soins possibles leur sont prodigués. La nécessité de concentrer l'action des flammes occupera du moins les bras des nombreux ouvriers qui habitent la rue de l'Hôpital, et privera d'aliments un autre incendie beaucoup plus dangereux; d'ailleurs, les soldats ont reçu l'ordre de ne pas pénétrer plus avant dans l'intérieur des rues, et se sont mis en observation au débouché des rues de la Barre et Bourg-Chanin.

Pendant que ces événements ont lieu au midi de

la ville, voici ce qui se passe ailleurs : On se bat à la place Neuve, à la place de l'Herberie, et sur plus de vingt points différents. Une maison, place de l'Herberie, a reçu des tirailleurs républicains; les soldats du génie ont essayé de la faire sauter au moyen d'une pièce d'artifice dont la force est incalculable. L'allée de cette maison est voûtée, la maison supporte le choc, et l'explosion ne fait que l'ébranler, ainsi que la maison contiguë ; mais elle brise entièrement les devantures des magasins, et fait voler en éclats les vitres des fenêtres de la plupart des maisons de la place.

La place des Terreaux est occupée par quelques compagnies du 28e, descendues de la caserne du Bon-Pasteur; une autre compagnie du même régiment, a emporté de vive force une barricade formidable, construite avec des poutres et des tonneaux, et placée au bas de la Grand'Côte.

Le lieutenant-colonel Diettmann est à l'Hôtel-de-Ville avec le colonel et le lieutenant-colonel du 28e; ils sont maîtres du long carré qui renferme la place des Terreaux, l'Hôtel-de-Ville, le Grand-Théâtre et la maison Oriol, des places Saint-Pierre et du Plâtre, et du quai du Rhône jusqu'à la montée de la Boucle.

Le faubourg de Vaise est tranquille. Un demi-bataillon du 6e observe La Guillotière; il est relevé dans la soirée par un bataillon du 21e. A la Quarantaine, le petit poste qui est sur la rive droite de la Saône, près de la Salpétrière, a été surpris ; il aurait pu passer sur la rive gauche par le pont d'Ainai, mais sans doute l'officier qui le commandait attendait un ordre. A Perrache, des barricades ont été construites sur plusieurs points; elles ont été tournées par les rues de Puzy et de Vaubecour, et prises à revers par les dragons ; cette voie importante de communication est libre.

Le fort Saint-Irénée est gardé par deux pièces de canon et une compagnie du 7e, qui a répondu, à coups de fusil nombreux, aux sommations des bandes dont elle est entourée. Elle manque de vivres, et non de résolution; un cheval qui a été tué est dépécé aussitôt par les soldats; l'officier qui les commande ne demande pour tenir que des munitions et quelques artilleurs.

Au bruit des premières fusillades, des barricades se sont élevées dans la grande rue de La Croix-Rousse; le général Fleury les fait attaquer par quelques compagnies du 27e que conduit le colonel de Perron. Elles obtiennent d'abord quelque succès; mais, assaillies par une multitude d'adversaires qu'elles ne sauraient atteindre, elles se retirent derrière le mur d'enceinte. Une attaque a été faite en arrière du faubourg, par la montée de la Boucle, sans l'ordre du général, qui envoie sur ce point pour la soutenir le chef de bataillon Delattre et la deuxième compagnie du 27e; elle ne réussit point. Le général Fleury fait fermer la grille de communication de la place des Bernardines au plateau de La Croix-Rousse; une pièce de canon est placée au-dessus du corps-de-garde, en face de la rue principale du faubourg que ses boulets sillonnent d'un bout à l'autre ; vingt fois abattue par son feu, la barricade sera relevée sans cesse. Bien en sûreté dans sa caserne crénelée, et maître des Chartreux, le général neutralisera complètement La Croix-Rousse pendant la durée entière de la lutte.

Cette première journée est terminée. Sur tous les points l'ardeur impétueuse des soldats a triomphé de l'obstination des insurgés : le lieutenant-général Aymard leur adresse cet ordre du jour :

« Soldats! vous avez fait votre devoir; tous les bons
« citoyens applaudiront à votre admirable résolution.
« Entraînés par leurs mauvaises passions, et par leur
« aveuglement, les ennemis de notre belle patrie ont
« levé le masque; ils vous ont jeté le gant, et vous l'a-
« vez glorieusement relevé. Partout où ils ont voulu
« tenir ferme, ils ont été culbutés; leurs barricades
« ont été enlevées sur tous les points sans hésitation.
« Encore quelques efforts, et vous aurez rendu le
« calme à la seconde ville du royaume, vous l'aurez
« sauvée du plus effroyable désastre.

« Soldats! le roi sait déjà comment vous avez
« répondu à l'agression des factieux. »

La garnison est en possession du quartier Saint-Jean, des places Bellecour, de la Préfecture et des Terreaux, des deux rives de l'un et de l'autre fleuve, des ponts, des portes, de toutes les positions militaires. Dès le début des hostilités, les insurgés ont été coupés, concentrés dans quelques rues de l'intérieur, et mis dans l'impossibilité absolue, soit de recevoir des secours du dehors, soit de communiquer et de se concerter entre eux. Il ne peut y avoir dès lors ni harmonie, ni unité, ni force dans leurs mouvements.

Mais les vivres des troupes ne sont pas assurés ; l'intendance a été autorisée à y pourvoir par des marchés d'urgence. Une expédition part à minuit pour communiquer avec la manutention ; elle réussit, et des vivres sont donnés à la garnison pour le lendemain. Un autre détachement se met en route au milieu de la nuit, et va prendre une forte position au pont de La Mulatière.

Deuxième Journée. — *Jeudi 10.*

Dès six heures du matin le tocsin de Saint-Bonaventure s'est fait entendre, et bientôt les clochers voisins se sont mis à son unisson ; cependant la fusillade ne recommence qu'à huit heures. Elle présente les mêmes caractères que la veille sur le quai de Retz ; mais à La Guillotière une affaire plus grave s'est engagée. Beaucoup d'hommes, postés sur les toits et derrière les cheminées, fesaient feu sur la troupe ; des batteries d'artillerie ont tonné sur ce populeux faubourg, et mis quelques maisons en flammes. La Grand'Rue du faubourg a été balayée par le canon ; une grande et belle maison située à droite de l'entrée de cette ville, a été incendiée par un obus; la flamme gagne rapidement les maisons voisines, et bientôt toute cette partie de La Guillotière n'est plus qu'un amas de ruines fumantes. Une attaque impétueuse faite par les soldats a débusqué les insurgés de leur position.

Une vive fusillade a lieu sur le quai Bon-Rencontre, dans la direction de l'hôpital; au port Charlet, où sont embusqués quelques ouvriers, les balles pénètrent par ricochet dans l'intérieur des maisons, et plusieurs femmes sont blessées. Une grêle de balles frappe les arbres du quai et casse leurs branches; le bruit du canon redouble; les décharges sont dirigées le long du pont Lafayette, des Brotteaux sur la place du Concert. Des deux parts la tactique est la même. Les insurgés se gardent de se montrer en masse sur les quais, sur les places, et bien moins encore en rase campagne; ils se bornent à sonner le tocsin et à tirailler. L'impossibilité de se concerter et de se réunir paralyse leurs moyens d'agression; d'ailleurs ils n'ont ni munitions, ni armes. De leur côté les troupes occupent les forts, les ponts, les places, les quais, les portes, toutes les voies de communication avec l'extérieur et l'intérieur, et refusent de pénétrer dans les rues du centre. Cette tactique leur assure une victoire certaine et sans danger; elles sont hors des atteintes de l'ennemi.

A midi, la caserne du Bon-Pasteur, placée à l'extrémité de la rue Neyret, au dessus du jardin des plantes, est occupée par les insurgés. Elle est dominée sur tous les points par les maisons voisines, et ne saurait être une position militaire sous aucun rapport; l'autorité militaire ne veut pas qu'elle soit défendue; elle est évacuée. Le drapeau noir flotte sur l'église Saint-Polycarpe, à l'Antiquaille, à Fourvières, à Saint-Nizier, et aux Cordeliers. On entend le tocsin de toute part. Des tirailleurs de la ligne, placés autour du dôme de l'Hôtel-de-Ville et sur le belvédère du palais Saint-Pierre, surveillent les toits des maisons voisines. A Perrache, un bateau de foin amarré sur la Saône, a été enflammé par un obus; les liens qui l'attachent au rivage sont brûlés; il est entraîné par le cours de la rivière, et échoue sur les piles du pont Chazourne, auxquelles il met le feu : trois arches de cette légère passerelle sont consumées.

La place Sathonnay est occupée par une compagnie du 28e; mais tant d'assaillants s'y jettent, que les soldats sont obligés, pendant quelques instants, de battre en retraite, et d'abandonner leur position aux républicains. Un homme embusqué sur un toit fait un feu meurtrier sur la ligne, et ne peut être découvert. Bientôt de fortes barricades sont construites à l'entrée des rues qui s'ouvrent sur la place, et de moment en moment la situation devient plus critique. Le colonel Mounier du 28e, et le commandant Delaunay, chacun à la tête d'une section d'une compagnie de grenadiers du 27e (2e bataillon), ont ordonné la destruction de la barricade de la rue Saint-Marcel. Le colonel Mounier dirige l'attaque; il veut montrer aux soldats comment on emporte une barricade, s'élance, et est tué à bout portant. La mort de ce brave militaire exaspère les grenadiers du 27e; ils se précipitent sur le retranchement ennemi; l'escaladent, le renversent, et poursuivent les insurgés, qui s'enfuient dans toutes les directions. Quelques soldats ont vu des républicains chercher un refuge dans la maison qui fait, à droite, l'angle de la place ; c'est de ce point que le funeste coup de feu est parti. Ces grenadiers se jettent impétueusement dans la maison désignée à leur colère, montent rapidement les escaliers, pour saisir les insurgés avant qu'ils aient eu le temps de changer de costume, frappent aux portes avec violence, tirent sur elles, et tuent, au troisième étage, derrière celle de l'appartement de M. Tresca, M. Joseph Rémond, l'un des citoyens de Lyon les plus honorables et les plus estimés. Ainsi, la mort du brave colonel Mounier est suivie d'un accident non moins déplorable ! Funeste résultat des guerres civiles, où tant de vies innocentes expient les attentats de factieux presque toujours impunis ! Plusieurs officiers et dix soldats ont été tués ou blessés à l'attaque de cette fatale barricade ; l'adjudant-major du bataillon, M. Duval, a eu le bras traversé par une balle (1).

(1) Le colonel Mounier, était né le 21 septembre 1784, à Veynes, département des Hautes-Alpes. Il entra au service le 13 juillet 1804, dans les chasseurs à pied de la garde impériale. Le 9 juillet 1807, il passa sous-lieutenant dans le septième régiment d'infanterie légère. Il s'éleva successivement par ses services et sa bravoure au grade de lieutenant-colonel du vingt-huitième régiment de ligne qui lui fut

Nul engagement décisif n'a lieu sur aucun point; à chaque instant des prisonniers sont conduits dans les caves de l'Hôtel-de-Ville ; mais la résistance ne cesse point, et de nouvelles barricades s'élèvent auprès de celles que les soldats viennent d'emporter. On entend le canon gronder bruyamment de la terrasse des Chartreux, et avec bien plus de force encore sur la rive gauche du Rhône. Toutes les maisons dont les toits ont porté des tirailleurs républicains, sont criblées de balles et de boulets ; un obus met en flammes la maison qui fait l'angle de la rue Gentil. Trois fois le feu prend aux bâtiments du Collége, et trois fois il est éteint par les élèves ; la bibliothèque est menacée, mais heureusement ce riche trésor littéraire n'éprouvera que de légers dommages. Des insurgés se sont embusqués sur la rive droite du Rhône dans le pavillon gauche du pont Lafayette ; là, protégés par un mur épais, ils font un feu nourri sur les artilleurs qui occupent la tête du pont. Mais la batterie vomit abondamment des boulets sur les pavillons, dont l'un n'est bientôt plus

---

conféré le 17 novembre 1820. Il fit en cette qualité partie du corps d'observation des Pyrénées en Espagne. Le 1$^{er}$ décembre 1824 il passa avec le même grade au cinquième régiment d'infanterie de la garde royale. Enfin, le 24 février 1826, il fut promu au grade de colonel du vingt-huitième de ligne qu'il a commandé jusqu'à sa mort. Ce fut à la tête de ce régiment qu'il fit les campagnes de 1830 et de 1831 en Afrique, où il se distingua d'une manière toute particulière. Il fut blessé assez grièvement à la bataille de Sidi-Ferruch, livrée en Afrique le 19 juin 1830, et au succès de laquelle sa valeur contribua puissamment.

Le colonel Mounier allait être promu au grade de maréchal-de-camp.

qu'un monceau de ruines ; elle est aidée dans son œuvre de destruction par deux pièces qui tonnent, sur le même point, de la tête du pont Morand. Au fracas de ces décharges, les vitres des fenêtres du long quai de Retz s'ébranlent ou se brisent.

Le fort Saint-Irénée est abandonné par ordre ; on encloue ses pièces. Dès que les insurgés sont maîtres du fort, ils se hâtent d'incendier la caserne.

Le faubourg de Vaise ne jouira pas, comme en 1831, du bonheur d'être complétement étranger à l'insurrection : des mesures ont été prises pour maintenir sa tranquillité, elles échoueront. Ses communications avec Lyon ont été interceptées ; mais elles ne le sont pas assez pour que des rapports actifs ne s'établissent pas entre ses habitants et les insurgés de Saint-Just. Une petite caserne de dragons placée au port des Pattes est envahie par un parti républicain, qui y désarme une vingtaine de militaires ; d'autres insurgés, en plus grand nombre, se portent à la Mairie, et demandent des armes en poussant des vociférations. Leur chef déclare au maire qu'il s'appelle R***, et que lui et les siens veulent, non un tarif des salaires, mais le renversement du gouvernement de Louis-Philippe (1). Il signifie à ce fonctionnaire qu'il ait à lui livrer de la poudre, des vivres, et vingt-trois fusils déposés à la Mairie après les journées de Novembre. Bientôt ces ban-

---

(1) Je dois m'abstenir, en racontant des faits particuliers, de citer aucun nom : cette histoire n'est point un réquisitoire ; la justice informe, et il n'appartient qu'à elle seule, en ce moment, d'apprécier la culpabilité des individus compromis dans nos troubles.

des deviennent plus nombreuses ; elles construisent des barricades en divers points, et surtout dans la ligne transversale de la rue Royale ; et un certain nombre de leurs hommes vont tirailler avec la garnison, ceux-ci de la Grand'Rue, et ceux-là des hauteurs. D'autres font à domicile des réquisitions d'armes et de vivres. R\*\*\* reparaît à la Mairie pâle et découragé, dépose son sabre, et exprime hautement le regret d'avoir quitté ses amis de Lyon pour aller prendre le commandement de républicains si tièdes.

Sur ces entrefaites, un détachement composé de trente hommes envoyés à Alger par mesure disciplinaire, entre à Vaise sous l'escorte de treize soldats, et vient chercher à la Mairie des vivres et des billets de logement. R\*\*\* court à sa rencontre, décide à la révolte les trente disciplinaires, les incorpore parmi les insurgés, et fait désarmer l'escorte ; puis il disparaît. On ne l'a pas revu.

Ainsi s'écoule cette journée qui ne doit rien finir. M. de Gasparin adresse aux habitants de Lyon une proclamation (1) qui parvient difficilement à son

---

(1) Habitans de Lyon !

Nos efforts pour éviter une collision ont été vains : le siége de la justice a été attaqué par les factieux, et nous nous sommes vus réduits à la nécessité de le faire respecter par les armes.

Partout nos troupes se sont montrées avec une valeur et un dévoûment admirables; partout les insurgés ont pris la fuite, et n'ont su s'opposer à leur élan qu'en se cachant dans des maisons, d'où ils ont été débusqués toutes les fois qu'on a jugé convenable de l'entreprendre.

Resserrée dans un étroit espace, la révolte espère en vain se

adresse ; et le lieutenant-général met à l'ordre du jour cette allocution :

« Soldats ! Vous avez vaillamment combattu. En-
« core quelques efforts, et votre succès sera com-
« plet ! Des renforts me sont annoncés ; ils marchent
« vers nous de toutes les directions. A la voix de
« l'honneur, point d'hésitation ; le Roi et la France
« comptent sur vous. »

Si la garnison n'a obtenu aucun succès décisif pendant cette seconde journée, elle n'a perdu du moins aucun des avantages acquis la veille. Toutes les bonnes positions sont encore en son pouvoir ; ses communications sont libres, et elle ne saurait être sérieusement inquiétée pour ses vivres. Nulle part les insurgés n'ont fait le moindre progrès ; ils résistent, il est vrai, avec bien plus d'opiniâtreté qu'on ne s'y attendait ; mais leurs forces sont toujours paralysées. La population ne s'est point prononcée en masse pour eux comme en Novembre ; ils sont toujours dans l'impossibilité absolue de communiquer d'un quartier de la ville à l'autre, et de recevoir des renforts de l'extérieur. Cependant c'est

maintenir ; coupée sur tous les points de ses communications, espérant en vain des renforts des villes voisines, dont la tranquillité n'a pu être altérée, elle sera bientôt réduite à céder.

Ayez confiance dans vos magistrats, dont la sollicitude ne tend qu'à vous adoucir des malheurs qu'elle n'a pu vous éviter ; ayez confiance dans les talents, dans le zèle des généraux et dans la contenance et le courage de nos braves soldats, et votre ville sera bientôt délivrée des maux passagers qu'elle éprouve.

Lyon, le 10 Avril 1834.

*Le Conseiller-d'Etat Préfet du Rhône*, GASPARIN.

dans ces favorables circonstances qu'a lieu une délibération fort extraordinaire, sur laquelle j'aurais aimé à garder le silence : on discute en conseil militaire la question de l'évacuation de la ville ! Combien l'issue des plus grands événements tient à peu de chose !

Le succès d'une attaque générale pouvait paraître problématique. Avant tout, il s'agissait de ménager la vie des hommes et de ne rien laisser au hasard de ce que la prudence pouvait lui ôter. Sans doute les insurgés étaient peu nombreux, mais n'avait-on pas dû s'attendre à un soulèvement général des travailleurs ? D'ailleurs l'état-major ne savait rien ou savait bien peu de chose de leurs forces : il n'y avait aucune communication entre l'autorité et les quartiers insurgés, et nul citoyen digne de foi ne fesait et ne pouvait faire des révélations au pouvoir. En fait, l'infanterie, qui eût été si utile, n'était pas assez nombreuse ; il eût fallu trois ou quatre bataillons de plus : à mesure qu'on s'emparait d'une position, il fallait faire une nouvelle dépense d'hommes avec des moyens déjà bornés. Rien n'était plus évident que l'hostilité secrète de la plus grande partie des ouvriers ; contenue par l'incertitude de l'événement, elle eût infailliblement éclaté, si la garnison eût éprouvé quelque notable échec.

On pouvait donc hésiter sur la possibilité d'une attaque générale, quoique dans tout état de cause l'occupation des rues de l'intérieur à force ouverte fût une nécessité ; mais ce ne fut pas ainsi que la question se posa : on mit en délibération l'évacuation de la ville.

Cette mesure étrange se couvrait, au reste, de belles couleurs : « On abandonnerait la ville, disait-on, mais on se maintiendrait sur les hauteurs de la rive droite de la Saône, et dans la possession de la caserne crénelée d'Orléans qui commande La Croix-Rousse ; et toutes les forces de la garnison, bientôt accrues par la prochaine arrivée de nombreux renforts, se concentreraient sur la rive gauche du Rhône. C'était un changement de position, et non une évacuation ; l'honneur militaire et l'intérêt de l'État demeuraient intacts. Par ce mouvement, on s'affranchissait de l'obligation d'aller conquérir des vivres pour chaque journée, à la pointe de la baïonnette, le long du quai étroit et tortueux de la Saône ; on ne courrait plus la chance de l'interruption des communications, et de surprises telles que celle qui avait rendu le parti insurgé maître du dépôt des dragons, où il a trouvé quelques chevaux, des armes, de la poudre, et des effets divers d'équipement ; enfin, la garnison, restant maîtresse des clés de Lyon, pourrait y rentrer toujours quand elle jugerait convenable de le faire, et ne serait pas dans la nécessité de se commettre, avec des forces inférieures, contre une immense population que protègent d'inexpugnables remparts. »

Cette mesure de l'évacuation de Lyon (car il s'agissait bien d'une évacuation) fut discutée très sérieusement, et prise en considération immédiate ; elle reçut même un commencement d'exécution. Rien n'est plus incroyable, et cependant rien n'est plus vrai (1). Lyon, heureusement, ne fut point cette fois encore abandonné par sa fortune : l'ordre pour l'évacuation n'eut pas de suites, on le retira. S'il eût été définitivement adopté, la seconde ville du royaume aurait cessé d'exister, et la responsabilité de sa ruine, et des conséquences incalculables d'une seconde victoire complète de la révolte, eût pesé à jamais sur la garnison et sur ses chefs.

TROISIÈME JOURNÉE, *vendredi* 11.

Quelques coups de feu sont échangés pendant la nuit entre les avant-postes des troupes et les insurgés. A deux heures du matin de bruyantes détonations font retentir le quai de Retz et les plaines du Dauphiné : les républicains postés sur la place des Cordeliers ont tenté de s'ouvrir un passage du côté de l'Hôtel-de-Ville ; mais ils ont été vigoureusement repoussés. Au point du jour, le tocsin de

---

(1) J'ai lu, sur ce fait, des extraits fort curieux de la correspondance de fonctionnaires militaires ; l'un d'eux avait arrêté son plan de retraite, et ne s'occupait plus que des moyens de la faire. Trop d'officiers supérieurs ont eu connaissance de la délibération pour que ce fait singulier puisse être contesté. Peu de Lyonnais ont connaissance du danger qu'ils ont couru, et ceux-là même à qui l'anecdote que je raconte n'est pas entièrement inconnue, confondent le projet de l'évacuation de la ville avec celui de l'évacuation du quartier Saint-Jean, dont il sera bientôt question.

Saint-Bonaventure s'ébranle avec violence, et le feu recommence sur tous les points. Des coups de fusil ont été tirés sur les artilleurs du pont Morand, de la maison qui forme l'angle de la rue Basseville et du quai de Retz; elle est foudroyée par la batterie. On y fait des fouilles, à la requête des locataires, pour découvrir les tirailleurs républicains; d'exactes perquisitions ne conduisent à aucun résultat : les ennemis que les soldats recherchent, ne sont ici ni embusqués sur les toits, ni cachés dans les étages supérieurs ; un abat-jour les dérobe à la vue des artilleurs. Des tirailleurs de la ligne postés sur les pavillons de l'Hôtel-de-Ville et du palais Saint-Pierre, continuent à faire la police des toits ; ils ne peuvent faire taire le feu d'un ouvrier invisible qui s'est blotti derrière une cheminée de l'une des maisons de la rue Saint-Polycarpe ; et ne cesse de faire feu depuis quarante-huit heures. Les soldats se mettent, sur plusieurs points, sous la protection de barricades qu'ils construisent avec beaucoup de solidité.

L'adjudant-général Villeneuve fait placer, par ordre du général Buchet, un pétard à une maison de la rue Mercière : le sergent Sarmejeanne, suivi de quatre hommes de bonne volonté, exécute la périlleuse mission, et met le feu lui-même à la pièce. Une explosion épouvantable se fait entendre ; elle fracasse les portes et les devantures de boutiques, brise toutes les vitres à une grande distance, et ébranle, jusque dans leurs fondements, ces maisons de construction ancienne. La boucherie de l'Hôpital est occupée par des grenadiers et des sapeurs; le grenadier Agottini s'est trouvé entouré à l'improviste d'insurgés; il en tue trois, et se dégage.

Des biscaïens et de gros projectiles tombent sur des maisons de la place Bellecour; les insurgés ont donc du canon! comment ont-ils pu s'en procurer? On aperçoit avec des lunettes deux pièces sur la terrasse de Fourvières, c'est de là que part le feu. Elles viennent de Saint-Irénée; ce sont celles que les soldats ont enclouées en évacuant le fort. Un serrurier est parvenu, avec peu de travail, à les mettre en état de servir; mais la poudre et les munitions manquent, et elles feront peu de dommage. Deux pièces de vingt-quatre sont mises en batterie sur la place de Bellecour pour les faire taire, et ne peuvent y réussir complétement : elles tirent de bas en haut, position qui ne leur permet pas de bien ajuster. A défaut de boulets, les artilleurs républicains chargent leurs pièces de morceaux de fer, de crochets, et de projectiles de toute espèce.

Le 7e léger occupe toujours le quartier Saint-Jean; mais sa position paraît critique. Il faut occuper La Guillotière; on met en délibération l'évacuation de la rive droite de la Saône, qui est décidée. Consulté sur ce qu'il peut faire, le colonel du 7e a répondu qu'il tiendra dans son poste le plus long-temps possible et jusqu'à la dernière extrémité. Des émissaires portent aux fonctionnaires qui habitent le quartier Saint-Jean l'avis de pourvoir à leur sûreté; il est adressé au directeur du Mont-de-Piété, et au procureur général, M. Duplan ! Voici ce qui est arrêté: le génie élévera de fortes barricades à l'entrée des ponts de la Saône sur la rive gauche, depuis le pont Tilsitt jusqu'au pont du Change, à l'angle de la place d'Albon; une autre assurera les communications avec le pont de la Feuillée. Par ces mesures, on n'aura abandonné aux insurgés que des rues sans importance militaire, et l'on pourra concentrer toutes les réserves sur la place de Bellecour déjà beaucoup dégarnie. Mais cette évacuation est un pas rétrograde, et au jour d'une insurrection, il n'en faut jamais faire. On peut compter sur la fermeté du colonel du 7$^e$ et de ses soldats : ils répondent de la position. Ces considérations font révoquer l'ordre de l'évacuation ; la garnison conservera tous ses postes.

Le faubourg de Vaise est à l'entière disposition d'une centaine d'insurgés qui n'ont rencontré aucun obstacle de la part de la population. Ils ont un autre commandant, c'est D***. Cet homme les réunit à deux heures sur la place, les range en cercle autour de lui, leur adresse une allocution, et fait prêter serment de fidélité à la République. Bientôt après, D*** partage sa troupe en deux bandes: l'une, qu'il conduit en personne, marche au poste de troupe de ligne placé vers la barrière de Lyon, l'attaque, perd quelques hommes, et fait sa retraite en désordre ; l'autre se dirige sur les hauteurs de l'École-Vétérinaire, tiraille avec les soldats, a deux hommes tués, et se hâte de se retirer. D*** disparaît. Les républicains n'ont pu forcer la barrière du côté de Lyon ; ils forment le projet de mettre le feu aux maisons qui s'y trouvent, et font rouler contre les murailles des barils de goudron, dont un seul prend feu. Cette tentative échoue. Une autre est décidée aussitôt: on mettra le feu au pont de Serin au moyen de deux bateaux chargés, l'un, de foin, l'autre, de fagots enflammés. Les pressantes instances du maire, M. Laroche, parviennent à détourner ces misérables de l'accomplissement de leur projet. Mais la plus grande terreur règne dans la commune; elle redoute l'incendie et le pillage, et s'effraie surtout des paroles et des projets des soldats disciplinaires qui ont pris parti pour les insurgés. Ces hommes savent combien leur position est désespérée : ils n'attendent pas de grace, et sont déterminés à une résistance obstinée et aux plus grands excès; sans eux la tranquillité du faubourg eût été fort peu compromise.

Saint-Étienne était l'espoir des insurgés, qui comptaient beaucoup sur sa coopération. Plusieurs hommes placés sur le chemin de Fontanières, et qui s'étaient détachés d'un groupe nombreux, attendaient l'arrivée des ouvriers stéphanois, et s'étonnaient de ne pas les voir paraître. Voici ce qui s'était passé : Tous les métiers des passementiers de Saint-Étienne avaient été le 10 avril frappés d'interdit; le 11, à six heures du matin, trois mille tisseurs se réunirent, et firent une démonstration de leur nombre devant l'Hôtel-de-Ville et l'hôtel de Foy aux cris de « Vive la ligne ! A bas la police ! ». Une bande de ces artisans attaqua à six heures la troupe de ligne et la gendarmerie qui gardaient la manufacture d'armes. L'infanterie riposta aux pierres et aux fusils par des feux de peloton. Le rassemblement se dispersa après avoir eu un homme tué et plusieurs blessés. Les révoltés avaient élevé des barricades dans les rues du Bois et de la Badouillère; elles furent enlevées par des compagnies du 16e léger. Un escadron de gendarmerie chargea vigoureusement l'atroupement, dispersa les factieux, et rétablit la communication entre l'Hôtel-de-Ville et la manufacture d'armes par les grandes rues de Foy et de Saint-Louis. Ainsi finit l'attaque des républicains à Saint-Étienne; leur déroute avait été complète en peu d'instants; l'espérance de leurs camarades de Lyon fut entièrement déçue.

Ce qui manquait surtout aux insurgés de nos faubourgs, c'étaient des armes; ils en cherchèrent dans les communes voisines, et réussirent souvent à désarmer les gardes nationales, qui ne firent, au reste, aucune résistance. Des communes peuplées d'un grand nombre d'hommes se hâtèrent de livrer leurs fusils à trois ou quatre émissaires républicains; quelques menaces imposaient au conseil municipal, et l'apathie ou le mauvais vouloir des habitants fesait le reste. On vit rarement plus d'indifférence, ou, pour se servir du mot propre, plus de lâcheté. Cependant cette conduite blâmable ne fut pas absolument générale : les gardes nationales de Genay et de Neuville montrèrent les dispositions les meilleures; celle de Trévoux fit très bonne contenance, et marcha jusqu'à Neuville; celles de Venissieux, de Rillieux et de Montluel ne montrèrent pas moins de résolution : elles refusèrent énergiquement leurs fusils aux insurgés. A Couzon, les députés républicains, non seulement n'obtinrent pas d'armes, mais encore perdirent les leurs : l'adjoint du maire, M. Villefranche, et le capitaine Decrand leur arrachèrent le fusil qu'ils portaient et les chassèrent (1). Les gardes nationaux de Brignais se conduisirent de la manière la plus honorable : sommés de rendre leurs armes par une bande de quarante forcenés, dont vingt avaient chargé ostensiblement leurs fusils, ils les refusèrent au nom de la loi, et ordonnèrent aux républicains d'évacuer à l'instant le territoire de la commune.

Il n'y avait pas de vivres en quantité suffisante au fort Lamotte. Le conseil municipal de Venissieux, qui se conduisit parfaitement pendant ces jours de crise, lui fit passer toutes les provisions de bouche dont il avait besoin. Le sous-préfet de Vienne se chargea aussi du soin d'y faire entrer des vivres. Ce fort était gardé par un détachement de deux cents cinquante hommes, commandés par le capitaine de génie Roubaux. Quatre compagnies du 15e

---

(1) M. Ferrès fit, à Pierre-Bénite, d'incroyables efforts pour maintenir l'ordre public dans cette commune ; il avait donné sa démission de commandant de la garde nationale la veille des événements de Lyon, et s'empressa de la retirer lorsqu'il crut que ses services pouvaient devenir nécessaires. Toutes ses tentatives pour déterminer les habitants à défendre la cause des lois, échouèrent contre les instigations de quelques orateurs de cabaret ; il réussit du moins à cacher cent fusils sur cent vingt-neuf ; les émissaires de la république ne purent ainsi emporter de Pierre-Bénite qu'un très petit nombre d'armes.

de ligne, qui arrivaient de Valence, y passèrent la nuit du vendredi au samedi.

La Guillotière fait sa soumission dans la soirée. Il est essentiel que la population soit rassurée; M. de Gasparin lui adresse une proclamation que des hommes sûrs font circuler de porte en porte (1). Les républicains sont atterrés par cette nouvelle; la journée a été désastreuse pour leur cause, seront-ils plus heureux le lendemain?

---

(1) Voici cette proclamation:

HABITANTS DE LYON!

La prolongation de l'état pénible où se trouve la ville de Lyon tient à un petit nombre de factieux qui pénètrent dans les maisons et recommencent à tirer dans quelques quartiers. Dans cet état de choses, permettre la circulation complète, ce serait leur donner la facilité de changer de position, de communiquer entre eux et de porter le désordre partout. Pour diminuer cependant cette gêne, qui ne dépend pas de l'autorité, mais qui est le résultat des désordres auxquels les habitants n'ont pas su s'opposer avec énergie, on vient d'autoriser autant qu'il sera possible la circulation des femmes.

La ville de La Guillotière a bien apprécié cette position, et les habitants qui ont tant eu à souffrir hier des mesures militaires qui ont été prises pour faire cesser l'agression, ont obligé les factieux à cesser le feu, et ont reconquis leur repos.

Sachez les imiter, sachez, dans chaque rue, dans chaque quartier, vous entendre avec chaque voisin, pour qu'on ne viole pas vos domiciles et qu'on ne vous expose pas aux risques des mesures militaires et à la destruction qu'elles entraînent, et tout changera de face en un instant, et vous serez rendus à vos travaux et à vos habitudes.

Croyez la voix de l'autorité, qui, après avoir si long-temps hésité à répondre aux provocations, vous indique les vrais moyens de faire cesser le désordre.

Lyon, le 11 Avril 1834.

*Le Conseiller-d'Etat Préfet du Rhône*, GASPARIN.

Quatrième Journée, *samedi 12.*

La neige tombe à gros flocons ; le froid est assez vif. A quelles fatigues les troupes ne sont-elles pas exposées ! Elles bivouaquent en plein air ; tandis que les révoltés se retirent le soir dans leur demeure. Des réquisitions d'hommes, d'armes et de vivres ont été faites par les républicains aux alentours de la place des Cordeliers, avec fort peu de succès.

Trois jours viennent de s'écouler pendant lesquels toute communication entre les divers quartiers de la ville a été entièrement interrompue. Les citoyens n'ont de nouvelles ni du dedans ni du dehors, et personne ne peut ni recevoir ni envoyer une lettre; on ignore complètement ce qui se passe à Paris. Les malades restent sans secours ; très peu de médecins ont pu parvenir jusqu'à eux; beaucoup de ménages sont sans pain. Il est des maisons dans lesquelles se trouvent, depuis plusieurs jours, des morts qu'on ne peut ensevelir.

La Guillotière a recommencé le feu. Ce faubourg est une ville; si elle reste au pouvoir des insurgés, la position de la garnison de Lyon pourra devenir critique. Des hommes embusqués sur les toits de ses maisons font un feu très vif sur la troupe ; d'autrès ont intercepté la communication de Lyon avec le Midi. Le lieutenant-général propose l'alternative de retirer les troupes du quartier Saint-Jean pour s'en servir à l'attaque de La Guillotière, ou de raser le faubourg; cette dernière mesure est préférée, et les batteries sont disposées. Mais au moment de foudroyer La Guillotière, le général se détermine à la faire attaquer par les troupes; elles sont disposées en trois colonnes : celle de gauche est conduite par le commandant du génie Million; celle de droite par le chef de bataillon Perrassier; le lieutenant-général marche par un autre point. Ce mouvement réussit complètement, et rencontre peu de résistance : les insurgés prennent la fuite; cinquante sont cernés dans l'Hôtel-de-Ville et se rendent. Une reconnaissance est poussée sur la route de Vienne à la distance d'une lieue. Le bataillon du 21e prend possession du faubourg, et désormais la résistance des insurgés du centre devient absolument sans objet...

Mais le faubourg de Vaise est dans une position déplorable : une centaine de républicains en disposent. Un grand nombre de ces hommes sont inconnus à la commune; l'administration municipale n'y exerce qu'un pouvoir nominal; des rumeurs inquiétantes se répandent parmi la population : on parle de projets sinistres contre les personnes et les propriétés, et de l'incendie d'une partie du faubourg : tout est à redouter des factieux et des soldats disciplinaires qui ont passé dans leurs rangs.

Le général Fleury le sait, et il a résolu l'attaque de Vaise, après avoir obtenu l'assentiment du lieutenant-général. Ses mesures sont prises : le fort Saint-Jean, qui domine le faubourg, tire sur les insurgés, et le mouvement commence; des troupes partent des Chartreux, ainsi que de la caserne d'Orléans ; elles descendent à la caserne de Serin. L'attaque de vive force sera faite par deux colonnes : l'une, composée de deux compagnies d'élite du 15e léger, et du 27e de ligne, et de quarante sapeurs du génie, conduite par le capitaine du génie Vieux, se dirige, par le pont de Serin, sur Pierre-Scise, file le long de l'École Vétérinaire, envoie un détachement fouiller les bois de cet établissement, gravit les hauteurs, rencontre et culbute un parti d'insurgés qui traînaient une des pièces du fort Saint-Irénée, communique par un signal avec la seconde colonne, et se dirige sur la route de Paris par le Bourbonnais ; l'autre, commandée par le chef de bataillon Lemaître, du 28e, et composée de deux compagnies du 28e, d'une compagnie du 27e de ligne, et de huit sapeurs du génie, passe le pont de Serin, au pas de charge battu par tous les tambours, pénètre de front dans la Grand'Rue, rencontre et renverse trois barricades, débusque des maisons où ils se sont embusqués les insurgés tirailleurs, arrive à la Pyramide, se dirige à gauche, et opère sa jonction avec la colonne du capitaine Vieux. Une compagnie occupe les sommités du rocher de Pierre-Scise. Le capitaine Vieux est parvenu à informer le maire de Vaise du mouvement qui va s'opérer, et a déclaré son intention de brûler le faubourg, si la population se montre hostile.

## SAMEDI 12.

La résistance des républicains est très faible, ils lâchent pied dès qu'ils se voient attaquer en face. Ceux qui se sont embusqués dans les maisons, continuent à tirer sur les troupes ; ils tuent trois officiers, en blessent un autre, et tuent ou blessent dix soldats ou sous officiers. Exaspérés par ces pertes, les soldats font feu sur les fenêtres. C'est au port Mouton qu'ils ont été assaillis par une grêle de balles ; ils s'élancent sur les maisons, en brisent les portes, et font main-basse sur tout ce qui s'offre à leur fureur. Quinze morts sont comptés dans une maison d'une rue nouvelle, auprès de la Pyramide. Les quinze soldats disciplinaires sont pris les armes à la main, et fusillés sur place ; tout homme trouvé les mains et les lèvres noircies par la poudre, passe par les armes. Quarante-sept cadavres attestent leur vengeance : vingt-six sont ceux d'insurgés pris les armes à la main ; vingt-et-un (combien la guerre civile est terrible !) n'appartiennent pas au parti qui a combattu : on y voit des enfants, des femmes, des vieillards impotents atteints dans leur domicile par les projectiles ; et le sang de victimes innocentes s'est mêlé en proportion presque égale à celui des misérables provocateurs de ce massacre. Ces corps mutilés par le plomb et par le fer sont exposés au cimetière ; on voit dans ce triste lieu, pendant deux jours, les femmes venir reconnaître leurs maris, la sœur son frère, la mère son enfant. Horrible spectacle ! ceux qui l'ont vu, ne l'oublieront jamais.

A quatre heures du soir, toute résistance dans le faubourg de Vaise a cessé; mais elle continue avec opiniâtreté dans une portion de la ville qui a été le quartier-général de la révolte depuis le commencement de l'insurrection. Un parti d'insurgés occupe la place de la Fromagerie, l'église Saint-Nizier, la place des Cordeliers, et l'église Saint-Bonaventure dont le tocsin n'a cessé de se faire entendre pendant trois jours. Le général Buchet ordonne l'attaque de ces positions. La seconde section de grenadiers du 28e garde les rues de l'Arbre-Sec et du Bât-d'Argent, repousse toutes les attaques, marche sur la place de la Fromagerie, et s'en empare après avoir perdu quelques hommes blessés ou tués. Un maréchal-des-logis s'est chargé de faire sauter les portes de l'église Saint-Nizier; cet édifice est fouillé par le capitaine d'Affas, qui saisit quatre insurgés. Un officier, M. Chaignon, fait abattre le drapeau noir, qui est remplacé aussitôt par les trois couleurs. Bientôt après les soldats déblaient la rue Longue et pénètrent jusqu'à la rue Neuve. Tout n'est pas terminé; les colonnes marchent sur les Cordeliers et prennent position à tous les angles des rues. A cinq heures, deux compagnies de voltigeurs, passent, l'une le pont Morand, l'autre, le pont du Concert, marchent au pas de course sur l'église des Cordeliers, affrontent avec la plus grande intrépidité les balles et les pierres lancées par les insurgés, et vivement secondées par la troisième compagnie de voltigeurs du 6e, emportent ce poste si important. Les portes de l'église sont forcées, une prompte fuite est l'unique moyen de salut qui reste aux républicains;

onze sont tués dans l'église, et deux sur la place. Les insurgés de la place des Cordeliers fabriquaient de la poudre et des cartouches; ils avaient même préparé des pétards, dont l'explosion blesse quelques militaires. Une femme, au moment de la prise de l'église, a tiré deux coups de pistolet sur les soldats; ils épargnent cependant la vie de cette malheureuse.

Enfin le dénoûment approche; on s'occupe de déloger les insurgés établis dans les maisons du quai de Bondy, en face de l'église Saint-Louis qui, depuis deux jours, inquiètent vivement le poste du pont de la Feuillée. Une compagnie se loge dans la maison en construction en face de la passerelle Saint-Vincent; une autre se place à l'angle de la place de la Boucherie. Les tirailleurs protégent le feu de deux pièces d'artillerie. Les canons de la terrasse des Chartreux sont dirigés sur le même point; un feu soutenu de deux heures fait taire celui des insurgés; l'hôtel du Chapeau-Rouge qui leur sert de redoute, a été criblé de boulets et presque détruit.

Tout le quai Bon-Rencontre est au pouvoir de la ligne. Des groupes de soldats paraissent avec précaution, l'arme en avant, et regardant aux rues et aux maisons; voilà des compagnies entières, voilà des dragons sur ce quai si fréquenté, où depuis trois jours personne n'avait passé. Les fenêtres s'ouvrent, on entend des cris de joie; des femmes, des ouvriers débouchent des boutiques et des portes d'allée, s'avancent dans la rue et s'embrassent. Officiers, soldats et peuple se mêlent et se félicitent; la victoire demeure à la garnison, elle couronne cette forte et prudente tactique qui a réprimé la révolte en ménageant le sang des soldats et celui des révoltés! Une grande question politique vient de se résoudre à Lyon : la république a perdu son procès pour jamais.

Cinquième Journée, *dimanche 13*.

Les points qui résistent encore sont peu importants ; tout est dit pour les insurgés, et désormais l'obstination de quelques hommes ne saurait avoir d'autre résultat que leur châtiment et le meurtre de quelques soldats.

A huit heures, une proclamation du prefet permet la circulation dans les rues (1) ; une foule immense s'empresse aussitôt de profiter de la faculté

---

(1)     Habitants de Lyon !

La sainte cause des lois, de l'ordre et de la vraie liberté, vient de triompher dans les murs de Lyon. Quelques restes de rebellion restent encore dans quelques quartiers, et seront soumis aujourd'hui. Cet heureux résultat a été acheté par un sang précieux ; vous avez éprouvé de la gêne et des souffrances, mais qui de vous s'en souvient encore en présence du grand résultat obtenu par la valeur, la constance et la discipline des troupes?

Pour mettre, aussitôt que possible, un terme à l'état de contrainte que l'action militaire nécessitait, il est arrêté aujourd'hui que la circulation des piétons sera rétablie en ville, mais que l'on ne souffrira pas de stationnement sur la voie publique, ni de réunion de

de communiquer. Depuis cinq jours l'isolement des citoyens a été à peu près absolu ; ils n'ont pu visiter leurs parents, leurs amis, et la plupart sont demeurés dans une ignorance complète des événements qui se passaient auprès d'eux. Dans tous les points où des postes stationnaient et échangeaient des coups de feu avec les insurgés, il était fort dangereux d'approcher des fenêtres : des soldats avaient été assassinés lâchement par des républicains embusqués sur des toits ou protégés par des lucarnes.; la nécessité de pourvoir à son salut, obligeait la garnison à traiter toutes les croisées en ennemies, ou du moins à s'en défier ; elle n'avait aucun moyen de distinguer les bons citoyens des mauvais, et son intérêt, dans l'exécution de ses ordres rigoureux, l'invitait à regarder comme suspect tout ce qui portait l'habit bourgeois.

Le drapeau noir flottait toujours sur le clocher de l'église Saint-Polycarpe ; quelques insurgés continuaient à tirailler de cette maison et des rues latérales de La Croix-Rousse ; enfin, des groupes de républicains occupaient encore la montée de La Boucle, le faubourg de Bresse et le plateau de Fourvrières. Il n'y avait rien à craindre sans doute de si faibles ennemis ; mais leur laisser les moyens de communiquer entre eux et de se recruter, c'eût été

---

plus de cinq personnes, mais que le passage des ponts continuera à être interdit. Ces restrictions seront enlevées aussitôt qu'il sera possible, sans compromettre les opérations militaires.

Le Conseiller d'état, Préfet du Rhône, Gasparin.

Lyon, 13 avril 1834.

une faute grave. A onze heures du matin, la liberté de circuler fut retirée tout-à-coup par l'autorité militaire aux citoyens, et avec une si grande promptitude, que beaucoup ne purent rentrer dans leur domicile sans l'escorte d'un soldat, ou furent obligés d'attendre jusqu'au lendemain. Des postes gardèrent tous les alentours de la place des Terreaux, des rues Saint-Polycarpe et Vieille-Monnaie, et les avenues de La Croix-Rousse. On entendit de nouveau le tocsin de la seule église restée au pouvoir des factieux, et les coups de feu des tirailleurs.

Il est temps d'en finir avec les républicains retranchés sur le plateau de Fourvières. A midi et demi, le commandant du génie, Million, conduit la colonne d'attaque par le pont de La Mulatière et Sainte-Foy; elle est composée de quelques compagnies d'infanterie et d'un petit nombre de sapeurs du génie. Comme à Vaise, à Saint-Just et à La Guillotière, les insurgés n'opposent aux soldats qu'une molle résistance : il n'y a pas d'engagement, et, à quatre heures et demie, le drapeau noir est abattu. Le faubourg Saint-George, où sont encore quelques tirailleurs, fait sa soumission dans la soirée. Un ordre du jour du lieutenant-général annonce à la garnison les heureux résultats des journées du 11 et du 12, et lui promet les récompenses que son courage et son dévoûment ont méritées. La Croix-Rousse et le faubourg de Bresse n'ont point encore fait leur soumission; mais le général Fleury s'est chargé de les réduire. Cependant, avant d'en venir aux dernières rigueurs, il croit humain d'adresser une dernière sommation aux insurgés; un maréchal-des-logis au 13ᵉ d'artillerie, Clapéron, suivi de deux fusiliers, porte la mission du général à la Mairie de La Croix-Rousse, et brave avec le plus grand sang-froid la chance si probable d'être tué par les républicains. Aucune réponse ne parvient au général Fleury; il emploiera la force, et malheur aux vaincus!

Sixième Journée, *lundi* 14.

Tout a été disposé pour anéantir les républicains, s'ils attendent les coups qui leur sont destinés. Le général Fleury et le colonel du 27ᵉ sont de bonne heure sur la route de Caluire, à l'extrémité du faubourg, et disposent de forces imposantes; un cordon de troupes enveloppe La-Croix-Rousse. Les insurgés voudraient parlementer, ils le demandent; mais aucune concession ne leur sera faite. Une compagnie de voltigeurs et une compagnie de grenadiers, tambour en tête, se sont portées sur un clos situé hors des portes Saint-Clair, et dans lequel se trouve une maison occupée par un groupe d'insurgés. Les républicains savent qu'ils n'ont pas de grace à espérer, et se résignent à une résistance obstinée. Pendant que les grenadiers les attaquent par derrière, les voltigeurs s'élancent en avant, et la maison est emportée à la baïonnette. Traqués dans toutes les directions, les insurgés cherchent à fuir sur les derrières ; mais ils sont acculés par les soldats, et fusillés ou faits prisonniers. Plusieurs sont amenés dans la maison de détention de Perrache. Huit ou dix soldats ont été griévement blessés dans cette affaire ; leur tambour a été tué. La soumission de La Croix-Rousse n'est bien complète que le lendemain mardi à midi. L'église Saint-Polycarpe a été évacuée à sept heures du matin (1).

Toute résistance a cessé à Saint-Just. Dès le point du jour, le général Buchet s'est rendu sur la place des Minimes ; le commandant Million s'est mis en marche de Fourvières sur Saint-Irénée ; quatre com-

---

(1) *Le Curé de Saint-Polycarpe à M. le Commandant de la ville de Lyon.*

15 avril 1834.

Monsieur le Commandant,

Je dois vous signaler un trait qui fait honneur à vos soldats. Les insurgés, après avoir brisé à coups de hache les portes de l'église, tentèrent vainement d'y pénétrer : je vins à bout de leur persuader que, comme ils n'étaient porteurs d'aucun ordre, je ne pouvais consentir à l'invasion. Ils parvinrent le jour suivant à pénétrer au clocher par escalade à l'aide d'une construction qui a été faite derrière le chevet de l'église. Dès lors ils se livrèrent à toutes les dévastations. Ils parvinrent à placer un drapeau rouge à la cime de la façade, et nous firent éprouver le chagrin le plus cuisant.

La troupe étant venue enfin prendre possession de l'église lundi matin, 14 du courant, un adjudant du premier bataillon du vingt-septième de ligne pénétra sur les voûtes et enleva le drapeau rouge. En même temps une décharge des hauteurs de la Croix-Rousse se fit entendre dirigée sur lui : un instant après, le même adjudant substitua sur la même façade le drapeau national et de vives acclamations se firent entendre de toutes les maisons voisines.

Permettez-moi, Monsieur le Commandant, de vous offrir ma vive sensibilité et le sentiment, etc.

GOURDIAT, *curé, chanoine-doyen.*

pagnies d'infanterie, conduites par un chef d'escadron d'état-major et par un chef de bataillon du génie, occupent les hauteurs. Tous les insurgés ont fui. On a trouvé dans la rue Juiverie un dépôt de soixante-et-treize fusils, qui ont été envoyés à l'Arsenal. Il n'y a plus de résistance sur aucun point.

Le résultat n'a pas été et pouvait être un instant douteux; mais quel triomphe, grand Dieu ! encore une victoire semblable, et Lyon n'existe plus. Quelles félicitations sont possibles en présence de tels désastres, et à qui les adresser? Si du moins cette guerre impie n'avait eu pour victimes que les misérables qui l'ont provoquée ! mais combien d'hommes inoffensifs, parmi les morts ! que de citoyens ont succombé qui n'avaient pris aucune part à la lutte !

L'aspect de Lyon est affreux : plusieurs maisons du quai de Retz et du quai Bon-Rencontre ont été complètement incendiées ; grand nombre d'autres sont mutilées par les boulets : un des pavillons du pont du Concert a été presque entièrement rasé. Beaucoup de maisons dans la rue Mercière et dans la rue de l'Hôpital sont aujourd'hui des monceaux de ruines ; la place de l'Herberie est une de celles qui ont le plus souffert, et la plupart de ses élégantes boutiques ont été dévastées. Le canon qui a tonné dans le clos Casati, à Fourvières et à La Guillotière, n'a pas causé de moins grands dommages ; ces pertes sont considérables.

Et cependant la garnison a mis tous les ménagements que demandait la prudence dans l'accomplissement de ses terribles devoirs; les officiers déploraient amèrement le mal qu'ils étaient contraints de faire à la ville, mais ils avaient à répondre du rétablissement de l'ordre et de la vie de leurs soldats. La question à résoudre, c'était de savoir si la plus riche des cités du royaume, après Paris, devait être abandonnée aux vengeances hautement dénoncées des ouvriers contre les fabricants, et aux passions furieuses d'hommes qui s'écriaient, en essayant de soulever le peuple : « Du moins cette fois ne « soyons pas aussi sots que nous l'avons été en Novembre. » — « Notre tour est venu, disait un insurgé, il est bien temps pour nous autres de jouir». Un ouvrier, partant pour la place des Cordeliers, adressait à sa femme ces paroles : « Soit tranquille, dans quelques jours nous serons riches. » — « A bas les fabricants ! A bas les riches ! s'écriaient les femmes dans les attroupements; c'est à nous à présent à coucher dans les beaux lits de soie (1). » A quel sort affreux Lyon n'était-il pas réservé, si cette odieuse révolte eût triomphé !

L'ordre est rétabli; le conseil municipal se rassemble et vote, le 15, un remercîment aux troupes de la garnison (2), et un crédit extraordinaire en

---

(1) J'ai entendu moi-même ces propos très caractéristiques, et beaucoup d'autres. Telle n'était pas ainsi sans doute la pensée de la république; mais c'est de cette manière que ses auxiliaires entendent l'insurrection.

(2) Voici cette adresse, que le maire de Lyon, qualifiera plus tard d'illégale.

Soldats !

La ville de Lyon, la France, la civilisation tout entière, ont

faveur des familles qui ont le plus souffert dans les derniers événements. Toutes les consignes sont le-

couru un immense danger que votre valeur a su repousser. Après une lutte prolongée, après les efforts si constants d'un courage dont chacun de ses membres a été le témoin, le conseil municipal de cette grande et malheureuse cité éprouvait le besoin de vous payer le juste tribut de son admiration et de sa reconnaissance. Vous avez vaincu l'anarchie, vous avez repoussé loin du sol de la France les principes anti sociaux qui déjà l'avaient envahie, mais qui ne sauraient jamais y pousser de profondes racines. Appuyée sur la monarchie constitutionnelle qu'elle-même a fondée, la liberté ne saurait périr en France que par ses propres excès : c'est à ces excès que vous avez déclaré la guerre, et c'est sur eux que vous avez remporté la plus glorieuse victoire, et vous avez aussi bien mérité de la liberté, de la France, et en particulier de la ville de Lyon.

*Pour le maire de la ville de Lyon,*
Signé VACHON-IMBERT.

A la suite de cette délibération, le conseil a donné mission à trois de ses membres, MM. Chinard, Terme, et Faure, d'aller en députation à Paris pour obtenir du gouvernement qu'il prenne à sa charge les indemnités des désastres dont la ville a été frappée.

Le conseil municipal adresse à M. le préfet du Rhône la lettre suivante :

Lyon, le 16 avril 1834.

Monsieur le Préfet,

Je remplis avec le plus vif empressement la mission dont m'a chargé le conseil municipal.

Il vient de s'assembler, et son premier sentiment a été celui de la reconnaissance envers ceux qui ont sauvé notre malheureuse ville des horreurs de l'anarchie.

Vous, Monsieur le Préfet, avez été un de ceux qui avez inspiré ce sentiment le plus profondément, et j'ai été chargé de vous exprimer combien mes concitoyens ont éprouvé d'admiration pour votre courage et votre dévoûment.

Vous serez compté désormais par les Lyonnais au nombre de leurs bienfaiteurs, puisqu'ils vous doivent le raffermissement de leur existence sociale, et que vous avez contribué si puissamment à les délivrer des maux incalculables qui les menaçaient.

Agréez, etc.

*Le Maire de Lyon,*
VACHON-IMBERT, Adjoint.

vées, toutes les communications rétablies; l'administration militaire cesse de gouverner la ville, et transmet ses pouvoirs à l'autorité judiciaire. Dès cet instant, l'insurrection n'est plus qu'une affaire de police et de tribunaux. Une ordonnance royale, en date du 16, saisit la chambre des Pairs de la connaissance des attentats commis contre la sûreté de l'État, dans le mois d'avril, sur différents points du royaume, et M. Chégaray est nommé commissaire du roi près la haute cour.

§ 3. — Part des républicains et des ouvriers en soie à l'insurrection d'Avril. — Motifs ou prétextes de la révolte. — Absence de chefs chez les factieux. — Le général Aymard et la garnison ont-ils fait leur devoir. — Parallèle des insurrections de Novembre 1831 et d'Avril 1834. — Nombre des morts et des blessés.

Quelle est la part des ouvriers en soie aux journées d'avril? et en quoi cette insurrection a-t-elle engagé leur responsabilité?

Ce mouvement a été essentiellement politique, si l'on en croyait quelques députés; il devrait être attribué à une population étrangère à Lyon, à des individus sans moralité, à des forçats libérés dont l'action dans nos troubles civils a toujours été remar-

quables (1). On a parlé à la tribune de l'*admirable* raison des ouvriers dans nos troubles de Novembre, de leurs ordres du jour, pour séparer alors une cause toute sociale d'une cause politique et perturbatrice. « Que font ces masses dans des débats où les leurs
« sont compromis? a-t-on dit. Elles s'abstiennent.
« Lorsque les républicains veulent irriter leur co-
« lère, que font-elles encore? Elles s'abstiennent.
« Ainsi la sagesse des ouvriers se refusant au dés-
« ordre, le désordre était impossible (2). »

Les ouvriers ont dit, après le dénoûment des journées d'Avril: « Nous avons pris peu de part au combat, notre
« cause n'est pas compromise, et l'affaire s'est vidée
« entre la garnison et la république. » Il est vrai que, précisément à la même époque, les républicains, fort intéressés aussi pour l'honneur de leur parti à nier la défaite, disaient à Lyon, par l'organe de leur journal : « Nous n'acceptons pas la
« responsabilité de l'événement, et nous ne voyons
« dans cette affaire qu'une rixe entre les mutuel-
« listes et le procureur du roi. »

Mais républicains et ouvriers en soie ont pris une part égale au mouvement; leur cause s'est unie dans les journées d'Avril; ils ont fait pour vaincre tout ce qu'ils pouvaient faire, et s'ils se sont abstenus d'un soulèvement en masse, il faut l'attribuer surtout au sentiment de leur impuissance et à l'impossibilité

---

(1) M. Fulchiron, séance du 13 mai 1834.
(2) C'est M. Pagès, de l'Arriége, qui a prononcé à la tribune, le 13 mai 1834, ces inconcevables paroles.

où ils se sont tout-à-coup trouvés de communiquer entre eux.

Les républicains ont donné le signal de la lutte, et plutôt que ne l'eût voulu la majorité des ouvriers en soie ; mais les dispositions malveillantes de beaucoup de ces travailleurs n'étaient point équivoques, et il est impossible d'abuser l'opinion sur ce point.

Aux mutuellistes seuls appartient la responsabilité du scandale inouï qui a eu lieu au tribunal de Police Correctionnelle, et de la sédition dont il s'accompagna immédiatement. C'est le procès des six chefs d'atelier qui a été le prétexte officiel de l'insurrection.

Pendant les journées d'Avril, et dans les faubourgs où ils étaient maîtres, les ouvriers n'ont nullement caché leurs dispositions : ils ont fait des barricades et tout préparé pour le combat ; tandis que les hommes s'armaient, les femmes dépavaient les rues, et en montaient les pierres dans leurs tabliers à l'étage supérieur de chaque maison, pour accabler les soldats de ces projectiles s'ils s'engageaient dans les rues. On peut voir encore les rues principales du quartier Saint-George en partie dépavées, et, sur plusieurs points, des amas de cailloux descendus des étages supérieurs après le retour de l'ordre. Qui ne sait d'ailleurs à Lyon ce qui se passait aux loges des mutuellistes la veille de l'insurrection ?

Il faut dire sans réticence la vérité au pays : la responsabilité des ouvriers en soie est pleinement engagée dans le mouvement républicain d'Avril. Si un plus grand nombre ne se sont pas montrés en armes sur la voie publique, c'est que les armes manquaient ;

s'ils ne se sont pas réunis en masse, comme en Novembre, c'est qu'ils ne l'ont pas pu. Qu'on suppose un échec éprouvé par la garnison, et une communication libre de la ville aux faubourgs, et des faubourgs avec Vienne et Saint-Étienne, et qu'on se demande si, dans cette hypothèse, les ouvriers en soie se seraient abstenus.

L'opposition antidynastique et l'anarchie, intéressées l'une et l'autre à ennoblir leur défaite à Lyon aux journées d'Avril, ont, comme en Novembre, exalté le courage des insurgés. « Combien est admirable, ont dit les journaux républicains, cette poignée d'hommes qui tient en échec pendant six jours une armée de dix mille hommes! Que n'auraient donc pas fait nos frères, si tous ceux qui sympathisaient avec leur cause avaient pu combattre! »

On a vu ailleurs à quoi se réduisait l'héroïsme des vainqueurs de Novembre, celui des vaincus d'Avril est bien moindre encore, et j'en appelle au témoignage impartial de mes concitoyens de toutes les opinions. L'attaque de quelques postes, aux journées de Novembre, prouve, chez les assaillants, un véritable courage : il y eut, alors, dans plusieurs engagements, beaucoup de résolution chez les ouvriers; dans plusieurs circonstances critiques; fort rares il est vrai, il y eut péril réel pour les insurgés. Mais rien de semblable ne s'est vu aux journées d'Avril : partout où les barricades ont été attaquées, elles ont été emportées sans combat; nulle part les insurgés n'ont tenu pied : on les a vus sur tous les points, dans les rues, sur tous les quais, à Saint-

Just, à Perrache, à Vaise, à Fourvières, jeter leurs armes et fuir avec précipitation, lorsque les soldats fesaient un mouvement en avant (1). En quoi a consisté l'héroïsme des insurgés? à soutenir pendant six jours une guerre de boulets, dangereuse pour les maisons, mais nullement pour eux. A quelles chances le combat les exposait-il? Ces hommes, bien à couverts par des murailles, des bornes de rue, ou des cheminées venaient tirer sur la garnison, disparaissaient pour recharger leurs armes, fesaient feu de nouveau, et après s'être ainsi battus tout le jour, rentraient paisiblement le soir chez eux, libres de n'en pas sortir le lendemain, et, pendant le combat de se dérober aux conséquences de la défaite, en jetant ou en cachant leur fusil. Tels ont été les insurgés à Lyon au mois d'avril ; s'ils sont des héros, on ne saurait certainement l'être à meilleur marché. Voici un fait qui prouve combien il eût été facile, avec un peu d'énergie, d'imposer à ces bandits qui ont porté le désordre dans tant de quartiers: Un dessinateur, M. Meinier, qui habitait une rue peuplée en grande partie d'ouvriers, s'opposa, lui seul, à la construction d'une barricade que quelques misérables voulaient élever en face de son habitation. Il fit plus : cette barricade ayant été construite pendant qu'il était chez lui, il descendit et la détruisit de ses propres mains, malgré les menaces et les vociférations des révoltés. Il est à regretter que

---

(1) Je puis parler comme témoin oculaire de quelques-unes de ces retraites soudaines., s'était un véritable « sauve qui peut ».

cet exemple n'ait pas trouvé un plus grand nombre d'imitateurs (1).

Mais si le nombre des insurgés armés était si peu considérable, et leur valeur si peu redoutable, comment la résistance s'est-elle prolongée pendant six jours?

Lorsque la lutte commença, la garnison était peu nombreuse; elle n'avait pas assez d'hommes pour satisfaire à toutes les exigences du moment. Il n'était point entré dans le plan du général de commettre ses soldats dans l'intérieur des rues; sûr qu'il était de terrasser la révolte en se bornant à garder ses positions. Au début des hostilités, l'autorité militaire devait s'attendre à un mouvement en masse de tous les ouvriers en soie et des républicains; cette éventualité si probable lui commandait la plus grande réserve. Parfaitement libre dans ses mouvements, appuyée sur des forts inexpugnables, en communication sur tous les points avec l'extérieur, elle ne vit, sans doute, aucune nécessité de compromettre, par trop de précipitation, une victoire assurée.

Si le général avait eu à sa disposition la moitié ou le tiers des forces que le gouvernement, à la même époque, employa contre les insurgés de Paris, deux heures lui auraient suffi pour dompter la révolte. Mais la garnison était faible, et le gouvernement, si bien prévenu cependant, s'était exposé au même blâme qu'il avait encouru aux journées de Novembre. C'est une faute grave : dans les circonstances critiques où

---

(1) M. Meinier a reçu la croix d'honneur et l'avait bien méritée.

nous vivons, la garnison de Lyon doit être un corps d'armée qu'il ne faut affaiblir, même momentanément, sous aucun prétexte, son chiffre ne saurait être évalué au dessous de quinze mille hommes, indépendamment des régiments campés dans les villes voisines pour lui prêter leur aide au besoin. L'ennemi (ce nom peut être donné aux anarchistes comme aux étrangers) a des intelligences dans la place, sait parfaitement de quelles forces le pouvoir militaire dispose, et choisit toujours pour agir l'occasion qui lui présente le plus de chances; il ne faut donc pas que l'administration la lui présente jamais, et mérite le reproche de négligence ou d'imprévoyance.

Une faute avait été commise (on ne peut toujours tout prévoir dans un plan de campagne; il eût fallu, mercredi matin, couronner les hauteurs et s'assurer de ces importantes positions. Autre remarque: si la Halle-aux-Blés et la place des Cordeliers eussent été occupées (et la garnison pouvait le faire sans aucun inconvénient, puisque cette partie de la ville communique par des voies courtes, larges et directes avec le quai de Retz, dont l'autorité militaire était maîtresse), on eût abrégé beaucoup le combat, et privé les républicains d'un point central dont ils firent leur quartier-général. Trois ou quatre bataillons manquaient au général Aymard pour emporter de vive force le premier jour toutes les positions des insurgés; il fallait bien toujours finir par engager les troupes dans les rues étroites et tortueuses de l'intérieur; comment, pendant six jours de lutte ouverte, a-t-il reçu si peu de renforts? Je laisse aux hommes compétents, aux militaires, l'appréciation de ce qui a été fait et de ce qui aurait pu l'être.

Quelle a été la raison de l'insurrection d'Avril? Si l'on en croit les journaux républicains et les corrupteurs du peuple, c'est le mécontentement de l'ouvrier, sa misère, son désespoir; c'est l'insuffisance des salaires, c'est l'inégalité de la répartition de la propriété : tel est le système que des députés ont produit à plusieurs reprises à la tribune. Il fallait une excuse à l'insurrection de la veille et un prétexte à celle du lendemain; on les a trouvés dans le mécontentement prétendu ou mal interprété des classes laborieuses. Les hommes de l'opposition et de la république n'ont rien négligé pour amener une perturbation industrielle mortelle au commerce; ils ont jeté les tisseurs sur la place publique par leurs funestes conseils; et quand l'esprit de sédition, dépeuplant les ateliers, avait fait de la détresse apparente du travailleur une misère réelle, ces mêmes hommes ont parlé du mécontentement de nos ouvriers en soie, déclamé sur la profondeur de la plaie industrielle, accusé le gouvernement de leur propre ouvrage, et proféré à la tribune ces paroles antisociales : « Le peuple n'a que deux choses à produire : des richesses, lorsqu'il travaille, et des émeutes, lorsqu'il a faim. »

On a dit : le malaise des ouvriers en soie de Lyon est dû à l'énormité des impôts de consommation; on a attribué leur détresse à l'impôt personnel et mobilier, à la cherté des loyers, au prix élevé de tous les besoins de la vie matérielle, à l'influence sur notre production industrielle de nos traités de commerce, de nos primes, de nos tarifs, de nos douanes; à l'octroi surtout, qui prélève deux millions chaque année sur le travail des tisseurs, et dont la suppression a été positivement demandée.

La France devrait beaucoup aux hommes qui font à la chambre et dans les journaux une peinture si animée du désordre moral dont la société est travaillée, et une appréciation si judicieuse des causes variées de la détresse des classes industrielles, s'ils consentaient, enfin, à indiquer le remède, les moyens, après avoir décrit le mal avec tant d'éloquence. C'est, en principe, une vue lumineuse que celle de la suppression des impôts de consommation ; il ne reste plus qu'à déterminer comment Lyon, sans son octroi, pourra supporter les exigences de son budget énorme, et qu'à lui indiquer où elle prendra, si on le supprime, les deux millions qu'il lui rapporte. Mais passons sur cette objection préalable, et prenons l'allégation telle qu'on la donne. L'octroi pèse-t-il donc d'un si grand poids sur la classe ouvrière ? il ne prend au travailleur que trois ou quatre centimes sur un salaire en moyenne de deux à trois francs par jour. Mais une observation plus décisive se présente : la détresse dont on parle, n'est certainement pas moins grande chez les ouvriers de la banlieue et des faubourgs que chez ceux de la ville, et cependant, dans les faubourgs et dans la banlieue, l'octroi ou est extrêmement faible ou n'existe pas.

Il est vrai, cependant, que la plupart des dépenses de première nécessité sont très fortes à Lyon; que les impôts de consommation y sont très élevés; que les loyers, bien qu'ils aient été beaucoup réduits, sont chers encore; c'est contre l'exagération du fait, et non contre le fait lui-même que j'ai réclamé. Il est des étoffes de soie, les *unis* par exemple, dont le prix de fabrication est si modique, qu'il sera impossible aux ouvriers commis à leur tissage, et surtout aux compagnons, d'habiter la ville (c'est tout ce qu'il y a de vrai dans les observations auxquelles je réponds). La fabrication des étoffes de soie unies, émigrera dans les campagnes voisines; mais Lyon conservera les façonnées, et les ouvriers employés à la fabrication de ces tissus précieux, supporteront très bien les impôts de consommation, s'ils sont paisibles, laborieux et économes.

Le calcul des pertes que l'octroi fait éprouver aux prolétaires, est fort utile sans doute; il y a cependant quelque chose de plus instructif encore : c'est celui que toutes les sommes que les doléances des républicains du *Précurseur* et de M. Jules Favre, sur la détresse du peuple, ont coûté au peuple; c'est l'appréciation de la part qu'ont eue à la misère des ouvriers en soie les lamentations de ces étranges amis de l'atelier, en nourrissant parmi eux l'esprit de coalition et de révolte, qui effraie le commerce, arrête les commandes, compromet tous les intérêts, et prive la classe laborieuse de son travail quotidien, et par conséquent de pain.

On trouve, dans tous les grands mouvements populaires, des hommes qui les dominent de toute la hauteur de leur génie, et dont le nom imposant donne à ces mémorables événements leur couleur, leur vie, et en est un éloquent résumé. Au quatorzième siècle, à Rome, c'est le cabaretier Rienzo, formé aux pensées républicaines par la méditation des historiens et des orateurs romains : puissant sur les masses par sa parole, fort de l'excès de sa haine contre une oligarchie turbulente et tyrannique, digne par ses vertus antiques d'être l'ami de Pétrarque, et qui eût maintenu la révolution que sa voix éloquente avait fait jaillir de la multitude, si sa tête eût résisté à l'enivrement de la fortune, comme elle avait supporté le malheur. A Naples, c'est le jeune pêcheur d'Amalfi, Masaniello, si cher au peuple par son courage et sa bonté, si éloquent sans savoir ce qu'est l'éloquence, si généreux avec les nobles lorsqu'il les a vaincus, et qui, monté sur un échafaud dont il s'est fait un trône, n'échange pas ses haillons contre la pourpre, se fait un sceptre de son épée, et devient, par la seule puissance de ses facultés, l'arbitre suprême, et l'ame des volontés d'une armée de cent cinquante mille hommes. A Paris, au 10 août, c'est Danton à la voix rude et tonnante, au visage défiguré par d'horribles cicatrices, à la taille et à la force herculéennes, au langage rempli de figures gigantesques et d'apostrophes violentes qui tombent sur ses adversaires, avec la rapidité et la puissance de la foudre, à l'audace que les obstacles enflamment, et que le succès, de même qu'un revers, grandit; c'est Danton enfin, homme essentiellement d'action, qu'aucun crime ne fait jamais reculer s'il sert sa politique, aussi intrépide au tribunal révolutionnaire en présence des bourreaux devenus ses juges qu'il l'a été aux jours de sa puissance à la tête de la populace parisienne, l'athlète de l'anarchie, et le type le plus poétique et le plus vrai du génie révolutionnaire. Mais en quels noms propres se résument les insurrections de Lyon de 1831 et de 1834? Quels chefs se détachant des masses appellent le pinceau du peintre? Quels hommes se présentent à l'observateur, doués d'un génie égal à la grandeur de l'attentat? Je cherche en vain un caractère à peindre dans la foule de séditieux dont je suis environné; si le crime commis contre nos institutions est grand, rien n'est plus petit que les criminels; il n'est pas un seul nom, parmi cette cohue d'insurgés, et dans ces rangs de républicains, qui devienne historique; et nos deux insurrections en cela parfaitement semblables, sont une hydre à mille têtes, à qui un moule uniforme a imprimé le même caractère de vulgarité (1).

(1) Il existe, on le sait, à Lyon, dans une autre classe que celle des ouvriers, quelques hommes qui prennent avec ostentation le titre de républicain, et qui le jettent fièrement, en temps de paix, à la face du pouvoir, dans toutes les occasions ou sans que l'occasion les y invite. Les journées d'Avril leur présentaient une occasion excellente pour mettre leur courage au service de leur opinion; mais tous, sans exception, se sont abstenus, et ils ont laissé à des mains plus vulgaires le soin périlleux de faire les affaires de la

Le général Aymard et la garnison avaient à peine accompli un terrible, mais indispensable devoir, que déjà des journaux calomniaient leur courage et contestaient à l'armée le droit d'intervenir entre la révolte et le pouvoir. « Ils avaient, disait l'esprit de parti, versé le sang français, et traité une ville française en temps de paix, avec plus de barbarie qu'ils n'auraient traité une ville prussienne en temps de guerre »; et combien d'autres accusations n'ont-elles pas été portées contre les soldats? Toute la doctrine de la République sur ce point peut se résumer ainsi : « Honte aux défenseurs des lois! honneur à ceux qui les attaquent »! Les ouvriers insurgés de Novembre sont des héros, et l'on ne saurait donner trop d'éloges à leur courage ; les soldats qui se font tuer pour le maintien de nos institutions sont des brigands, dont les mains sanguinaires ont exécuté avec barbarie un mandat illégal. »

Des idées aussi fausses appellent l'examen d'une question générale d'un haut intérêt.

Le soldat, appelé dans les formes légales à défendre l'ordre violemment attaqué, peut-il refuser son intervention? en d'autres termes, est-il des cas où il doive faire usage de ses armes contre ses concitoyens?

Tout gouvernement n'est institué que sous la con-

---

république, occupés, sans doute qu'ils étaient, à rédiger les bulletins du combat. Ces républicains prétendent justifier leur inaction prudente, en disant que l'insurrection a eu lieu prématurément et contre leur avis exprès ; c'est, en effet, une justice à leur rendre : jamais ils n'ont manqué de désavouer le lendemain l'émeute qui avait échoué la veille ; mais auraient-ils persisté dans ce blâme si la garnison eût été battue?

dition expresse de veiller à la sécurité de tous, et de défendre les institutions, les personnes, les propriétés. C'est un lieu commun de droit public ; mais l'opposition cherche tellement à fausser l'opinion sur les principes les plus généralement reçus, qu'il devient souvent nécessaire de les rappeler.

L'autorité a pour nous défendre et pour se défendre elle-même l'appui des lois, et, dans des circonstances déterminées, la faculté de requérir celui du soldat ; il ne peut y avoir contestation sur le droit. M. Thiers l'a dit à la tribune avec beaucoup de vérité : « La patrie n'est pas seulement le sol, c'est encore les lois et les institutions ; et l'on se bat pour la patrie quand on se bat pour les lois, comme quand on se bat aux bords du Rhin. »

Un soldat ne doit-il faire usage de son fusil que contre les ennemis du dehors, et n'est-il aucune circonstance où l'épée d'un Français ne puisse, dans l'intérêt de la communauté, se teindre du sang d'un Français ? Mais personne n'a songé encore à mettre en question le droit de réprimer l'insurrection par la force. Assurément ceux de nos régiments qui poursuivaient dans le Midi et dans l'Ouest les partisans des Bourbons de la branche aînée, fesaient une guerre, non seulement nécessaire, mais encore très légitime. Ils combattaient pour le maintien de l'ordre établi ; ils protégeaient les propriétés, les personnes, le gouvernement, l'État, en un mot. Le Français qui attaque à main armée les lois de son pays est justiciable, dans des formes déterminées, de l'épée du soldat, de même qu'un brigand français, coupable d'un meurtre, l'est, devant les tribunaux, d'un juri composé de citoyens français.

Des factieux, qui promènent dans la rue les emblêmes sanglants de 1793, provoquent à la révolte, refusent d'obéir à la loi ou assaillent les défenseurs de la loi par des insultes ou des violences, sont-ils dans une position exceptionnelle ? Faut-il que le soldat reste impassible en présence de l'émeute ? doit-il être spectateur paisible du pillage, de l'incendie des propriétés, des outrages faits au drapeau national ? Non, sans doute. La loi n'existera plus, le jour où vous lui aurez enlevé les moyens de se faire respecter. Si vous la privez du secours du soldat, qui, comme on l'a très bien dit, n'est autre chose, considéré symboliquement, que la loi armée, vous livrez l'État aux factieux ; vous leur donnez, si non le droit, du moins la faculté de renverser impunément le gouvernement établi.

A quel titre les ennemis du dedans seraient-ils traités autrement que ceux du dehors ? Quelle différence faites-vous entre des Prussiens ou des Autrichiens qui ont envahi notre territoire, et ces bandits français qui, au mois de décembre 1830, brisaient les réverbères à Paris, bravaient l'autorité, appelaient la révolte et allaient pousser des cris de mort jusque sous les fenêtres du chef de l'État ? Ces furieux, les brigands de l'Ouest et les assassins de la Vendée sont-ils moins criminels et moins dangereux que l'étranger ? Leur devons-nous moins de haine, parce qu'ils se disent Français, et sont-ils moins punissables, parce que leurs attaques contre les personnes et les propriétés sont plus perfides, et que nous pouvons moins les prévoir et nous en défendre?

Le Français insurgé contre les lois, qui tire sur moi un coup de fusil, a-t-il droit à un autre traitement qu'un soldat russe ou autrichien ? Non, sans doute. Dans tous les états civilisés, comme dans tous les temps, l'intervention de l'armée parmi les discordes des citoyens a été reconnue légale et nécessaire, et a été employée par les dépositaires du pouvoir sans le moindre scrupule. Républiques, royaumes constitutionnels, empires, toutes les formes du gouvernement ont admis la nécessité de l'emploi de la force armée à l'intérieur, dans des circonstances établies par la loi. Il n'y a délit chez les gouvernants que lorsque les garanties et les formalités prescrites par les institutions, ont été négligées ou violées ; il n'y a faute de la part du pouvoir que lorsqu'il ordonne l'intervention militaire hors le cas d'une nécessité absolue. Ce droit d'appeler à son aide une force dont l'action est soudaine et les effets irréparables, est un droit terrible dont l'autorité ne saurait user avec trop de réserve et de prudence. La force armée ne doit être appelée au secours de la loi que le plus tard, et surtout que le plus rarement possible ; elle perd de sa puissance, si elle est trop souvent employée. Malheur aux gouvernements qui font intervenir mal à propos, ou à tout propos, le sabre et la baïonnette dans les affaires de la Cité ; nous blâmons l'abus, mais nous établissons le droit. Ce droit est une chose bonne en soi, il ne s'agit que d'en faire l'usage convenable ; sans lui point de gouvernement, point de société possible. L'opposition, si elle parvenait au pouvoir, ne pourrait professer une autre doctrine, sous peine de se suicider elle-même ; MM. Odilon Barrot, Mauguin et Pagès (de l'Arriége), ministres, emploieraient pour réprimer les rebellions à l'intérieur les mêmes moyens dont le cabinet du 13 mars s'est servi. Voyez si l'assemblée Constituante, l'assemblée Législative, la Convention et l'Empire y ont manqué ! Lafayette est compétent en matière de liberté, et son exemple ne sera certainement pas décliné : a-t-il hésité à faire exécuter la loi martiale au Champ-de-Mars, le 17 juillet 1791 ? Qui lui fit un crime de cet acte de vigueur ? les terroristes. Quels furent leurs raisonnements ? précisément les mêmes que ceux des démagogues de nos jours. Les anarchistes de 1791 et de 1793 voulaient comme ceux de 1831 et de 1834 que l'armée restât neutre entre le gouvernement outragé et les partis. Tirer l'épée contre un citoyen, c'était, en 1793 comme aujourd'hui, un crime digne de mort, alors même que ce Français était un séditieux.

Il n'est qu'un cas où l'armée soit dispensée d'obéir, c'est quand le pacte constitutionnel est violé de telle sorte que cette violation est manifeste et patente pour tous. Ce cas excepté, le militaire ne peut pas balancer à exécuter les ordres qu'il reçoit de ses chefs, par l'intermédiaire de l'autorité civile compétente, et lorsque les formalités prescrites pour l'emploi des armes ont été observées. Les anarchistes seuls peuvent soutenir une opinion contraire, qu'ils ne tarderaient pas à répudier, s'ils étaient les plus forts.

Lorsque la force combat la force, au jour d'une insurrection, la peine qui était réservée à la révolte, peut frapper des têtes innocentes. Au mois d'avril, des boulets sont tombés sur des maisons où ne se trouvaient pas d'insurgés; des femmes, des enfants, des hommes paisibles ont péri, et le fer de soldats rendus furieux par le meurtre de leurs camarades ou de leurs officiers, s'est peut-être égaré et a tranché quelquefois, peut-être, des jours qu'il aurait dû protéger. Ce qui rend la guerre civile si affreuse, c'est que ses funestes conséquences pèsent bien plus sur les bons citoyens que sur les coupapables. Qu'importe, en effet, au prolétaire armé d'un fusil l'incendie d'un édifice et le sac d'une rue? il est complètement désintéressé dans la question de la propriété. Mais pour le mettre hors d'état de nuire il faut l'atteindre, et l'intérêt de la défense contraint le pouvoir militaire à renverser les murs dont il s'est fait un rempart. L'abus de la force est toujours blâmable; un soldat qui tue hors le cas de nécessité absolue, celui qui donne sciemment la mort à une femme, à un vieillard, à un enfant, commet un meurtre punissable, et ne saurait jamais trouver d'excuse dans la chaleur du combat. Un crime est toujours un crime, quel que soit le drapeau sous lequel il ait été commis; un acte de brutalité est aussi condamnable chez un soldat que chez un ouvrier, et peut-être l'est-il davantage encore. Mais à qui ces malheurs, inévitables dans toutes les guerres

19

civiles, doivent-ils être imputés? aux auteurs de ces collisions funestes. Sur quelles têtes doit retomber le sang innocent qui a été versé? sur celles des misérables qui ont fait deux fois de Lyon un champ de bataille.

Les insurrections de Lyon en 1831 et en 1834 présentent entre elles des rapports et de notables différences : elles consistent essentiellement l'une et l'autre dans la révolte de la classe ouvrière ; dans toutes deux l'ordre public est attaqué à main armée, sans aucune provocation de la part du pouvoir ; enfin elles ont les mêmes hommes pour acteurs ou pour conseils, et le même intérêt pour prétexte.

Mais la première est essentiellement industrielle, et rien de politique ne s'y mêle : son but, c'est l'élévation des salaires, elle n'est qu'une malheureuse succession d'incidents fortuits ; il n'y a pas eu préméditation. La seconde est toute politique : l'industrie ne s'y joint que comme cause occasionelle ; sa pensée, c'est le renversement du gouvernement et l'établissement d'une république ; elle est le résultat d'un complot organisé par les radicaux dans tous les rangs, dans toutes les classes; complot anarchique, mais l'œuvre d'une incontestable préméditation.

Celle-là est faite dans l'intérêt mal entendu des travailleurs, et a pour cause occasionelle un droit illégalement consenti et inexécutable, mais que l'ouvrier, dans son ignorance et par la faute d'un magistrat, pouvait considérer comme un droit acquis (le tarif). Celle-ci est tentée au profit de l'anarchie, et a pour motif et pour point de départ un procès légalement conduit, l'exercice régulier du pouvoir judiciaire, que les démagogues présentent au peuple comme une violation de la justice et un acte d'oppression, contre lequel les citoyens doivent protester par la force.

Dans l'une, la masse des insurgés se compose d'ouvriers en soie auxquels se réunissent la plupart des corps de métiers; si quelques hommes politiques s'y joignent, c'est en petit nombres, et seulement pour fomenter le désordre. Dans l'autre, le premier plan du tableau est occupé par des hommes politiques, par des républicains, par des membres de la société des Droits de l'Homme; et la masse des ouvriers en soie, très malveillante au fond, et essentiellement responsable de la révolte, ne fournit qu'un petit nombre de combattants aux séditieux, soit parce qu'elle a la conscience de la supériorité des forces dont le pouvoir dispose, soit parce que les mesures ordonnées par l'autorité militaire l'ont tout-à-coup brisée en tronçons qui s'agitent sans pouvoir se réunir.

L'insurrection de 1831 n'a duré que trois jours ; mais la guerre a été plus vive, plus acharnée, plus grave ; il y a eu moins de dommages matériels et plus de morts. Celle de 1834 se prolonge pendant six jours ; il y a eu moins d'engagements, moins de blessés et de morts, et les dommages matériels ont été beaucoup plus considérables.

Sous le rapport de leur issue, rien n'est plus opposé. Les journées de Novembre se terminent par le triomphe le plus complet de la révolte, avec toutes ses conséquences : le mépris de la loi, le désir d'une insurrection nouvelle, l'opinion que ce qui s'est fait une fois pourra se refaire encore. Les journées d'Avril ont pour dénoûment la victoire la plus entière de l'ordre public sur la révolte, et ces résultats moraux : chez les mutuellistes, sentiment intime de l'impuissance de leur association, et de la supériorité, sur leurs moyens d'agression, des force de répression dont le pouvoir légal dispose ; chez les anarchistes, démonstration énergique du dévoûment de l'armée au gouvernement national, et de sa disposition à leur faire une guerre d'extermination ; pour les bons citoyens, conviction de la vigueur et de l'habileté de l'autorité, et certitude qu'au jour des émeutes elle est là qui veille sur leurs périls, et est en mesure de les protéger.

Le nombre des morts et des blessés a été fort exagéré. Voici son évaluation d'après des renseignements authentiques (1) :

---

(1) C'est dans certaines petites villes, et surtout dans les châteaux légitimistes, que les nouvelles, si elles flattent l'opinion politique du maître de la maison et de ses hôtes, trouvent un auditoire d'autant plus crédule qu'elles sont plus absurdes. Dans un de ces nobles manoirs, une réunion assez nombreuse occupait le salon, et notre insurrection était le sujet d'une conversation animée. Un orateur, fonctionnaire destitué par la révolution de Juillet, racontait les épisodes du combat des six jours, et fesait frémir d'horreur hommes et femmes, au récit du grand nombre de jeunes filles, de vieillards et d'enfants que les soldats avaient inhumainement massacrés à coups de baïonnette ; « On ne peut, disait-il, nier ces atrocités, car j'ai vu. » Comme il parlait de huit cents hommes tués et de quinze cents blessés de part et d'autre, « Etes-vous bien sûr,

Deux cent dix-huit insurgés sont entrés à l'Hôtel-Dieu : cent vingt-huit blessés et vivants, et quatre-vingt-dix morts. Sur le chiffre total on ne trouve que trente-quatre individus nés à Lyon, et vingt-neuf ouvriers en soie. Beaucoup de blessures étaient fort graves; beaucoup d'opérations chirurgicales qu'elles avaient rendues inévitables ont eu des suites funestes (2). Il faut ajouter au chiffre des morts quarante-deux blessés qui ont succombé. Quelques ouvriers blessés, en fort petit nombre sans doute, sont demeurés cachés chez eux; d'autres sont parvenus à se réfugier dans la campagnes. Si l'on réunit aux morts de l'Hôtel-Dieu les insurgés tués à Vaise, à La Guillotière, à Saint-George et sur quelques

---

lui dis-je, de l'exactitude de ce nombre des blessés et des morts,
— Parfaitement sûr, me répondit-il, je les ai comptés. »
Il n'y avait rien à répondre.
Le chiffre des morts et des blessés qu'ont publié les journaux de Lyon, d'après de prétendus états officiels, n'est point exact. Celui que je donne est le résultat du dépouillement des tableaux qui m'ont été communiqués par le président de l'administration des hôpitaux civils; j'ai eu de plus communication des états des blessés et morts dressés sur des pièces officielles à l'état-major de la place, régiment par régiment; enfin, j'ai fait, même à plusieurs reprises, pendant et après le combat, des visites dans les hôpitaux civils et militaires.

(1) Voici un résumé officiel de l'état de situation au 31 mai des individus apportés morts ou vivants à l'Hôtel-Dieu par suite des événements d'Avril; chiffre total 218 :

Apportés morts . . . . . . . . . . . . . 90
 (Quarante-six n'ont pas été reconnus.)
Sortis guéris. . . . . . . . . . . . . . . . 50.
Morts de leurs blessures . . . . . . . . 42
Restants à l'Hôtel-Dieu en traitement. . . 36
                    Total . . . . . . . 218

Individus tués sur place ou morts de leurs blessures, du côté des insurgés, 132.

autres points, on aura du côté des révoltés un chiffre approximatif de cent quatre-vingts à deux cents.

Trois cent vingt-deux militaires ont été mis hors de combat : il y a eu pendant les six journées dix-huit officiers blessés, et six tués (1) ; quarante-neuf soldats tués, et deux cent quarante-neuf blessés. Un nombre considérable de blessés ont succombé à l'hôpital militaire ; très peu d'opérations chirurgicales ont réussi.

(1) Voici l'état nominatif des officiers tués ou blessés, et celui des hommes hors de combat.

*Sixième de ligne.* — MM. Philippon, chef de bataillon, blessé ; Frezard, capitaine, blessé, amputé ; mort le 5 mai. (50 hommes hors de combat.)

*Vingt-septième de ligne.* — MM. Hoscheidt, capitaine, tué ; Gand, sous-lieutenant, tué ; Revel, capitaine adjudant-major, blessé (mort des suites de sa blessure) ; Hautpoulain, lieutenant, blessé ; Duval, lieutenant, adjudant-major, blessé, mort des suites de sa blessure. (56 hommes hors de combat.)

*Vingt-huitième de ligne.* — MM. Mounier, blessé le 10, mort le 11 ; Pouget, capitaine, blessé, mort le 23 avril ; Ducret, lieutenant, blessé ; Delenférna, lieutenant, blessé ; Petit, lieutenant, blessé ; Trompette, sous-lieutenant, blessé, mort le 5 mai ; de Papus, sous-lieutenant, blessé ; Pointe, capitaine, tué ; Dupret, lieutenant, tué. (90 hommes hors de combat.)

*Vingt-unième de ligne.* MM. Huard, capitaine, blessé ; Sarraille, sous-lieutenant, blessé. (26 hommes hors de combat.)

*Septième léger.* — MM. Perrard, sous-lieutenant, tué ; Rodolphe, lieutenant, blessé. (29 hommes hors de combat.)

*Quinzième léger.* — Begorrat, sous-lieutenant, blessé, mort des suites de sa blessure. (26 hommes hors de combat.)

*Treizième régiment d'artillerie.* — M. Corrard, capitaine, blessé, mort des suites de sa blessure. (21 hommes hors de combat.)

*Etat-major du génie.* — MM. Radepont, capitaine, blessé ; Champanhet, lieutenant, blessé. — (Premier et deuxième du génie 11 hommes hors de combat.)

Le septième dragons n'a eu que trois blessés.

Soldats et officiers tués sur place ou morts de leurs blessures, 155.

Ainsi les pertes ont été à peu près égales des deux côtés; les deux partis, dans ces funestes journées, ont donné sang pour sang, vie pour vie. S'il y a eu deux fois plus de tués sur place chez les insurgés, il y a eu deux fois plus de blessés à l'hôpital militaire; et la fièvre, achevant ce que le fer et le plomb avaient commencé, a rétabli l'équilibre. Six cents hommes des deux parts ont été mis hors de combat; sur ce nombre, près de trois cents ont péri sur le champ de bataille ou dans le lit de douleur.

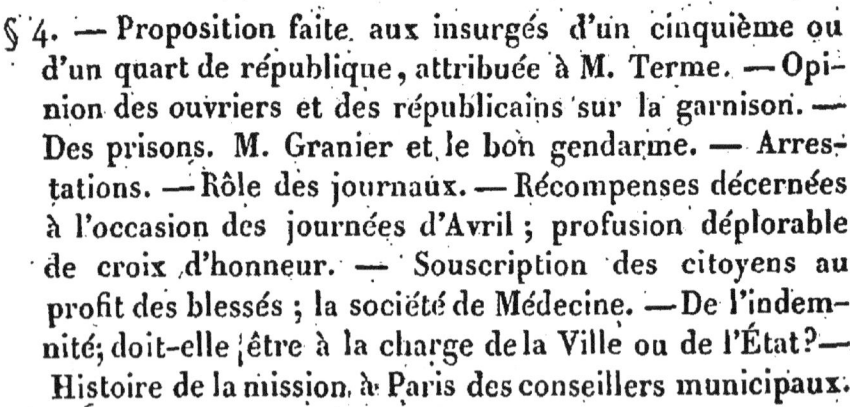

§ 4. — Proposition faite aux insurgés d'un cinquième ou d'un quart de république, attribuée à M. Terme. — Opinion des ouvriers et des républicains sur la garnison. — Des prisons. M. Granier et le bon gendarme. — Arrestations. — Rôle des journaux. — Récompenses décernées à l'occasion des journées d'Avril; profusion déplorable de croix d'honneur. — Souscription des citoyens au profit des blessés; la société de Médecine. — De l'indemnité; doit-elle être à la charge de la Ville ou de l'État? — Histoire de la mission à Paris des conseillers municipaux.

On a parlé beaucoup de la proposition qui aurait été faite ou qui devait être faite le vendredi aux insurgés, d'un cinquième ou d'un quart de république, et de l'abandon de la ville aux ouvriers : voici des renseignements positifs sur ce singulier épisode.

Le feu, qui n'avait été suspendu dans la nuit du 9 au 10 que pendant de courts intervalles, recommença le matin du vendredi avec plus de violence. Un citoyen, M. Terme, que ses occupations et ses devoirs de président de l'administration des hôpitaux avaient forcé de circuler, avec une permission spéciale, dans les quartiers d'Ainai, de Perrache et de l'Hôpital, et qui partout avait aperçu des symptômes d'une vive fermentation, causés surtout par la difficulté de se procurer des vivres, se rendit, ce jour-là, à six heures du matin, près du général Aymard, qui se trouvait dans le corps-de-garde de la place de Bellecour, où il avait passé la nuit. Il peignit au général la situation des esprits, le danger de maintenir un état de gêne qui devait amener la famine pour un grand nombre de familles, et demanda que la consigne qui interdisait toute circulation fût au moins levée pour les femmes. Le général y consentit provisoirement, et l'ordre qui permettait aux femmes de circuler, fut immédiatement expédié.

Cependant l'autorité militaire ne tarda pas à reconnaître que cette mesure offrait des inconvénients et des dangers : les insurgés recevaient des avis, des vivres et des munitions. La circulation des femmes fut donc suspendue de nouveau, et il fut arrêté qu'elle ne serait rétablie, chaque jour, que de sept à huit heures du matin. Cet espace de temps parut suffisant pour approvisionner chaque ménage des aliments nécessaires pour la journée, et concilier ainsi les nécessités de la défense avec les besoins de la population.

La Guillotière avait fait sa soumission dès le matin du vendredi, et cependant la lutte semblait plus acharnée que jamais. Le canon grondait sur tous les points, et rien n'annonçait la fin d'une guerre si horrible; la population de chaque maison, rassemblée dans les allées, s'agitait et fesait entendre des murmures menaçants. Elle se plaignait vivement de la prolongation d'un combat dont les bons citoyens lui annonçaient l'issue heureuse et prochaine, et dont les malintentionnés lui prédisaient, en même temps, la prolongation et la terminaison fatale pour le pouvoir. M. Terme, frappé de cet état de choses observé sur plusieurs points, et convaincu de la nécessité de mettre fin à une guerre plus meurtrière encore pour les innocents que pour les coupables, se rendit, pour la seconde fois, à dix heures, à la Préfecture, et là, fit une proposition que la calomnie a représentée sous les plus fausses couleurs. Je puis donner à cet égard les détails les plus précis et les plus exacts.

Une vingtaine de personnes se trouvaient réunies chez le préfet, lorsque M. Terme demanda la parole. Il exposa que la population se montrait, dans tous les lieux qu'il avait parcourus, irritée au plus haut degré de la prolongation de la lutte et de la contrainte qu'on lui imposait; que La Guillotière s'était soumise, et que cet événement, qui assurait la victoire de l'ordre et devait décourager les insurgés, était ignoré ou nié; qu'il fallait le faire connaître aux révoltés ; qu'il fallait les engager à terminer une lutte sans espérance pour eux, et qui n'amenait d'autre résultat que l'effusion d'un sang précieux et la dévastation de la ville : que pour cela, il était convenable qu'une autorité en dehors de l'autorité gouvernementale et toute paternelle, l'autorité municipale, intervint, et allât faire entendre aux insurgés la voix de l'humanité et de la raison ; que si l'on n'avait pas recours à une intervention de cette nature, ou à tout autre moyen dans le même esprit, la lutte serait sans issue, puisque quelques centaines d'insurgés suffisaient pour prolonger le combat, tenir la ville tout entière en échec, et causer la mort d'une foule d'hommes utiles, et la dévastation des propriétés.

A cet instant, un jeune magistrat, officier du parquet, s'écria que l'on devait ne parlementer avec les insurgés qu'à coups de canon. M. Terme reprit que ce parlementaire détruisait la ville et tuait une foule de bons citoyens, et, qu'à cet égard, lui Lyonnais, devait avoir une toute autre façon de penser et d'agir.

Un conseiller à la cour royale, M. Badin, prit alors la parole : il appuya la proposition faite, et peignit l'irritation de la population comme réclamant une prompte solution de la crise actuelle.

M. Montmartin, conseiller de préfecture, objecta qu'il était important de ne pas compromettre l'autorité du gouvernement ; que bien, qu'il fût vrai que l'autorité municipale est toute paternelle et en dehors de l'autorité militaire, cette distinction n'était pas faite par le peuple; que les délégués municipaux seraient donc reçus comme des parlementaires envoyés par l'autorité ; que dès lors les insurgés se persuaderaient que leur position était bonne, et que la démarche, loin d'abréger la lutte, la prolongerait.

Cette objection puissante fut universellement accueillie, et ce fut alors que M. de Gasparin exprima la pensée de charger de la mission proposée des citoyens étrangers à toute autorité et qui s'étaient réunis la veille, à l'hôtel de Provence, dans le but de concourir au rétablissement de l'ordre (1).

---

(1) J'étais à la Préfecture, le jeudi 10, à onze heures, lorsque M. de Moyria s'y rendit, et vint offrir à M. de Gasparin les services de bons citoyens à qui leur inactivité forcée était pesante; il demandait des blouses, un signe de ralliement et des armes. Sa proposition fut d'abord bien accueillie ; le général Buchet l'appuya, et invita M. de Moyria et ses amis à former sur une place publique un noyau autour duquel beaucoup de Lyonnais ne tarderaient pas à se grouper. Mais le préfet fit observer qu'il était impossible de donner suite à cette généreuse communication ; que l'Administration n'aurait aucun moyen pour distinguer les bons citoyens des mauvais ; que si elle accordait dans des circonstances si critiques, des armes et des blouses aux défenseurs des lois, elle pourrait aussi en donner, sans le savoir, à des hommes de l'insurrection, et que, sous ce rapport, les inconvénients de la mesure l'emporteraient beaucoup sur ses avantages. M. de Moyria se retira.

Bien avant l'insurrection d'Avril, j'ai eu plusieurs fois occasion de présenter les arguments de M. de Gasparin à quelques honorables citoyens qui demandaient la création d'une garde nationale armée, composée d'hommes parfaitement sûrs, et tous personnellement connus de l'autorité et de leurs chefs. Comment mettre cette milice exceptionnelle en harmonie avec la loi, si la mesure est publique ? et si l'on veut en faire un mystère, comment garder le secret ? et combien d'autres objections invincibles !

Mais l'autorité aurait pu avoir, pour les jours de crise comme ceux d'Avril, une liste de Lyonnais amis de nos institutions et d'un dévoûment éprouvé, qu'elle eût convoqués à domicile ; tous

Mais ces citoyens s'étaient dispersés ; mais où les enverrait-on ? à une mort presque certaine. D'ailleurs les insurgés étaient disséminés sur une foule de points, ils ne communiquaient point entre eux ; fallait-il donc envoyer autant de citoyens qu'il y avait de lieux occupés ? Si sur un seul point on se refusait à cesser le feu, ne recommencerait-il pas aussitôt sur tous les autres ?

En ce moment M. Montmartin fit observer qu'un moyen plus simple d'obtenir le résultat désiré, ce serait de faire circuler une proclamation du préfet, qui dirait tout ce qu'on se proposait de faire connaître aux insurgés, et qui encouragerait les citoyens paisibles à la patience, en leur fesant savoir le véritable état des choses.

M. Terme appuya vivement cette proposition, qui fut unanimement accueillie, et M. le préfet rédigea en conséquence une proclamation écrite dans ce sens.

Elle n'atteignit pas le but que l'on se proposait. Dans l'après-midi un citoyen apporta à la Préfecture une lettre signée d'environ cinquante habitants du quartier des Cordeliers ; ces habitants se plaignaient

---

se seraient rendus immédiatement à son appel. Ce qui a manqué pendant les deux insurrections à nos concitoyens, n'est pas le courage, c'est un point de ralliement et une direction. Mille ou douze cents hommes de bonne volonté eussent été d'un grand secours ; c'est à cette troupe d'élite que la garde du quartier-général eût été confiée ; elle aurait composé la réserve, et rendu, de cette manière disponibles, deux bataillons, qu'on aurait formés en colonnes d'attaque, et qui auraient emporté dès le premier jour toutes les positions des insurgés.

de l'inaction de l'autorité civile et surtout de l'autorité municipale. Ils exposaient que les insurgés étaient en petit nombre, et que si l'on intervenait auprès d'eux, il serait facile de les déterminer à se retirer; enfin ils réclamaient dans ce sens une démarche prompte et qui aurait pour résultat de mettre fin aux angoisses de la ville, de sauver la vie à un grand nombre de citoyens, et d'épargner les propriétés incessamment détruites par les boulets et l'incendie.

M. Chinard, qui n'avait point assisté à la discussion du matin, s'écria à la lecture de cette lettre qu'il était tout prêt, et qu'en sa qualité d'adjoint à la mairie, il allait à l'instant même se rendre auprès des insurgés réunis aux Cordeliers. Mais M. le préfet et M. le procureur général le retinrent et lui dirent que son intervention n'aurait infailliblement d'autre résultat que sa mort.

Telles sont les seules propositions d'intervention auprès des insurgés de Lyon qui aient été faites, et on le voit, elles ne tendaient nullement à leur proposer une transaction quelconque, ni à leur concéder tout ou partie de leurs prétentions (1).

(1) Il est difficile de concevoir comment on a pu attribuer une proposition aussi ridicule à M. Terme, à l'un de nos citoyens les plus distingués, et qui a donné tant de preuves d'un dévoûment éclairé et désintéressé à nos institutions nationales; à l'un des hommes de notre temps, enfin, qui connaissent le mieux la vanité des utopies républicaines et le danger des concessions demandées à main armée. Les principes si solidement arrêtés de M. Terme, et ses antécédents si honorables dans de hautes fonctions gratuites (les seules qu'il ait voulu accepter) protestaient hautement contre une aussi étrange assertion.

Des démarches plus positives ont été faites dans les communes suburbaines et à La Guillotière comme à La Croix-Rousse ; c'est à l'intervention active et à plusieurs reprises renouvelée de quelques bons citoyens auprès des insurgés, que l'on a dû la terminaison de la lutte.

Elle n'aurait certainement pas commencé, si les ouvriers et les républicains ne se fussent pas fait une idée si fausse de l'opinion de l'armée.

L'aveuglement des insurgés sur les dispositions de la garnison à leur égard était complet; ils comptaient non seulement sur sa neutralité, mais encore sur son concours; et leur étonnement fut extrême, quand ils virent quelle guerre vigoureuse elle leur fesait. On ne vit jamais d'erreur plus profonde.

J'étais allé vendredi matin au quartier général des insurgés, sur la place des Cordeliers, si l'on peut toutefois appeler de ce nom la réunion d'une centaine d'individus en guenilles et fort mal armés, parmi lesquels j'apercevais beaucoup d'enfants de quinze à dix-huit ans, et quelques jeunes gens d'une condition un peu plus relevée. Il n'y avait n'y discipline, ni mesures de précaution, ni sentinelles : entrait, combattait, sortait, revenait qui voulait. Un chef m'aborda (c'était un perruquier), et me demanda ce qui se passait de nouveau. « Je n'en sais rien, lui dis-je, et c'est précisément pour savoir des nouvelles que je suis ici ; où en sont les affaires? — On ne peut pas mieux : la troupe est à nous ; nous sommes maîtres de Saint-Just et de Fourvières, et ce soir je prends l'Hôtel-de-Ville. — Vous

avez-donc reçu des renforts, continuai-je, et il est donc possible de communiquer avec les camarades ?
— Non, pas encore ; mais nous donnons aujourd'hui le dernier coup de main, et le juste-milieu trouvera à qui parler. Il veut avoir ma tête et celle de D\*\*\*, mais il ne les aura pas ; je veux aujourd'hui vaincre ou mourir ! »

Quelques jours après, l'insurrection avait été réprimée, le valeureux perruquier n'avait pas vaincu et n'était pas mort. Je le trouvai dans le lieu dont il avait fait très imprudemment sa retraite ; il me reconnut : « Hé bien !, lui dis-je, vous étiez si sûr de votre affaire ; voilà donc comme elle devait finir ! — Parbleu ! me répondit-il, ça ne pouvait pas être autrement : les soldats nous ont trahis. »

Ce mot est caractéristique.

Au reste, les chefs de l'insurrection n'oubliaient aucun stratagême pour raffermir le courage quelquefois chancelant de leurs hommes. Ce fut ainsi que, dans la rue Tupin, ils firent arriver un courrier qui était supposé venir de Paris. On l'arrêtait, on le fouillait, et l'on trouvait sur lui des dépêches qui annonçaient que Louis-Philippe avait été renversé, et la république proclamée à Paris.

Ils avaient aussi fait courir le bruit parmi leurs partisans de la prochaine arrivée de Lucien Bonaparte. Un insurgé blessé disait à l'hôpital : « Et ce Lucien qui n'arrive pas !... »

Il n'y eut aucun mouvement grave dans les prisons pendant les six journées d'Avril, cependant celle de Perrache montra quelque agitation le vendredi ; un projet d'insurrection fut formé, et il aurait été suivi d'exécution sans la fermeté du commandant du poste.

M. Granier, fondateur et gérant de *La Glaneuse*, avait été condamné à quinze mois de prison par le juri, pour délit politique, et conduit dans la maison centrale de Clairvaux. Il sollicita du gouvernement et obtint l'autorisation de venir passer un mois à Lyon, pour arranger les affaires très dérangées de son journal. Son but véritable, c'était d'obtenir la faculté de passer à Lyon dans la maison de détention de Perrache six mois d'emprisonnement qu'il avait encore à subir. On a prétendu qu'il était dans le secret de l'insurrection, et qu'il avait eu spécialement en vue, en fesant sa demande, de parvenir à se trouver sur le théâtre des événements. Cette conjecture manque de vraisemblance : M. Granier n'est ni un écrivain, ni un homme politique, et il n'a aucune consistance parmi les radicaux dont se compose le parti qu'il sert. A peine arrivé à Lyon, il pria instamment le médecin de la maison de détention de Perrache de le faire jouir de la faveur que ce docteur avait obtenue pour le rédacteur du *Précurseur*, M. Petetin, condamné à trois mois de prison par la cour d'assises, et si peu prisonnier que la faculté de sortir seul, et sur sa parole, deux ou trois fois par semaine lui avait été accordée, le lendemain de l'exécution du jugement. M. Granier disait qu'au reste il n'en demanderait pas tant, et qu'il serait satisfait de l'autorisation de ne point retourner à Clairvaux.

Le docteur écrivit le jour même une lettre pressante au ministre du commerce et des travaux publics, qui donna son consentement; mais sous la clause que, si M. Granier se comportait mal, il serait reconduit aussitôt dans sa maison de détention. M. de Gasparin instruisit le docteur et M. Granier de cette permission conditionnelle.

Quelques jours après l'insurrection éclata. Le Vendredi, M. Granier fit appeler le concierge de la prison de Perrache, M. Janet, et lui dit : « Ma détention est sans objet désormais, les républicains sont vainqueurs sur tous les points, je vous somme de me mettre en liberté. » Le concierge lui répondit qu'il ne pouvait lui ouvrir les portes de la prison sans l'ordre du pouvoir compétent, qu'il l'invitait à se tenir en repos, qu'au reste son autorité, à lui concierge, était passée au commandant du poste. « Hé bien, répliqua M. Granier, je vous accorde une heure, et, ce temps écoulé, si je ne suis pas en liberté, je vous fais pendre à cette lanterne, et le commandant du poste à l'autre. » Le concierge leva les épaules et sortit. Mais les murs des prisons entendent; le commandant du poste, instruit de ce qui ce passait, fit annoncer à M. Granier qu'il avait cinq minutes pour rentrer dans sa chambre, et que s'il fesait la plus légère résistance à cet ordre un peloton de cinq fusiliers, disposé dans la cour la plus voisine, le mettrait à la raison. M. Granier se le tint pour dit.

Après une telle scène, et la connaissance de tentatives qui avaient été faites par ce détenu politique pour soulever les prisonniers du bâtiment de la dette pendant l'insurrection., il n'était plus possible d'autoriser la prolongation de son séjour à Lyon. Un gendarme vient le chercher ; M. Granier était prévenu. Le prisonnier et son escorte se mettent en route à pied ; un groupe d'amis les attend sur le quai, et les entoure ; c'est le gendarme qui paraît être le prisonnier. Arrivés près d'une auberge, « Je ne puis monter en voiture pour mon long voyage, sans prendre quelque chose ; le permettez-vous? » dit M. Granier à son surveillant, qui consent. M. Granier demande à passer dans un cabinet ; le bon gendarme se met en faction, attend, s'impatiente, attend encore, se lasse enfin, ouvre la porte, et ne trouve plus son prisonnier : M. Granier, aidé par les frères et amis, avait disparu.

Le nombre des arrestations, après le rétablissement de l'ordre, fut très considérable ; très peu d'insurgés parvinrent à s'échapper, et à gagner les frontières de la Savoie ou de la Suisse. Il y avait environ cent cinquante prévenus à Perrache, cent vingt à cent trente à Roanne ; les caves de l'Hôtel-de-Ville en contenaient un nombre à peu près égal. Beaucoup furent mis en liberté après un premier interrogatoire ; il en resta un peu moins de trois cents à juger. Peu d'hommes connus étaient arrêtés ; presque tous les prévenus appartenaient à la dernière classe du peuple ; un grand nombre avaient été évidemment payés pour prendre les armes. Un vicaire de Saint-Bonaventure, accusé d'avoir fabriqué des cartouches, et un maître d'études ecclésiastiques furent arrêtés et conduits dans la prison de Perrache, où ils subirent plusieurs interrogatoires. La police avait peu de peine à trouver les hommes contre lesquels des mandats d'arrêt avaient été lancés; ils lui étaient indiqués par les insurgés, qui, pour se disculper, se dénonçaient l'un l'autre. Quelques-uns des chefs en sous-ordre des ouvriers parvinrent cependant à se dérober à toutes les recherches (1).

Tout ce que les journaux ont dit de la barbarie du pouvoir envers les détenus politiques, à Lyon, est d'une complète inexactitude. Ceux qu'on avait déposés à Roanne et dans les caves de l'Hôtel-de-Ville, étaient fort mal sans doute; mais ils ne supportaient que les incommodités particulières à ces prisons, qui sont grandes, il est vrai, et l'autorité n'y ajouta aucun mauvais traitement. La maison de détention de Perrache ne ressemble nullement à une prison: elle jouit du plus grand luxe d'air et de lumière; on y est aussi bien qu'on peut être quelque part quand on est privé de la liberté. Le procureur du roi, M. Chégaray, mit dans l'usage de son pouvoir toute l'humanité qui pouvait se concilier avec ses devoirs, et accorda aux prévenus autant d'adoucissements à leur position qu'il était en lui de le faire. Plusieurs accusés obtinrent de lui, sous divers prétextes, l'autorisation de sortir de la prison à des jours déterminés, tantôt sous la garde d'un agent,

(1) L'appréciation des faits particuliers attribués aux prévenus appartient à la cour des pairs; je n'ai donc rien à en dire encore.

tantôt seulement sur leur parole. Il avait prescrit aux porte-clés les plus grands égards ; le concierge, M. Janet, laissa à plusieurs prévenus la liberté de circuler dans les cours et dans le bâtiment de la geôle. Ce n'était certainement pas ainsi que la Restauration en 1817, et les républicains de Lyon en 1794, traitaient leurs prisonniers (1).

Le rôle des journaux de l'opposition antidynastique, avant, pendant, et après les journées d'Avril, a été ce qu'il devait être, chacun d'eux a conservé son caractère. Tout ce qui pouvait exciter les ressentiments des ouvriers, et les porter à une insurrection fut employé, avec des déguisements plus ou moins habiles, par les feuilles légitimistes ; leurs sympathies, avant l'explosion de la révolte, sont toujours acquises aux factieux et à leurs griefs prétendus. Si quelquefois la prudence leur arrache quelques paroles ambiguës d'ordre et de concilia-

(1) Un accident fort malheureux arriva dans la maison de Perrache ; mais les ordres de l'autorité n'y avaient été pour rien. Les sentinelles qui gardent les prisonniers ont des instructions fort sévères : leurs armes sont chargées, et il leur est enjoint d'en user dans des cas déterminés. On avait défendu aux détenus politiques de se mettre aux fenêtres de la salle qui les renfermait ; l'un d'eux insulta un factionnaire, ne tint compte de ses menaces, et continua à l'injurier. Auprès de cet homme et de la fenêtre, se trouvait un autre détenu qui tournait le dos au militaire et lisait. La sentinelle fit feu ; la balle vint frapper, non le coupable, mais son voisin ; elle entra dans le crâne par le cou, près de la nuque, et sortit au sommet de la tête après avoir endommagé le cerveau. Ce malheureux, nommé Alexandre Bigaud, succomba trois jours après.

Lors même que le blessé eût été le coupable, il n'y avait aucune proportion entre le délit et la peine ; le soldat fut immédiatement arrêté et traduit devant un conseil de guerre.

tion, c'est pour faire parvenir plus sûrement à leur adresse, de perfides conseils. Jamais sans doute un ouvrier en soie n'a lu un seul numéro du *Réparateur* ou de la *Gazette du Lyonnais*; car nulle part les opinions carlistes ne sont plus en discrédit que dans les ateliers; mais il n'en est pas moins juste de tenir compte à ces journaux de leur intention. Après le combat et l'insurrection réprimée, leur premier soin, c'est d'atténuer le plus possible la victoire des lois, et de montrer la révolte puissante encore; c'est d'entretenir les terreurs de la population, et de semer l'inquiétude dans toutes les classes de la société par des nouvelles, dont ils connaissent parfaitement la fausseté; c'est d'exalter le courage des insurgés, de rabaisser celui des vainqueurs, et de présenter sous les couleurs les plus noires et les plus calomnieuses l'usage que l'autorité militaire a fait de son pouvoir; j'ai résumé tous les articles publiés, depuis la fin de nos funestes discordes, par les écrivains légitimistes. En matière de révolte comme en matière de serment, ils pensent que la fin justifie les moyens; c'est le plus immoral de tous les genres de charlatanisme.

*Le Précurseur* a blâmé l'insurrection en termes formels avant son explosion; il faut être juste envers ce journal, quoiqu'il le soit fort peu d'ordinaire envers ses adversaires. Plusieurs de ses articles, à l'occasion du procès des mutuellistes, sont un désaveu fort net de tout appel à la force. Eût-il persisté dans ce langage, si la révolte eût réussi? N'eût-il pas aussitôt exploité un mouvement qu'il n'aurait désavoué la veille que sous la réserve intentionelle de s'en emparer le lendemain? c'est là une question de conscience intime qu'il n'est pas permis de débattre ici. *Le Précurseur* n'a point à rendre compte de ses motifs, peut-être, et c'est pour le fait seul qu'il est sans doute mis en cause.

Son rédacteur, M. Pétetin, se rendit chez le préfet du Rhône, le mardi 8 avril, trois jours après les scènes de désordres commis par les mutuellistes au tribunal de Police Correctionnelle, et par conséquent la veille du jour de l'insurrection. Il protesta en son nom et au nom de ses amis contre les excès dont le sanctuaire de la justice venait d'être le témoin, désavoua tout projet d'émeute, et demanda si, après une semblable déclaration, son journal courait la chance d'être compris dans les poursuites que l'affaire des mutuellistes pourrait occasioner. La réponse du préfet fut conditionelle comme elle le devait être ; M. de Gasparin dit à M. Pétetin que la conduite du *Précurseur* réglerait celle du pouvoir à son égard.

Après les journées d'Avril, une procédure fut commencée contre *Le Précurseur*, et un mandat d'arrêt lancé contre MM. Pétetin, rédacteur en chef, Amédée de Roussillac, gérant, et Léon Boitel, imprimeur du journal.

Les citoyens devaient des secours aux soldats qui avaient été blessés en combattant pour le maintien des lois et la cause du commerce ; une souscription s'ouvrit le 16 avril, dans les bureaux du *Courrier de Lyon*, au profit des soldats blessés de la garnison, et à celui des veuves et des orphelins des militaires morts pendant le combat. Cette pensée si louable appartient à l'administration du *Courrier*, qui s'inscrivit pour une somme de cinq cents francs; elle fut accueillie avec chaleur par l'immense majorité des chefs du commerce et des bons citoyens. Il s'agissait, non d'une démonstration politique, mais de secours à donner à de braves soldats qui avaient, au prix de leur sang, sauvé Lyon de la république et du pillage; cette souscription dépassa en peu de semaines le chiffre de cent cinquante mille francs (1). Une autre s'ouvrit pour subvenir aux premiers besoins des victimes innocentes des événements d'Avril, et s'éleva bientôt aussi à un chiffre considérable : le roi avait accordé dix mille francs.

Le gouvernement avait aussi contracté de grandes obligations envers les fonctionnaires et la garnison;

---

(1) Je dois raconter ici une anecdote sur laquelle j'aurais voulu garder le silence; mais les journaux l'ont rendue publique.

La société de Médecine de Lyon avait été invitée à souscrire pour les militaires blessés; un de ses membres, M. le docteur Polinière, fit cette proposition en termes très convenables, déclina toute pensée politique, et étendit la mesure aux victimes innocentes de l'insurrection. Une convocation extraordinaire de la savante compagnie eut lieu la semaine suivante pour délibérer; la discussion fut vive, et, graces à la confédération carliste et républicaine d'usage, la proposition échoua devant un ordre du jour motivé sur la nécessité où se trouvait la société de Médecine, de ne pas s'écarter de ses attributions scientifiques. C'était, tout en annonçant expressément le contraire, faire une démonstration très politique ou plutôt très impolitique. Il s'agissait, au reste, de secours à donner à des hommes souffrants, à des blessés, et, sous ce rapport, les convenances interdisaient, peut-être, à la société de Médecine, la fin de non-recevoir qu'elle crut devoir adopter.

il les a remplies par des promotions et une distribution de décorations nombreuse. C'est au courage des soldats, c'est à leur fermeté, que Lyon a dû son salut; ils avaient droit aux récompenses de l'État, qui ne les a pas toujours, à beaucoup près, si bien placées (1).

(1) M. de Gasparin a été nommé pair de France et commandeur de la Légion-d'Honneur ; M. le lieutenant-général Aymard, grand officier de la Légion-d'Honneur, et pair de France (pour prendre siége au mois de septembre); le maréchal-de-camp Buchet, grand officier de la Légion-d'Honneur ; (la promotion du commandant du département au grade de lieutenant-général est certaine : jamais récompense ne sera mieux méritée); M. le maréchal-de-camp Fleury, lieutenant-général ; le colonel du septième, maréchal-de-camp, etc.

Cent cinquante-cinq décorations, dans l'ordre de la Légion-d'Honneur ont été données à la garnison ; elles ont été ainsi réparties :

| | | |
|---|---|---|
| 6e de ligne, | 14 croix de chevalier ; | 2 d'officier. |
| 27e | 13 | 3 |
| 28e | 15 | 1 |
| 15e | 3 | |
| 7e | 11 | |
| 15e léger, | 14 | 2 |
| 16e | 3 | |
| 7.e dragons, | 8 | 1 |
| État-major du génie, | 5 | 3 |
| 1er régiment du génie, | 5 | |
| 2e régiment du génie, | 6 | |
| Gendarmerie, | 5 | |
| 6e compagnie du train, | 1 | |
| 13e régim. d'artillerie, | 22 | 5 |

Ainsi, de tous les régiments de la garnison, c'est le treizième d'artillerie qui a eu la part la plus large dans la distribution des décorations. Il aurait résulté cependant d'une lettre de M. le lieutenant-colonel Alphand, commandant l'artillerie de la place, que les officiers d'artillerie de la garnison se seraient engagés d'avance à n'accepter aucune promotion ou décoration. Mais les officiers du treizième, par l'organe de leur colonel, M. Eggerlé, n'ont point accepté la responsabilité de cette déclaration. « Nous avons agi, dit « M. Eggerlé dans cet écrit, encore plus par conviction que par

Que la décoration de la Légion-d'Honneur soit donnée à de braves militaires pour des actions d'éclat ; à des artistes, à des savants devenus, par leurs ouvrages, l'honneur du pays ; à des magistrats, à des administrateurs dont la vie s'est écoulée dans l'exercice de fonctions honorables : rien n'est plus juste, ainsi l'a voulu le fondateur de cet ordre, jadis si brillant, et maintenant devenu une politesse ministérielle sans conséquence, et tombé presque au niveau des croix de la Restauration. L'étoile de la Légion-d'Honneur n'est pas promise à qui n'a fait que son devoir : elle est le prix de services signalés rendus aux lettres, aux arts, à la science, ou, sur le champ de bataille, à la patrie ; qui s'en pare sans pouvoir produire son titre, porte un hochet sans valeur dans nos mœurs constitutionnelles. La révolution de 1830 s'était engagée à réhabiliter toutes les gloires de l'empire ; sous ce rapport la Légion-d'Honneur avait droit à sa protection spéciale ; mais il n'en a pas été ainsi, et jamais l'attente de l'opinion n'a été plus mal remplie. Cette croix de 1802, si brillante et si recher-

---

« devoir : l'artillerie a donné à coups de canon le signal que la
« garnison acceptait le combat provoqué par la rébellion ; c'est un
« honneur que je réclame au nom du treizième régiment d'artillerie. »

M. le colonel Eggerlé, et M. Lajard, intendant militaire de la septième division, ont été nommés commandeurs de l'ordre de la Légion-d'Honneur. Il y a eu plusieurs promotions dans l'intendance.

Le parquet n'a point été oublié : M. Chégaray a été promu au grade d'officier de la Légion ; d'autres fonctionnaires de l'ordre judiciaire ont été décorés, enfin le même signe d'honneur a été donné à un fonctionnaire municipal et à plusieurs commissaires de police.

chée, a été jetée aux solliciteurs avec la plus déplorable facilité. Le gouvernement de Juillet, qui avait un si grand intérêt à s'en montrer avare, l'a prodiguée à d'obscurs protégés, à d'inhabiles fonctionnaires, à des hommes dont les titres se réduisaient aux plus insignifiants services, à de bons bourgeois fort estimables sans doute, mais sans le plus léger droit à cette distinction ; à des myriades d'officiers de la garde nationale, de maires, d'adjoints, de magistrats parfaitement inconnus à la France, mais fort connus des députés du département, ce qui importait, il est vrai, bien davantage : il l'a laissée enfin tomber quelquefois sur un habit dont les taches nombreuses percent au travers du ruban écarlate. C'était déconsidérer l'ordre sans relever l'homme.

La guerre civile avait porté ses fruits. Des maisons incendiées, d'autres ébranlées par des artifices, ou percées de boulets, des dégâts causés par les explosions, présentaient dans une partie de la ville de Lyon et de La Guillotière, un hideux et affligeant spectacle. L'incendie, les artifices et les projectiles n'avaient pas seulement causé des malheurs matériels : sur une foule de points, des citoyens inoffensifs avaient péri ou gisaient couverts de blessures. Il fallait apporter un soulagement à tant de malheurs, il fallait calmer tant de souffrances.

Le conseil municipal de Lyon se réunit dans la journée du 15, et, après avoir payé à la garnison un tribut de reconnaissance, convaincu que les maux soufferts dans l'intérêt de la France, et pour une cause qui, loin d'être locale, était celle des institutions du pays et de la civilisation tout entière, devaient être réparés par la France elle-même, il arrêta qu'une députation de trois membres serait envoyée à Paris, afin de réclamer du gouvernement une indemnité pour les désastres, suites des journées d'Avril. Le scrutin désigna pour faire partie de cette commission : MM. Chinard, Terme, et Faure-Péclet qui partirent le lendemain 16, et qui, le 18, au matin, se trouvaient dans le cabinet de M. Thiers, ministre de l'intérieur.

M. Thiers reçut d'abord la députation lyonnaise d'une façon peu encourageante. Les raisons sur lesquelles s'appuyait la commission étaient mauvaises, elles n'avaient presque pas le sens commun; une seule touchait le ministre, c'était que les malheurs de Lyon, écrasants pour cette ville, répartis sur la France entière, deviendraient légers pour tous. Du reste le mot *indemnité* ne devait pas être prononcé; l'opinion que les citoyens de Lyon n'avaient pas, dans les événements d'Avril, fait ce qu'ils devaient, s'était déjà établie dans son esprit, de manière à n'en pouvoir sortir. Cependant M. Thiers protestait de ses bonnes intentions; mais la chambre, disait-il, cette chambre au milieu de laquelle il vivait, dont il était nourri, était au contraire dans les plus mauvaises dispositions, et une demande en secours ne pouvait avoir près d'elle la moindre chance de succès. Il fallait donc attendre, gagner du temps, préparer les convictions. La commission était d'un avis entièrement opposé : elle pensait qu'il importait de saisir l'occasion présente; l'émotion causée par les désastres de Lyon vivait encore dans tous les cœurs. La France venait d'échapper à un immense danger : Lyon pris par la république, le Midi tout entier était entraîné par l'insurrection, la guerre civile et la guerre étrangère en étaient les conséquences inévitables; il fallait donc que la France se hâtât de guérir des blessures faites dans l'intérêt du pays tout entier. Ces raisons furent à peine écoutées, et la commission se retira.

Les délégués de Lyon trouvèrent un meilleur accueil chez les autres ministres, où ils furent accompagnés par M. Prunelle, maire de Lyon, et les membres de la députation. Mais partout ils avaient été précédés par des rapports officieux représentant la population lyonnaise sous les plus fausses couleurs, et comme coupable de lâcheté par son refus de concourir au rétablissement de l'ordre. Cette opinion était surtout celle de M. Persil, dont l'âpre énergie s'irritait à la pensée qu'une population tout entière s'était montrée timide et glacée en face de l'émeute et de l'anarchie. Il fallait combattre les injustes préjugés qui se répandaient chez les ministres; ils avaient pénétré jusqu'aux oreilles du roi, qui, cependant, dans une audience accordée à la députation lyonnaise, s'était montré plein de bienveillance pour la ville de Lyon, et profondément ému de ses malheurs : il fallait faire valoir les motifs qui militaient en faveur de l'indemnité, prouver que la loi de vendémiaire An 4 n'était pas applicable à Lyon; enfin, démontrer que les désastres essuyés par les citoyens et les propriétés étaient le fait de la défense militaire, et non de l'attaque insurrectionnelle. C'est pour arriver à ces résultats que la commission publia, et fit distribuer aux deux chambres, une note vigoureuse et bien raisonnée, dans laquelle la question était parfaitement posée.

Cette note, et quelques mots introduits avec beaucoup d'adresse et de tact dans un discours prononcé par M. Jars, et enfin un discours dans lequel M. Prunelle fit valoir toutes les raisons de justice, d'équité et de bonne politique qui appuyaient les réclamations de la ville de Lyon, amenèrent un changement sensible dans les dispositions de M. le ministre de l'intérieur, et bientôt le principe d'un secours, (non d'une indemnité) fut arrêté dans le conseil.

Sur ces entrefaites, une députation de La Guillotière, composée de MM. Léguiller et Clément Reyre, arriva à Paris pour joindre ses réclamations à celles de la ville de Lyon. Cette députation apprit alors que les délégués de Lyon avaient constamment parlé et agi dans l'intérêt commun de l'agglomération lyonnaise; et dès lors les deux députations réunies marchèrent de concert vers le but qui leur était assigné. M. de Gasparin les appuya avec chaleur auprès du gouvernement.

Tous leurs efforts tendirent désormais à élever le chiffre du secours, et à presser la présentation d'une loi spéciale aux chambres. La chambre des députés, qui s'était montrée, dans la plupart de ses membres influents, pleine de bienveillance, semblait se refroidir de jour en jour, lorsque le gouvernement proposa la loi tendant à accorder à Lyon un secours de douze cent mille francs. La présentation de la loi mit en présence les partisans et les adversaires de l'indemnité. Ces derniers disaient : « Secourir Lyon après les événements d'Avril, ne serait-ce pas donner des encouragements à l'émeute? les populations seraient, à l'avenir, sans intérêt dans les luttes civiles, si la France devait toujours panser les blessures et réparer les dommages : la ville de Lyon était restée impassible en présence du désordre, elle devait en être punie en en supportant les dégâts. Et quel précédent n'établirait-on pas par une indemnité, ou seulement par un secours? de toute part naîtraient des réclamations aussi bien et mieux fondées que celles de Lyon. Quel avenir préparerait-on à la France déjà écrasée d'impôts, si elle devait réparer des désastres suite de la malveillance ou de la lâcheté des populations locales? »

On répondait que Lyon était dans une position toute particulière, qu'il n'avait pas de garde nationale, de force civile organisée, que les bons citoyens n'avaient point d'armes; qu'une proclamation des autorités avait enjoint à tous les habitants de rester dans leurs demeures; que dès l'instant où l'insurrection avait éclaté, les soldats avaient tiré sur tout individu qui se montrait dans les rues; qu'il était donc impossible que les Lyonnais pussent s'entendre, se réunir pour concourir au rétablissement de l'ordre ; que sur plusieurs points un assez grand nombre de courageux citoyens s'étaient offerts à combattre avec les soldats, mais qu'on les avait refusés, parce qu'il eût été impossible de les distinguer des républicains ; que les propriétaires n'avaient pu repousser les insurgés de leurs maisons qu'ils n'habitent pas pour la plupart, où l'on peut pénétrer par les toits des maisons voisines ; et dans lesquelles, au reste, ils étaient attaqués par des hommes dont le nombre ne leur permettait pas de se défendre ; que la loi de vendémiaire An 4 ne pouvait s'appliquer à Lyon, puisque les dégâts avaient été commis par les soldats, dans l'intérêt de la défense, et non par l'insurrection, et que cependant quelques individus ne pouvaient seuls supporter le poids d'événements dont ils étaient innocents, et qui consommaient leur ruine.

Malgré la force de ces raisons et un discours de M. Thiers, qui les fit valoir dans la discussion, avec une grande puissance de logique et d'éloquence, les adversaires du secours l'emportèrent. Ils n'avaient cependant pour organes que M. de Rancé et M. Ganneron, qui, au lieu d'arguments, jetèrent à la malheureuse ville de Lyon de ridicules injures. La chambre, après avoir adopté la loi proposée au vote public, la rejeta au vote secret, à une majorité de quatre-vingts voix, résultat fâcheux pour Lyon, et plus encore pour la chambre elle-même, puisqu'il prouvait la mobilité de certaines consciences, qui n'avaient pas reculé devant deux votes contradictoires, et qu'il devait recueillir la réprobation générale (1).

§ 5. — Des moyens de rétablir l'ordre. — De la police et des sergents de ville. — De l'avenir de Lyon. — Conséquences des deux insurrections sous le rapport politique et sous le rapport industriel.

Parmi les moyens qui ont été conseillés pour combattre dans sa source le malaise de la fabrique, une organisation nouvelle de cette industrie a été placée au premier rang.

La division du travail a paru nuire au produc-

---

(1) Les dommages éprouvés par le pont Chazourne figuraient nécessairement, et pour un chiffre assez considérable, dans le tableau des indemnités. Que mes lecteurs me permettent de rectifier ce que j'ai dit dans le précédent chapitre de la manière dont plusieurs arches de cette passerelle provisoire ont été consumées ; des informations récentes m'ont fait connaître l'inexactitude des premiers renseignements que j'ai reçus ; il n'est jamais trop tard pour revenir sur un fait mal présenté.

Ce n'est point un obus qui a mis le feu à un bateau sur la Saône à Perrache, mais l'artillerie et à dessein. On voulait ne pas avoir deux ponts à garder ; on se décida à faire sauter celui de Chazourne. Après avoir inutilement employé, dans ce but, deux pétards, on fit descendre, le mercredi soir, un bateau de foin, on le plaça sous le pont et l'on y mit le feu. Le vent du nord était si violent que l'incendie se communiqua à deux autres bateaux de foin qui étaient en aval ; ainsi c'est l'intérêt de la défense, et non le hasard, qui a fait brûler la passerelle Chazourne. Cette expédition a été conduite par M. Borelli.

teur, et être la cause première du bas prix des salaires. Un journal a dit : « A quoi bon les fabricants? pourquoi ces hommes ignorants, cupides et oisifs, sont-ils interposés entre l'ouvrier qui produit et le commissionnaire qui achète? pourquoi cette partie prenante dans une industrie où deux suffisent? il y donc là un rouage inutile, un abus vivant qui doit finir par disparaître. »

Mais le fabricant n'est pas un simple commissionnaire; il ne se borne pas à recevoir les commandes de l'intérieur et de l'extérieur, à servir d'intermédiaire passif entre le marchand qui vend la soie et l'ouvrier qui la tisse : le fabricant est l'industriel véritable; il fournit, non seulement la matière première, les capitaux, mais encore le dessin qui constitue l'étoffe. Toutes les chances de perte sont pour lui, si l'étoffe fabriquée ne s'est pas vendue; lui seul est responsable; il est l'unique entrepreneur. Dans la production des tissus de soie, le fabricant est la pensée qui crée, et l'ouvrier, l'instrument qui exécute.

D'autres ont dit : « Le fabricant et l'ouvrier remplissent deux fonctions qui, dans presque toutes les industries, et dans celle des laines et des cotons en particulier, n'en forment qu'une : ils doivent être associés. La participation du tisseur au bénéfice de l'industriel est un principe d'équité, de haute moralité, de bonne politique; il peut, seul, faire cesser la guerre sourde ou patente qui existe entre celui qui commande le travail et celui qui le fait. »

Son application pratique est impossible. Il n'existe

que des rapports nécessairement fortuits entre les chefs d'atelier et les fabricants ; aucune solidarité autre que celle du contrat du moment ne peut les lier. Si ce système a quelques inconvénients, il a aussi d'immenses avantages, et la fabrique lui doit à beaucoup d'égards sa prospérité. Pour qu'il y ait société entre les tisseurs et les fabricants, il faut une convention entre eux. Quelles en seront les bases? sera-t-elle pour un temps fixe, pour une commande, ou seulement pour chaque pièce d'étoffe tissue? Un fabricant fait confectioner par prévision un certain nombre de pièces d'étoffes unies; il ne doit, il ne peut les vendre que dans une saison encore éloignée ; il faudra donc ajourner à une ou deux années le réglement de compte, et comment l'ouvrier pourra-t-il attendre? Un autre industriel conçoit l'idée d'une étoffe nouvelle; pourra-t-il la mettre à exécution s'il est obligé de la discuter avec des chefs d'atelier qui pourront ne pas la comprendre, ou avoir intérêt à l'écarter? La participation aux bénéfices suppose, de droit, une participation égale à la perte: si les opérations entreprises par la société ont été malheureuses, et l'on sait combien ce cas est fréquent, il faudra nécessairement que l'ouvrier en supporte les conséquences, et l'ouvrier est dans l'impossibilité de le faire. Serait-il équitable de ne l'associer qu'aux bénéfices dans l'exercice d'une industrie où le fabricant apporterait la part principale, ses capitaux et le dessin de l'étoffe? Et le secret du grand-livre, comment serait-il gardé? que deviendrait la sûreté des opérations commerciales, si le chef d'atelier, devenu sociétaire, était en droit d'exiger communication des livres de compte et de caisse ? Combien d'autres raisons encore pourraient être objectées à la réalisation de cette dangereuse utopie? elle prouve dans ses partisans une ignorance absolue de la question de la fabrique, et le défaut le plus complet de données positives sur la situation respective du fabricant et de l'ouvrier.

La réorganisation de la police est un moyen beaucoup plus convenable de prévenir de nouveaux désordres dans notre cité. Tout a été dit sur les vices de son état actuel, sur son défaut d'unité, sur sa mauvaise direction, sur l'insuffisance de ses moyens d'exécution, et, dans les occasions critiques, sur sa complète inutilité. Elle a besoin d'une impulsion et d'un centre d'action unique : ce qu'il lui faut, c'est un chef intelligent, capable, discret, et entouré d'une grande considération personnelle; ce sont des agents d'un autre ordre que ses agents actuels, des hommes éprouvés, probes, courageux et actifs; c'est une subvention plus large et plus en harmonie avec ses besoins dans un centre de population aussi considérable. A l'administration municipale doit appartenir la police de sûreté et de salubrité; à la préfecture, la police politique, la vraie police dans toute l'acception du terme.

On a demandé la création à Lyon d'une préfecture de police semblable à celle qui rend de si grands services à la capitale; mais à Paris le préfet de police, c'est le maire à Lyon, et il n'y a aucune identité entre l'organisation administrative des deux villes. Si le commissaire général de police du département du Rhône est indépendant du maire et du préfet, les collisions entre les trois pouvoirs seront nécessairement vives et fréquentes; s'il doit être dépendant, de qui le sera-t-il, du préfet ou du maire? la solution de la question présente bien plus de difficulté qu'on ne le pense.

L'opinion publique demande cependant à en faire encore l'expérience. Elle réclame avec instances l'institution d'un commissariat général de police réunissant, comme en 1814, tous les pouvoirs accordés à ce service, la nomination à ce haut poste d'un véritable administrateur, homme de cœur et de tête, et assez fort, par l'autorité de sa capacité et de sa volonté, pour réunir à lui, et diriger vers un but commun tous les fonctionnaires secondaires. Elle désire vivement la création d'un corps de sergents de ville bien rétribués, traités avec considération, choisis parmi des sous-officiers et des citoyens honorablement connus, et investis des mêmes attributions que les sergents de police de Paris. Le préfet du Rhône a sollicité la création de cette institution du ministère, qui lui a promis son concours.

L'ordre public a gagné complètement sa cause à Lyon, aux journées d'Avril. Cette insurrection, si follement engagée par les anarchistes, et si bien comprimée, a été la contrepartie complète des journées de Novembre; son dénoûment a détruit pour toujours leur désastreuse influence sur l'esprit des ouvriers en soie.

Les travailleurs, enivrés de leur facile victoire, des flatteries de leurs avocats et de leurs courtisans, croyaient, de toute la puissance d'une intime conviction, à la supériorité de leurs forces. « Lyon a été à nous, et il le sera encore quand nous voudrons le reprendre », telle était la pensée de tous les ateliers. Une lutte nouvelle s'est engagée; elle a duré six jours; son dénoûment ne saurait être attribué ni à un heureux coup de main, ni à une surprise. Une partie considérable de la ville avait été abandonnée aux insurgés, et cependant, pendant ces six journées, ils n'ont pu obtenir le plus léger avantage sur une garnison résolue et bien commandée. Dès le premier coup de feu, la révolte s'est trouvée concentrée dans quelques quartiers, et complètement paralysée; eût-elle compté sous son drapeau toute la population armée des travailleurs, plus de sang aurait coulé, mais l'issue du combat aurait été nécessairement la même. La garnison était inexpugnable dans ses positions. Une heure après le commencement des hostilités le faubourg de La Croix-Rousse se trouvait placé dans l'impossibilité absolue de nuire. On sait combien la soumission de La Guillotière a été promptement obtenue; de tels faits ont appris aux ouvriers qu'il n'était plus en leur pouvoir de s'emparer de Lyon; à l'influence morale de leur victoire a succédé celle de leur défaite.

Républicains, carlistes et ouvriers se disaient : « L'armée est mécontente, elle ne défendra pas le gouvernement. » La société des Droits de l'Homme se vantait du grand nombre d'affiliés qu'elle avait parmi les officiers de la ligne, et dans les corps de l'artillerie et du génie : « Que le combat s'engage, se répétaient l'un à l'autre les chefs du complot, des bataillons en masse passeront de notre côté. » Depuis la scène du samedi, au tribunal de Police Correctionnelle, les ouvriers en soie avaient l'intime persuasion qu'en cas de collision le soldat ne ferait pas feu sur eux. Forts de cette pensée, les anarchistes donnèrent le signal de l'attaque, et sur tous les points la garnison les assaillit avec l'ardeur la plus grande; elle courut aux républicains comme elle serait allée aux Prussiens et aux Cosaques. Pas un soldat ne passa à l'ennemi, pas un poste ne faiblit; on n'entendit pas un seul murmure parmi les troupes, pendant six jours et six mortelles nuits passées en plein air, et sous un ciel rigoureux comme au mois de décembre. L'armée fit noblement son devoir; elle répondit par des coups de canon à l'injurieuse supposition qu'elle ferait cause commune avec les anarchistes. Carlistes et républicains ne l'oublieront pas; les factieux sentent l'immensité de cet échec; aussi sont-ils devenus beaucoup plus modestes : s'ils calomnient encore, du moins ils ne menacent plus.

Mais si la question politique est résolue, si l'ordre public, si la monarchie constitutionnelle a triomphé, l'industrie et le commerce ont éprouvé une perturbation dont ils ne pourront jamais se relever complètement, peut-être. Cette seconde insurrection, après tant d'émeutes et après les journées de Novembre, a porté un coup funeste à l'industrie des soieries ; la fabrique ne périra pas tout entière, mais elle sera pour toujours gravement mutilée. Déja d'énormes capitaux ont abandonné une place devenue si dangereuse; déja une multitude d'ouvriers se sont éloignés de la ville; déja de nombreuses maisons de fabrique ont commencé à transporter leur industrie dans les départements de l'Isère, de l'Ain, de Saône-et-Loire, et de l'Allier. Des ateliers s'élèvent dans toutes les campagnes voisines; encore quelques années, et il n'y aura pas, peut-être, dans Lyon et ses faubourgs un seul métier d'étoffes unies. La fabrication des tissus façonnés lui restera : elle est dans l'impossibilé d'émigrer aussi; mais le nombre des métiers aura été réduit de plus des deux tiers, et les conséquences de cette révolution industrielle seront déplorables. Une baisse de valeur très forte et toujours croissante frappe les propriétés ; toutes les familles que des intérêts majeurs n'attachent point à notre cité, s'empressent de quitter une ville où, depuis trois années, elles ont eu chaque jour une émeute et un siége à redouter. Plusieurs fabricants ont renoncé à une profession dont l'exercice est devenu si dangereux; d'autres préparent leur retraite ; beaucoup pensent à transporter leurs affaires ailleurs. Tels sont les résultats des coalitions, tels ont été les effets des funestes conseils donnés aux ouvriers en soie par les hommes qui se disaient leurs amis.

Lyon cependant se relèvera de cette crise : sa position géographique, quel que soit le genre de son industrie, en fera pour toujours un des premiers centres commerciaux de l'Europe. Les deux grands cours d'eau qui baignent ses murailles et qui la font communiquer directement avec la Méditerranée, ainsi que son heureuse situation entre le nord et le midi, assurent à jamais, et dans toutes les éventualités, la prospérité de son commerce. Si elle perd, en partie, sa fabrique de soieries, comme tant de raisons portent à le craindre, elle verra fleurir de nouvelles industries : Perrache deviendra un second Manchester ; cette longue presqu'île se couvrira de forges, de fonderies, de manufactures de produits chimiques, et d'arsenaux. Notre immense population ne sera plus comme aujourd'hui limitée à un seul genre d'industrie, et livrée à la misère dans les circonstances nombreuses où la trop grande abondance de la production frappe, pendant plusieurs mois, les ateliers d'interdit. Mais la transition d'une industrie à une autre ne se fait pas sans de violentes secousses, et sans compromettre un grand nombre d'intérêts privés.

Il serait bien temps de parler aux ouvriers en soie de leurs devoirs, après les avoir si longuement entretenus de leurs droits; il serait surtout utile de leur démontrer, par l'expérience des ateliers depuis quatre années, que l'inévitable résultat des coalitions et des insurrections, c'est la cessation du travail et l'abaissement du salaire. Ce qui les ruine, on ne saurait trop le leur répéter, la véritable cause de leur misère, c'est l'émeute ; toute amélioration dans leur condition matérielle repose sur ces deux conditions: *tranquillité* et *travail !* Qu'ils laissent la politique ils ne sauraient la comprendre, et elle ne peut leur apporter que du dommage, en les égarant sur leurs vrais intérêts; qu'ils renoncent pour toujours à leur impuissante et funeste association; la paix et la liberté, voilà la vraie association nationale et la seule qui puisse leur être profitable.

Lyon, la ville de l'industrie et du travail, Lyon, de toutes les cités de l'Europe, celle qui a le plus pressant besoin d'ordre et de paix, Lyon devait donner à la France, deux fois en trente mois, le douloureux spectacle d'une insurrection populaire contre l'ordre et l'industrie! Citoyens se sont battus contre citoyens, des mains françaises ont rougi le pavé de flots de sang francais; la flamme a devoré nos édifices; nos maisons sont tombées sous une grêle de boulets et d'obus que des mains prussiennes, anglaises ou autrichiennes n'avaient pas lancés!

Que la terre soit légère aux victimes des deux partis! Si je rappelle ces jours de deuil, ce n'est point pour évoquer les morts du cercueil où ils reposent, et faire déposer les corps ensanglantés de nos frères morts contre nos frères vivants. Loin de moi des pensées de vengeance! pardon aux hommes égarés; union et oubli, paix et harmonie entre tous les membres de la famille. Si je retrace de si funestes images, c'est pour faire servir le passé à l'instruction du présent toujours si oublieux; c'est pour opposer au tableau hideux de notre guerre civile, la force et la prospérité d'une société dont tous les membres sont unis par un sentiment commun de bienveillance et de justice.

Ne recherchons plus de quel côté ont existé les torts; ne rentrons pas dans la carrière de ces éternelles récriminations qui ne font qu'aigrir les esprits sans produire aucun résultat utile ; qu'une pensée toute conciliante nous anime, et si nous remuons des cendres encore brûlantes, que ce soit pour éteindre jusqu'aux derniers vestiges de ce feu qui fit dans notre cité de si terribles ravages.

Une question, mal posée et mal comprise, arma les uns contre les autres les fabricants et les ouvriers ; ceux-ci se croyaient blessés dans leurs droits et trompés ; ils montrèrent au dehors tout ce qu'ils avaient amassé de mécontentements et de colères. Ce ne fut point une transaction à l'amiable qu'ils proposèrent ; une discussion paisible ne s'engagea point entre des intérêts opposés : ceux qui se plaignaient demandèrent à main armée le redressement de leurs griefs, et une inconcevable fatalité décida de la fortune du combat.

De quoi s'agissait-il cependant? de concilier des intérêts qui ont un but commun. La prospérité de la fabrique ne doit pas consister, pour l'ouvrier dans un haut salaire, pour le fabricant dans le plus grand abaissement possible du prix des façons ; elle résulte du nombre et de l'importance des demandes, de l'abondance de la consommation, de la valeur à laquelle l'étoffe se maintient. Il faut que l'ouvrier et le fabricant gagnent : celui-là doit retirer de ses labeurs les moyens d'entretenir sa famille; celui-ci est en droit de demander à son commerce, un bénéfice proportionné aux capitaux qu'il expose.

Si le prix de la main-d'œuvre est descendu trop bas, comment l'ouvrier pourra-t-il pourvoir à sa subsistance? n'est-il pas juste qu'il soit nourri de son travail? Si les prétentions du tisseur sont trop élevées, comment le fabricant soutiendra-t-il la concurrence étrangère? peut-on raisonnablement le forcer à vendre à perte?

Ainsi, le bien, sagement compris, de la fabrique ne demande pas le sacrifice des intérêts des uns à l'intérêt des autres; il ne s'agit que de régler leurs rapports. Les bénéfices du fabricant et le salaire de l'ouvrier viennent de la même source, la consommation; ouvriers et fabricants ont le même but, et sont liés par des obligations mutuelles. Si l'insuffisance des salaires forçait les ouvriers à quitter notre ville devenue pour eux inhospitalière, que deviendrait la fabrique? Si l'esprit d'insurrection des masses forçait les capitaux à disparaître et les négociants à suspendre leurs affaires, que deviendrait l'ouvrier? Fabricants et tisseurs ont un même besoin les uns des autres.

Sous le rapport des lois civiles, ils sont rivaux en droits; la révolution a été faite pour la classe laborieuse comme pour la classe aisée, et notre charte fondamentale les traite avec une égalité parfaite. L'affranchissement des ouvriers est complet; leur condition présente ne montre pas la trace la plus légère de leur antique vasselage: mêmes droits politiques, même position devant la loi. La liberté est à un égal degré le patrimoine de tous les citoyens; un artisan peut refuser son travail, un négociant ses commandes. Nos ouvriers n'ont pas compris, aux journées de Novembre, qu'aucune loi ne peut, sans injustice, intervenir dans la fixation des salaires, et qu'après la liberté de conscience, la plus sacrée des libertés est celle du commerce.

Les classes qui vivent uniquement du travail de leurs mains, n'ont point acquis encore assez de lumières pour discerner ce qui convient le mieux à leur intérêt, sans nuire aux intérêts de tous ; et jusqu'à ce qu'elles aient acquis à cet égard les idées qui leur manquent, elles seront exposées à élever des réclamations dont le succès, s'il était possible, ne tarderait pas à empirer leur condition. Peu propres à bien juger des questions dont elles n'envisagent que l'une des faces, elles sont portées à écouter les mauvais conseils d'hommes qui les flattent et les entraînent à des actes coupables. Des factieux s'emparent de leur confiance, en irritant leurs haines et leurs préjugés, et, cédant à cette impulsion, elles se livrent à des écarts dont elles étaient loin de prévoir les funestes conséquences.

Sont-ils les amis de l'ouvrier, ceux qui se servent de lui comme d'un instrument, qui lui montrent dans le fabricant son implacable ennemi et la cause première de sa misère, qui le dégoûtent de son travail et l'invitent sans cesse à déserter son métier pour la place publique? Sont-ils ses amis, ces hommes si empressés à lui exagérer le malheur de sa condition, et à lui présenter, en opposition à sa pauvreté, ce qu'ils appellent le bonheur du riche? Sont-ils ses amis, les imprudents qui, au lieu de lui montrer dans l'activité, l'industrie et la prévoyance, le principe de l'amélioration de sa situation, nourrissent ses colères, exaltent ses préjugés, et l'habituent à ne voir dans la loi qu'une ennémie?

Ils vous trompent, ouvriers, lorsqu'ils cherchent à exciter votre indignation contre le luxe des riches; car c'est le luxe qui vous fait vivre : c'est lui qui alimente vos métiers; c'est lui, lui seul, qui consomme vos brillantes étoffes ; sans lui, vos femmes et vos enfants manqueraient de pain auprès de vos métiers inoccupés. Votre industrie est une industrie de luxe; c'est le luxe qui a fait de Lyon l'un des plus grands centres de l'Europe commerçante.

Quels peuvent être vos ennemis, ouvriers, où sont-ils? qui dans notre cité a intérêt à votre misère? Est-ce le propriétaire, ruiné si ses loyers ne sont pas payés; le fabricant, dépossédé de son industrie si vous lui refusez votre travail; le riche, à qui vos brillants tissus sont indispensables; l'État, dont vous grossissez le trésor? Est-ce le médecin, l'avocat et ce grand nombre d'industriels dont la fortune est associée à la vôtre? Vous êtes la vie de Lyon, le principe de sa prospérité ; votre bien-être profite à tous ; votre misère est un malheur public.

Sans le respect des lois, point de sécurité pour le commerce ; sans sécurité pour le commerce, point d'emploi des capitaux, et, par conséquent point de pain pour l'ouvrier. De tous les moyens que les travailleurs peuvent employer pour améliorer leur condition, le plus mauvais c'est le désordre : l'émeute tue l'industrie, et tarit pour de longues années les sources de la prospérité publique.

Sans l'économie, l'ouvrier ne peut dans les bons jours pourvoir aux jours mauvais. C'est par elle que se font les transitions de la classe pauvre, mais laborieuse, à la classe aisée; avec elle, l'homme actif et industrieux n'est jamais embarrassé du présent et inquiet de l'avenir. Bien entendue, l'économie fait les petites fortunes et conserve les grandes. Activité et prévoyance, telle est la voie lente, mais sûre, qui conduit l'ouvrier au bien-être; *travaille et espère*, telle doit être la devise de l'homme, quelle que soit sa condition.

J'ai raconté nos jours de deuil. Le temps enlèvera sans doute à quelques-uns des faits dont ce récit est composé une partie du vif intérêt qui maintenant les entoure; un jour viendra où cette esquisse des nuances diverses des partis, aura cessé d'être fidèle, et où des mœurs politiques nouvelles appelleront un autre peintre; un prompt oubli attend peut-être la plupart des noms que le tableau de nos funestes discordes met en scène aujourd'hui; cependant l'insurrection de Lyon sera toujours un des épisodes les plus originaux de notre longue Révolution, si féconde en événements extraordinaires, et occupera désormais quelques-unes des plus belles pages des annales de notre cité, et de l'histoire si remarquable des Français au dix-neuvième siècle.

FIN.

# AUTRES OUVRAGES

## Par M. Monfalcon.

---

**HISTOIRE MÉDICALE DES MARAIS**, et Traité des maladies causées par les émanations des eaux stagnantes (ouvrage auquel l'Académie des Sciences de Lyon a décerné une médaille d'or, et qui a remporté le prix mis au concours par la Société royale des Sciences d'Orléans); par J. B. Monfalcon, chevalier de la Légion-d'Honneur, médecin des prisons et de l'Hôtel-Dieu, membre des conseils de salubrité de Lyon et du département du Rhône, membre de l'Académie royale de Médecine, de la Société royale de Berlin, etc., etc.
Seconde édition, augmentée des Notes de la traduction allemande, 1 fort vol. in-8, Paris et Lyon, 1826 et suiv.

**HORACE.** Œuvres complètes, en six langues (la traduction en prose française par J. B. Monfalcon), précédées de l'Histoire de la Vie et des Ouvrages d'Horace, par le même, de Notices Bibliographiques, etc., etc., 1 fort vol. très grand in-8, papier vélin collé, Lyon, 1834. Les livraisons 9 et 10 qui terminent ce grand Ouvrage paraîtront le 15 juillet.

— Épitres d'Horace, édition polyglotte; 2 vol. in-32, Lyon, 1832.

**ANACRÉON**, en sept langues, avec une double traduction française et les Notes de Henri Etienne, Lefèvre, Barnes, Baxter, Fischer, Brunck, Saint-Victor, et autres traducteurs et commentateurs, édition publiée par M. Monfalcon (la partie grecque et la version en prose française par MM. Colombet et Grégoire, revues par M. Breghot du Lut). Lyon, 1834, 1 vol. très grand in-8. (*Sous presse.*)

**VIRGILE.** Œuvres complètes, en six langues, la version en prose française, et les notes traduites des commentateurs anglais, allemands, espagnols et italiens, par J. B. Monfalcon, précédées de l'Histoire de la Vie et des Ouvrages de Virgile, de Notices bibliographiques, etc., etc., par le même; 1 vol. très grand in-8, de 1200 pages, caractère petit texte, papier vélin collé, Lyon, 1834. *La première Livraison est sous presse.*

DE L'INFLUENCE DE L'ANATOMIE PATHOLOGIQUE EN GÉNÉRAL, ET EN PARTICULIER SUR LE DIAGNOSTIC ET LE TRAITEMENT DES MALADIES INTERNES, par J. B. Monfalcon, un des collaborateurs du Dictionaire des Sciences médicales, de la Biographie médicale, etc., etc., ouvrage qui a obtenu, en 1822, le prix mis au concours par le Cercle Médical de Paris, in-8.

DE L'ŒDÈME DU POUMON, Dissertation couronnée en 1823 par la Société de Médecine de Bordeaux, in-8.

MÉMOIRE jugé en 1825 digne du prix mis au concours par la Société de Médecine de Louvain, sur cette question : *Déterminer les signes caractéristiques des Maladies de Poitrine*, in-8.

MÉMOIRE couronné en 1822 par la Société libre d'émulation de Liége sur cette question : *Déterminer le caractère de l'Adynamie dans les Fièvres putrides*, in-8.

MÉMOIRE (auquel la Société de Médecine de Lyon a décerné une médaille d'or) sur cette question : *Quels sont les abus qui existent dans l'organisation des Hôpitaux de Lyon ? quels sont les moyens d'y remédier ?*, in-8.

ÉLOGE DE BICHAT, ouvrage qui a obtenu la première mention honorable au concours ouvert en 1821 par la Société d'émulation de l'Ain, in-8.

PRÉCIS D'HISTOIRE DE LA MÉDECINE ET LA BIBLIOGRAPHIE MÉDICALE, par J. B. Monfalcon.
Seconde édition, entièrement refondue, corrigée et augmentée, 1 vol. in-8. (pour paraître très prochainement.)

---

ATLAS HISTORIQUE ET STATISTIQUE DE LA RÉVOLUTION FRANÇAISE, publié par Arnaud Robert; 1 vol. très grand in-folio, composé de 15 cartes coloriées. Paris, 1833.

TABLEAU HISTORIQUE ET STATISTIQUE DE LA RÉVOLUTION FRANÇAISE, publié par Arnaud Robert, très grand in-folio, papier grand aigle colorié. Paris, 1833.

www.ingramcontent.com/pod-product-compliance
Lightning Source LLC
Chambersburg PA
CBHW060456170426
43199CB00011B/1221